LE *Petit* LAROUSSE

PÂTISSIER

Direction de la publication
Isabelle Jeuge-Maynart et Ghislaine Stora

Direction éditoriale
Catherine Maillet

Édition
Coralie Benoit assistée d'Amandine Brouard

Mise en page
Les PAOistes

Fabrication
Anne Raynaud

Couverture
Émilie Laudrin

Avec la collaboration de Blandine Boyer et d'Erwann Lepoittevin

Larousse, 21 rue du Monparnasse 75283 Paris Cedex 06

ISBN : 978-2-03-589530-1

Pour les Éditions Larousse, le principe est d'utiliser des papiers composés de fibres naturelles, renouvelables, recyclables et fabriquées à partir de bois issus de forêts qui adoptent un système d'aménagement durable. En outre, les Éditions Larousse attendent de leurs fournisseurs de papier qu'ils s'inscrivent dans une démarche de certification environnementale reconnue.

LE *Petit* LAROUSSE

ÉDITION COLLECTOR

PÂTISSIER

LA RÉFÉRENCE DE LA PÂTISSERIE

SOMMAIRE

GÂTEAUX & CAKES

GÂTEAU AU YAOURT

POUR 4 À 6 PERSONNES
PRÉPARATION : 15 min
CUISSON : 35 min

Le pot de yaourt vide sert de mesure

- 1 yaourt nature
- 3 pots de farine
- 1 sachet de levure chimique (soit 11 g)
- 1 orange, non traitée de préférence (ou 1 citron)
- 3 œufs
- 2 pots de sucre en poudre
- 1 pincée de sel
- 2/3 de pot d'huile de tournesol
- 25 g de beurre pour le moule

Pour le sirop

- 2/3 de pot de sucre en poudre

À NOTER

Ce gâteau inratable est idéal pour initier les enfants à la pâtisserie. On peut aussi y ajouter des morceaux de fruits.

Préchauffez le four à 180 °C (therm. 6).

Tamisez la farine avec la levure. Râpez le zeste de l'orange et pressez son jus, réservez le jus pour le sirop.

Dans un saladier, mélangez les œufs entiers avec le sucre en poudre et le sel, fouettez jusqu'à ce qu'ils blanchissent et deviennent mousseux. Ajoutez l'huile, le zeste d'orange et le yaourt, puis mélangez de nouveau. Ajoutez la farine et la levure tamisées et travaillez la pâte jusqu'à ce qu'elle soit bien homogène.

Beurrez un moule de 24 cm de diamètre, versez-y la pâte et enfournez pour 30 minutes environ.

Préparez le sirop : versez 25 cl d'eau dans une casserole, ajoutez-y le jus d'orange et le sucre en poudre. Faites bouillir 5 minutes environ. Laissez tiédir et imbibez le gâteau de ce sirop.

POUR VARIER : Pour un gâteau plus léger, battez les blancs en neige.

QUATRE-QUARTS

POUR 6 À 8 PERSONNES
PRÉPARATION : **15 min**
CUISSON : **40 min**

- **3 œufs**
- **prendre le même poids que celui des 3 œufs pour la farine, le sucre en poudre et le beurre**
- **1 pincée de sel**

Tamisez la farine. Cassez les œufs en séparant les blancs des jaunes.

Préchauffez le four à 200 °C (therm. 6-7).

Dans un saladier, fouettez les jaunes d'œufs, le sucre en poudre et le beurre jusqu'à ce que le mélange blanchisse. Ajoutez la farine et travaillez la pâte jusqu'à ce qu'elle soit bien homogène. Fouettez les blancs en neige ferme avec 1 pincée de sel et incorporez-les délicatement à la pâte à l'aide d'une spatule souple.

Beurrez et farinez un moule de 22 cm de diamètre. Versez-y la pâte et faites cuire pendant 15 minutes ; baissez la température du four à 180 °C (therm. 6) et poursuivez la cuisson pendant 25 minutes.

Attendez que le quatre-quarts soit tiède pour le démouler et servez au goûter avec de la confiture maison.

POUR VARIER : **Comme en Bretagne, remplacez le beurre par du beurre demi-sel.**

BISCUIT DE SAVOIE

POUR 8 PERSONNES
PRÉPARATION : **15 min**
CUISSON : **35 min**

- 4 œufs
- 50 g de farine
- 60 g de fécule de maïs + 20 g pour le moule
- 90 g de sucre en poudre
- 1 sachet de sucre vanillé (soit 7,5 g)
- 1 pincée de sel
- 30 g de beurre pour le moule

Cassez les œufs en séparant les blancs des jaunes.

Préchauffez le four à 160 °C (therm. 5-6).

Tamisez la farine et la fécule ensemble.

Dans un grand saladier, fouettez les sucres avec les jaunes d'œufs jusqu'à ce que la préparation soit bien lisse et blanchisse.

Fouettez les blancs en neige ferme avec 1 pincée de sel et incorporez-les très délicatement à la pâte à l'aide d'une spatule souple en alternant avec le mélange tamisé.

Beurrez un moule de 26-28 cm de diamètre, puis poudrez-le de fécule et versez-y la pâte.

Mettez au four pendant 35 minutes environ.

Démoulez le biscuit à la sortie du four. Servez-le froid.

FAIT MAISON : **Faites vous-même vos biscuits à la cuillère. Sur un papier sulfurisé, dressez la pâte en bâtonnets de 10 cm de long à l'aide d'une poche munie d'une grosse douille ronde et saupoudrez-les de sucre glace. Enfournez pour 15 minutes.**

Vérifiez la cuisson avec la pointe d'un couteau : elle doit ressortir propre.

GÂTEAU MARBRÉ

POUR 6 À 8 PERSONNES
PRÉPARATION : **15 min**
CUISSON : **40 min**

- 3 œufs
- 175 g de beurre + 25 g pour le moule
- 175 g de farine
- 1/2 sachet de levure chimique (soit 5 g)
- 200 g de sucre en poudre
- 25 g de cacao en poudre
- 3 cuill. à soupe de lait
- 1 pincée de sel

Cassez les œufs en séparant les jaunes des blancs. Faites fondre le beurre. Tamisez la farine avec la levure.

Battez au fouet le beurre fondu avec le sucre en poudre, ajoutez les jaunes d'œufs tout en remuant, puis versez la farine et la levure tamisées en pluie.

Diluez le cacao avec le lait. Divisez la pâte en deux parts égales et incorporez le cacao dilué à l'une d'elles.

Montez les blancs en neige avec la pincée de sel, puis incorporez-en délicatement la moitié dans chaque pâte à l'aide d'une spatule souple.

Préchauffez le four à 180 °C (therm. 6).

Beurrez un moule à cake de 22 cm de diamètre. Versez-y une première couche de pâte au cacao, puis une de pâte sans cacao. Alternez les couches jusqu'à ce que le moule soit plein.

Faites cuire pendant 40 minutes. Vérifiez la cuisson au couteau : plantez la lame, elle doit ressortir sèche.

NOISETTINE

POUR 6 PERSONNES
PRÉPARATION : **20 min**
CUISSON : **45 min environ**

- 130 g de noisettes
- 6 blancs d'œufs
- 160 g de sucre en poudre
- 40 g de farine
- 100 g de beurre + 25 g pour le moule
- Sucre glace

Préchauffez le four à 150 °C (therm. 5).

Concassez grossièrement les noisettes avec le rouleau à pâtisserie. Mettez-les sur une plaque de cuisson et faites-les cuire 15 minutes au four pour les faire dorer.

Mélangez dans un saladier les blancs d'œufs non battus et le sucre en poudre. Ajoutez ensuite les noisettes, puis la farine tamisée et mélangez de nouveau.

Faites fondre le beurre, ajoutez-le à la préparation aux noisettes et mélangez jusqu'à ce qu'il soit bien absorbé.

Montez le four à 200 °C (therm. 6-7). Beurrez un moule à manqué, versez-y la pâte et faites cuire pendant 30 minutes.

Sortez le gâteau du four, laissez-le tiédir, démoulez et saupoudrez de sucre glace.

DÉLICE AUX NOIX

POUR 6 PERSONNES
PRÉPARATION : **20 min**
CUISSON : **50 min**

- 180 g de cerneaux de noix
- 4 œufs
- 180 g de sucre en poudre
- 100 g de fécule de maïs
- 25 g de beurre pour le moule

Pour le glaçage

- 120 g de sucre glace
- 2 cuill. à soupe d'eau
- 1 cuill. à soupe de café lyophilisé

Réservez 30 g de cerneaux de noix pour le décor et hachez grossièrement le reste au robot électrique. Cassez les œufs en séparant les blancs des jaunes.

Mettez les jaunes d'œufs et le sucre en poudre dans un saladier et battez le mélange au fouet jusqu'à ce qu'il blanchisse. Ajoutez la fécule et les noix hachées, puis mélangez bien avec une cuillère en bois.

Préchauffez le four à 190 °C (therm. 6-7) et beurrez largement un moule à manqué.

Battez les blancs d'œufs en neige très ferme. Prélevez-en 2 cuillerées à soupe et mélangez-les sans précaution à la préparation aux noix pour l'alléger. Incorporez ensuite délicatement le reste des blancs, en soulevant la masse pour ne pas les briser.

Versez la préparation dans le moule et enfournez à mi-hauteur. Faites cuire pendant 50 minutes. Vérifiez la cuisson en piquant un couteau pointu dans le gâteau : la lame doit ressortir sèche. Sortez le gâteau du four, laissez-le reposer 10 minutes, puis démoulez-le et faites-le refroidir sur une grille.

Préparez le glaçage : délayez le sucre glace dans l'eau, ajoutez l'extrait de café et mélangez bien pour obtenir une pâte assez épaisse mais coulante. Étalez-la sur le gâteau avec une spatule souple. Servez en décorant le gâteau avec les cerneaux de noix réservés.

À NOTER

Vous aimez les noix ? Essayez la recette de biscuits aux noix (voir p. 358).

CARROT CAKE

POUR 8 PERSONNES
PRÉPARATION : 20 min
CUISSON : 40 à 50 min

- 350 g de carottes
- 340 g d'ananas en morceaux en conserve
- 130 g de beurre mou + 25 g pour le moule
- 100 g de sucre en poudre
- 150 g de cassonade
- 3 œufs
- 75 g de noix (ou noix de pécan)
- 220 g de farine
- 3 cuill. à café de levure chimique
- 1 cuill. à café rase de sel
- 1 cuill. à café de bicarbonate de soude
- 1 cuill. à café de cannelle en poudre (ou de 4 épices)
- 1/2 cuill. à café de gingembre en poudre

Pour le glaçage

- 120 g de fromage à tartiner
- 75 g de sucre glace
- 60 g de beurre mou
- 1 sachet de sucre vanillé
- Le jus de 1/2 citron

Épluchez les carottes, lavez-les et râpez-les avec une passoire à gros trous. Mixez grossièrement l'ananas au robot, puis égouttez-le bien.

Préchauffez le four à 180 °C (therm. 6).

Dans un saladier, fouettez le beurre avec le sucre en poudre et la cassonade jusqu'à obtenir un mélange crémeux. Ajoutez les œufs et fouettez de nouveau. Ajoutez les carottes, l'ananas et les noix et mélangez.

Tamisez ensemble la farine, la levure, le sel et le bicarbonate de soude, puis ajoutez-les à la préparation avec les épices et le gingembre. Mélangez jusqu'à ce que la pâte soit homogène.

Beurrez 2 moules à manqué de 18-20 cm de diamètre et versez-y la préparation. Enfournez pendant 40 à 50 minutes. Vérifiez la cuisson en piquant un couteau dans le gâteau, il doit ressortir humide mais propre. Démoulez les gâteaux sur une grille et laissez-les refroidir.

Préparez le glaçage : fouettez tous les ingrédients ensemble jusqu'à obtenir un mélange crémeux. Étalez-en la moitié sur le premier gâteau, recouvrez avec le second, puis déposez le reste de glaçage à la spatule sur le dessus.

CONSEIL : À cause des carottes, ce gâteau est humide et dense, il faut absolument séparer la pâte en deux, car un gâteau plus épais ne cuirait pas à cœur.

GÂTEAU BASQUE

POUR 6 À 8 PERSONNES
PRÉPARATION : **30 min**
REPOS DE LA PÂTE : **1 h**
CUISSON : **45 min**

Pour la crème pâtissière

- 25 cl de lait
- 1/2 gousse de vanille
- 1 œuf entier + 2 jaunes d'œufs
- 50 g de sucre en poudre
- 40 g de farine
- 2 cuill. à soupe de fleur d'oranger

Pour la pâte

- 300 g de farine
- 150 g de sucre en poudre
- 1 pincée de sel
- 1/2 sachet de levure chimique (soit 5 g)
- 1 œuf entier + 2 jaunes d'œufs
- 180 g de beurre + 25 g pour le moule

Pour la dorure

- 1 jaune d'œuf
- 1 cuill. à soupe de lait

Préparez la crème pâtissière : faites bouillir le lait avec la vanille. Fouettez l'œuf entier et les jaunes d'œufs avec le sucre en poudre jusqu'à obtenir un mélange crémeux. Incorporez alors la farine sans cesser de battre, puis ajoutez peu à peu le lait bouillant. Versez dans une casserole et faites cuire la crème à feu moyen en fouettant sans arrêt jusqu'aux premiers bouillons. Retirez du feu, ajoutez la fleur d'oranger et laissez reposer.

Préparez la pâte : dans un saladier, mélangez la farine, le sucre en poudre, le sel et la levure. Faites un puits, mettez-y l'œuf entier, les jaunes d'œufs et le beurre ramolli. Commencez par amalgamer les ingrédients en partant du centre à l'aide d'une cuillère en bois, puis pétrissez la pâte à la main jusqu'à ce qu'elle soit homogène. Roulez-la en boule et laissez reposer 1 heure au frais.

Préchauffez le four à 200 °C (therm. 6-7).

Divisez la pâte en deux portions inégales (deux tiers, un tiers). Beurrez un moule à manqué. Étalez la plus grosse portion au fond du moule en faisant largement remonter la pâte sur les bords.

Versez la crème pâtissière sur la pâte. Abaissez le reste de pâte pour former le couvercle. Mettez-le en place et soudez les bords en les mouillant. Dorez la surface avec le jaune d'œuf battu avec le lait.

Enfournez le gâteau et laissez cuire 20 minutes, puis baissez la température à 180 °C (therm. 6) et poursuivez la cuisson encore 20 minutes. Sortez le gâteau du four et laissez-le tiédir avant de le démouler. Servez tiède ou froid.

POUR VARIER : **Le gâteau basque se fait aussi avec de la confiture de cerises noires d'Itxassou à la place de la crème pâtissière.**

GÂTEAU NANTAIS

POUR 6 PERSONNES
PRÉPARATION : 10 min
CUISSON : 40 à 50 min

- 125 g de beurre demi-sel mou + 25 g pour le moule
- 125 g de sucre en poudre
- 100 g de poudre d'amandes
- 3 œufs
- 40 g de farine
- 2 cuill. à soupe de confiture d'abricot
- 5 cl de rhum

Pour le glaçage

- 5 cl de rhum
- 100 g de sucre glace

Dans un saladier, fouettez le beurre avec le sucre en poudre et les amandes jusqu'à ce que le mélange soit crémeux.

Incorporez les œufs un à un. Ajoutez enfin la farine, la confiture d'abricots et le rhum et fouettez le tout jusqu'à obtenir une consistance mousseuse.

Préchauffez le four à 180 °C (therm. 6).

Beurrez un moule à manqué de 20 cm de diamètre. Versez-y la pâte, enfournez et faites cuire pendant 40 à 50 minutes ; si la surface colore trop, couvrez avec une feuille d'aluminium. Vérifiez la cuisson du gâteau en piquant une lame de couteau au cœur.

Préparez le glaçage : mélangez le rhum avec le sucre glace et étalez cette préparation sur le gâteau.

POUR VARIER : Versez la pâte dans des petits moules pour obtenir le gâteau nantais en version mini.

Ce gâteau développera les arômes du rhum et de l'abricot si vous le préparez deux ou trois jours à l'avance.

Vous pouvez préparer vous-même une délicieuse confiture d'abricot (voir p. 486-487).

KOUGLOF

POUR 2 KOUGLOFS

PRÉPARATION : 40 min • REPOS DU LEVAIN : 4 h

REPOS DE LA PÂTE : 2 h 30 • CUISSON : 35 à 40 min

POUR LA PÂTE : 100 g de raisins secs • 6 cl de rhum • 450 g de farine • 3 pincées de sel • 75 g de sucre en poudre • 2 jaunes d'œufs • 120 g de beurre + 50 g pour les moules • 1 poignée d'amandes non mondées • 30 g de sucre glace • POUR LE LEVAIN : 110 g de farine • 20 g de levure de boulanger fraîche • 8 cl de lait

1 Mettez les raisins secs à tremper dans le rhum.

2 Préparez le levain : mélangez la farine, la levure et le lait dans un saladier, malaxez bien. Couvrez le saladier d'un torchon mouillé et mettez-le 4 heures au réfrigérateur.

3 À la fin de ce temps de repos, préparez la pâte : mettez la farine, le sel, le sucre et les jaunes d'œufs dans un grand saladier.

4 Mélangez bien jusqu'à ce que la pâte se détache de la paroi du saladier. Ajoutez alors le beurre et continuez de la travailler jusqu'à ce qu'elle se détache à nouveau de la paroi.

5 Égouttez et ajoutez les raisins macérés. Mélangez, puis couvrez le récipient avec un linge et laissez reposer la pâte pendant 1 heure 30 environ à température ambiante, jusqu'à ce qu'elle double de volume.

6 Beurrez les deux moules et déposez une amande entière en bas de chaque cannelure.

7 Mettez la pâte sur le plan de travail fariné et divisez-la en deux parts égales. Écrasez chaque morceau avec la paume de la main pour lui redonner sa forme initiale.

8 Faites deux boules en rabattant les bords vers le centre. Roulez chaque boule sur le plan de travail en la serrant sous la paume de vos mains, dans un mouvement circulaire.

9 Farinez vos doigts, prenez chaque boule en main, enfoncez un pouce au centre, étirez un peu la pâte en couronne et mettez-la dans le moule. Couvrez-la d'un torchon humide et laissez-la encore lever à température ambiante pendant 1 heure.

10 Préchauffez le four à 200 °C (therm. 6-7). Enfournez les deux moules pendant 35 à 40 minutes. Démoulez les kouglofs sur une grille et badigeonnez-les de beurre fondu.

11 Laissez refroidir, saupoudrez légèrement de sucre glace et servez.

CONSEIL : Pour conserver les gâteaux, enveloppez-les dans du film alimentaire.

GÂTEAU MANQUÉ AU CITRON

POUR 6 À 8 PERSONNES
PRÉPARATION : 30 min
CUISSON : 40 à 45 min

Pour la pâte à manqué

- 1 citron non traité
- 100 g de cédrat confit ou d'écorces de citron confites
- 100 g de farine
- 70 g de beurre
- 4 œufs entiers
- 140 g de sucre en poudre
- 1/2 sachet de sucre vanillé (soit 3,5 g environ)
- 1/2 cuill. à café de sel fin

Pour la glace royale

- 100 g de sucre glace
- 1 blanc d'œuf
- Le jus de 1/2 citron

Pour le décor

- 50 g de cédrat confit

Prélevez le zeste du citron. Plongez-le 2 minutes dans de l'eau bouillante, passez-le sous l'eau froide, épongez-le et taillez-le en fines lamelles. Coupez le cédrat ou les écorces de citron en dés.

Préparez la pâte à manqué : tamisez la farine ; faites fondre doucement le beurre dans une petite casserole et laissez-le tiédir. Cassez les œufs, séparez les blancs des jaunes. Dans un saladier, fouettez les jaunes avec le sucre en poudre et le sucre vanillé jusqu'à ce qu'ils blanchissent et moussent. Ajoutez la farine en pluie, le beurre fondu, le cédrat confit et le zeste. Remuez pour obtenir une pâte bien homogène. Dans un bol, fouettez les blancs en neige avec le sel, puis incorporez-les délicatement à la pâte.

Préchauffez le four à 200 °C (therm. 6-7).

Versez la pâte dans un moule de 22 cm de diamètre et laissez cuire d'abord à 200 °C pendant 15 minutes, puis à 180 °C (therm. 6) pendant 25 à 30 minutes, en vérifiant la cuisson avec un couteau. Attendez que le gâteau soit tiède pour le démouler, puis laissez-le refroidir complètement.

Préparez la glace royale : mettez dans un saladier le sucre glace, le blanc d'œuf, puis le jus du demi-citron. Battez le mélange au fouet jusqu'à ce qu'il soit bien lisse.

Quand le gâteau est froid, recouvrez-le avec le glaçage à l'aide d'une spatule et décorez-le avec le cédrat confit.

MONTPENSIER

POUR 4 À 6 PERSONNES
PRÉPARATION : 20 min
CUISSON : 30 min

- 50 g de fruits confits
- 50 g de raisins secs
- 5 cl de rhum
- 6 jaunes d'œufs
- 125 g de sucre en poudre
- 100 g de poudre d'amandes
- 80 g de beurre mou + 25 g pour le moule
- 125 g de farine
- 3 blancs d'œufs
- 1 pincée de sel
- 50 g d'amandes effilées
- 75 g de nappage abricot

Faites tremper les fruits confits et les raisins secs dans le rhum.

Préchauffez le four à 200 °C (therm. 6-7).

Mélangez les jaunes d'œufs avec le sucre en poudre et travaillez-les avec un fouet jusqu'à ce qu'ils blanchissent, puis ajoutez-y la poudre d'amandes, le beurre ramolli et enfin la farine. Tournez bien jusqu'à ce que la pâte soit homogène.

Battez les blancs en neige ferme avec une pincée de sel et incorporez-les délicatement à la préparation à l'aide d'une spatule souple.

Égouttez les fruits confits et les raisins, ajoutez-les dans la préparation.

Beurrez un moule à génoise de 22 cm de diamètre et parsemez-le d'amandes effilées. Versez-y la pâte et mettez-le au four pour 30 minutes.

Démoulez sur une grille et laissez refroidir. Avec un pinceau, nappez la surface du gâteau de nappage abricot.

POUR VARIER : Remplacez les raisins par 100 g de clémentines confites et le rhum par du Grand Marnier®.

Dégustez ce gâteau frais de préférence.

CRAMIQUE

POUR 6 PERSONNES
PRÉPARATION : **25 min**
REPOS : **1 h**
CUISSON : **40 min**

- 1 bol de thé
- 100 g de raisins de Corinthe
- 100 g de beurre
- 3 œufs
- 1 pincée de sel
- 500 g de farine
- 1 cuill. à soupe de sucre en poudre

Pour le levain

- 20 cl de lait frais
- 20 g de levure de boulanger
- 50 g de farine

Préparez le thé et mettez-y les raisins à tremper.

Coupez le beurre en tout petits morceaux. Cassez 2 œufs et battez-les en omelette avec la pincée de sel.

Préparez le levain : faites tiédir le lait ; émiettez la levure dans un saladier, versez un peu de lait et mélangez. Ajoutez de la farine petit à petit en tournant avec une cuillère en bois jusqu'à ce que vous ayez une pâte molle.

Mettez la farine sur le plan de travail et creusez une fontaine. Mettez-y le levain. Ajoutez les œufs battus ainsi que le reste du lait tiède. Laissez lever 1 heure.

Travaillez la pâte à la main et pétrissez-la jusqu'à ce qu'elle devienne élastique. Ajoutez le beurre. Continuez à pétrir. Égouttez les raisins et ajoutez-les à leur tour. Malaxez encore un peu la pâte pour bien les intégrer.

Façonnez la pâte en une sorte de boudin. Mettez-la dans un moule à cake beurré de 28 cm de long. Cassez et battez le dernier œuf et dorez au pinceau. Laissez lever 1 heure à température ambiante.

Préchauffez le four à 200 °C (therm. 6-7).

Enfournez le cramique à 200 °C pendant 10 minutes, puis baissez la température du four à 180 °C (therm. 6) et continuez ainsi sa cuisson pendant 30 minutes. Démoulez-le et laissez-le refroidir.

POUR SERVIR : **Servez ce cramique avec une compote de fruits, une crème au chocolat ou une glace aux fruits.**

CAKE AUX RAISINS ET AUX FRUITS CONFITS

POUR 8 PERSONNES
PRÉPARATION : **20 min**
CUISSON : **45 min**

- 75 g de raisins de Corinthe
- 75 g de fruits confits coupés en dés
- 1 verre à liqueur de rhum
- 125 g de beurre + 25 g pour le moule
- 125 g de sucre en poudre
- 1 pincée de sel
- 3 œufs
- 180 g de farine
- 1/2 sachet de levure chimique (soit 5 g)
- 10 g de beurre

Rincez les raisins. Faites-les macérer dans le rhum avec les fruits confits. Tamisez la farine avec la levure et le sel.

Fouettez le beurre avec le sucre dans un saladier jusqu'à ce que le mélange blanchisse. Incorporez les œufs entiers l'un après l'autre, puis le mélange tamisé. Fouettez jusqu'à obtenir un mélange onctueux.

Égouttez les fruits confits et les raisins secs, puis ajoutez-les dans la pâte, ainsi que le rhum de macération.

Préchauffez le four à 210 °C (therm. 7).

Beurrez un papier sulfurisé, tapissez-en l'intérieur d'un moule à cake de 24 cm de longueur. Versez-y la pâte, elle doit le remplir aux deux tiers seulement.

Faites cuire dans le four à 210 °C pendant 10 minutes, puis réduisez la température à 150 °C (therm. 5) et laissez cuire encore pendant 35 minutes.

Démoulez le cake à la sortie du four et laissez-le refroidir sur une grille.

POUR VARIER : **Remplacez les fruits par 150 g de pépites de chocolat. Remplacez les raisins par 100 g de pâte d'amande coupée en petits dés, réduisez le sucre à 90 g et remplacez le rhum par du Grand Marnier® ou de l'amaretto.**

BEURRÉ NORMAND

POUR 6 PERSONNES
PRÉPARATION : **20 min**
CUISSON : **50 à 60 min**

- 50 g de raisins de Corinthe (facultatif)
- 5 cl de calvados
- 1 kg de pommes (reinettes ou granny smith)
- 4 œufs
- 1 pincée de sel
- 150 g de sucre en poudre
- 120 g de farine
- 25 g de beurre pour le moule

Mettez les raisins à tremper quelques heures dans le calvados.

Épluchez les pommes, retirez le cœur et les pépins et coupez-les en dés.

Cassez les œufs et séparez les blancs des jaunes. Battez les blancs en neige ferme avec la pincée de sel.

Fouettez les jaunes d'œufs avec le sucre en poudre, jusqu'à ce qu'ils blanchissent. Ajoutez peu à peu la farine, éventuellement les raisins et le calvados, puis incorporez délicatement les blancs en neige et les pommes.

Préchauffez le four à 180 °C (therm. 6).

Beurrez largement un moule à manqué. Versez-y la préparation, enfournez et faites cuire pendant 50 minutes à 1 heure.

À NOTER

Contrairement à ce que son nom peut laisser croire, le beurré normand ne contient pas (ou très peu) de beurre. Vous pouvez toutefois faire cuire les pommes 5 minutes à la poêle avec 50 g de beurre demi-sel avant de les incorporer à la pâte.

GÂTEAU AUX POMMES CARAMÉLISÉES

POUR 6 PERSONNES
PRÉPARATION : **30 min**
CUISSON : **40 min**

Pour la pâte

- 2 œufs entiers + 2 blancs d'œufs
- 125 g de beurre mou + 25 g pour le moule
- 125 g de sucre en poudre
- Le jus de 1/2 citron
- 200 g de farine + pour le moule
- 1/2 sachet de levure chimique (soit 5 g)
- 1 pincée de sel

Pour la garniture

- 500 g de pommes
- 60 g de sucre en poudre

Préchauffez le four à 180 °C (therm. 6).

Préparez la pâte : séparez les blancs des jaunes. Fouettez le beurre avec le sucre en poudre, les jaunes d'œufs et le jus de citron jusqu'à obtenir un mélange crémeux. Ajoutez ensuite la farine en pluie et la levure. Fouettez les blancs en neige ferme avec 1 pincée de sel et incorporez-les à la pâte à l'aide d'une spatule souple.

Beurrez et farinez un moule à manqué de 24 cm de diamètre. Versez-y la pâte.

Préparez la garniture : lavez les pommes, coupez-les en deux et évidez-les. Posez les demi-pommes à plat sur une planche et taillez-les en lamelles sans les découper entièrement, de sorte qu'elles restent assemblées. Saupoudrez-les de sucre en poudre et enfoncez-les un peu dans la pâte, partie sucrée vers le haut.

Mettez le gâteau à cuire au four pendant environ 40 minutes.

KOUIGN-AMANN

POUR 6 PERSONNES
PRÉPARATION : 40 min
REPOS : 1 h environ
CUISSON : 30 min

- 10 g de levure de boulanger
- 20 cl d'eau tiède
- 200 g de beurre demi-sel mou + 50 g pour le moule
- 300 g de farine
- 10 g de beurre fondu
- 200 g de sucre en poudre + 50 g pour le moule

Délayez la levure dans 20 cl d'eau tiède. Laissez ramollir le beurre à température ambiante.

Tamisez la farine en fontaine dans un saladier, mettez la levure délayée et le beurre fondu au centre, puis pétrissez pendant une dizaine de minutes, jusqu'à ce que la pâte soit souple et homogène. Recouvrez-la d'un linge et laissez-la doubler de volume 1 heure environ dans un endroit tiède.

Abaissez la pâte au rouleau pour former une grande crêpe. Étalez le beurre ramolli dessus, en laissant une marge de 2 cm sur le pourtour, et versez le sucre en poudre pour recouvrir le beurre. Repliez cette crêpe de manière qu'elle forme un triangle.

Préchauffez le four à 200 °C (therm. 6-7).

Laissez reposer la pâte quelques minutes, puis étalez-la de nouveau au rouleau. Repliez-la en quatre et étalez-la de nouveau en forme de long rectangle. Enroulez la pâte sur elle-même comme un escargot, puis aplatissez-la à la main en lui donnant une forme circulaire d'environ 22 cm de diamètre. Badigeonnez généreusement un moule à manqué de beurre, puis saupoudrez-le de sucre en poudre. Tapez sur le moule en le tournant pour bien le répartir. Déposez la pâte dans le moule.

Enfournez et laissez cuire pendant 30 minutes en couvrant le gâteau avec une feuille d'aluminium en fin de cuisson si la surface brunit trop vite. Démoulez-le chaud et servez-le tiède.

STRUDEL AUX POMMES

POUR 6 À 8 PERSONNES

PRÉPARATION : 50 min • REPOS DE LA PÂTE : 2 h • CUISSON : 35 min

POUR LA PÂTE : 400 g de farine • 1 cuill. à café de sel • 1 jaune d'œuf • 3 cuill. à soupe d'huile • POUR LA GARNITURE : 1,2 kg de pommes • 150 g de beurre • 60 g de vergeoise blonde • 100 g de raisins secs • 100 g de noix • 1 cuill. à café de cannelle • 40 g de chapelure

1 Préparez la pâte : tamisez la farine dans un saladier. Délayez le sel et le jaune d'œuf dans un verre d'eau tiédie.

2 Versez l'œuf délayé et l'huile au centre de la farine et travaillez rapidement pour obtenir une boule de pâte molle.

3 Pétrissez sur le plan de travail légèrement fariné jusqu'à ce que la pâte soit lisse et élastique. Couvrez-la et laissez-la reposer 2 heures.

4 Préparez la garniture : épluchez les pommes, épépinez-les et coupez-les en petits dés.

5 Faites-les revenir à feu vif à la poêle 5 minutes environ avec le tiers du beurre. Hachez et faites griller les noix. Ajoutez tous les ingrédients de la garniture aux pommes et laissez refroidir.

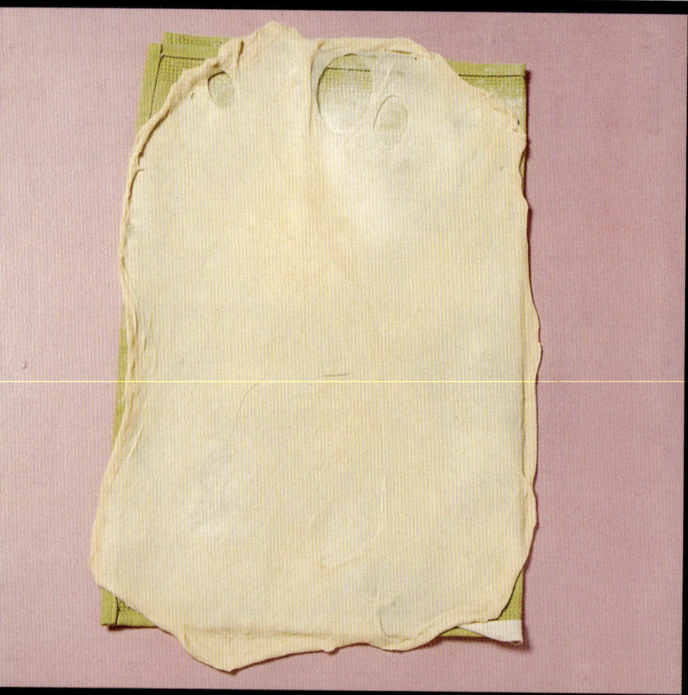

6 Posez deux torchons sur le plan de travail pour obtenir un long rectangle de 1 m 20 x 40 cm environ. Farinez-les. Étalez la pâte au rouleau, puis avec les doigts farinés pour qu'elle soit très fine.

7 Coupez les bords régulièrement pour obtenir un grand rectangle. Faites fondre le beurre restant et badigeonnez généreusement la pâte au pinceau.

8 Étalez la garniture sur la pâte jusqu'à 3 cm du bord vertical droit de la pâte, puis enroulez le strudel en vous aidant du torchon pour former le rouleau.

9 Préchauffez le four à 190 °C (therm. 6-7). Beurrez une plaque à pâtisserie. Posez délicatement le strudel sur la plaque, en recourbant les deux bouts s'il est très long et en mettant la jointure en dessous.

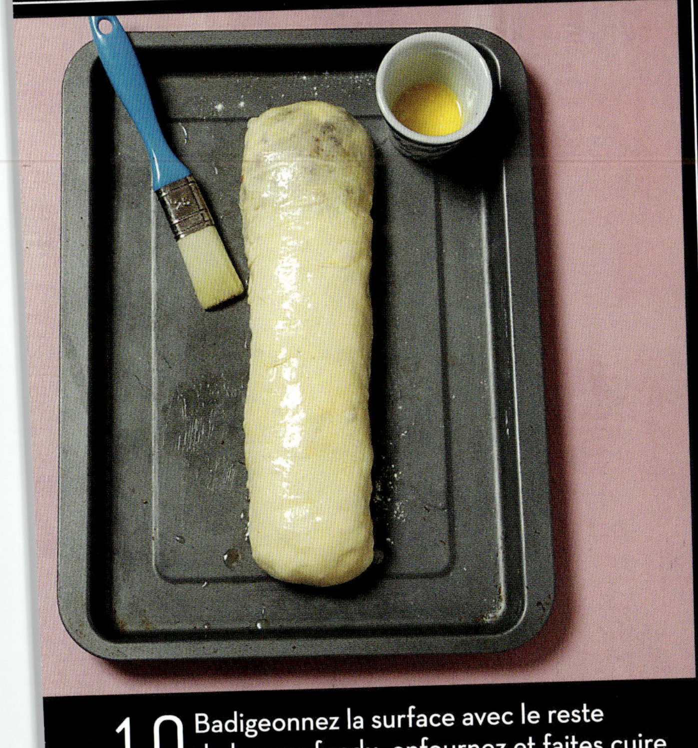

10 Badigeonnez la surface avec le reste de beurre fondu, enfournez et faites cuire environ 35 minutes.

11 Décorez avec du sucre glace et/ou de la cannelle à l'aide d'une passoire à thé.

GÂTEAU RENVERSÉ À L'ANANAS

POUR 4 À 6 PERSONNES
PRÉPARATION : **15 min**
CUISSON : **35 min**

- 150 g d'ananas en rondelles
- 200 g de beurre
- 4 gros œufs
- 200 g de sucre en poudre
- 200 g de farine
- 2 cuill. à café de levure chimique

Pour le caramel

- 75 g de sucre en poudre

Préchauffez le four à 200 °C (therm. 6-7).

Préparez le caramel. Laissez caraméliser le sucre en poudre avec 3 cuillerées à soupe d'eau dans une petite casserole à feu doux (ou dans le fond d'un moule à manqué, s'il va sur le feu), jusqu'à obtenir un caramel doré et épais. Versez le caramel dans le fond d'un moule à manqué.

Disposez les rondelles d'ananas égouttées sur le caramel. Réservez.

Faites fondre le beurre au four à micro-ondes. Mélangez les œufs entiers et le sucre en poudre à l'aide d'un fouet électrique, jusqu'à ce que le mélange blanchisse. Versez le beurre fondu, mélangez, puis ajoutez la farine et la levure tamisées en mélangeant jusqu'à obtenir une pâte lisse. Versez la pâte dans le moule sur les ananas et enfournez pour 35 minutes environ.

À la sortie du four, laissez le gâteau refroidir avant de le démouler, puis dégustez aussitôt.

CONSEIL : Si c'est la bonne saison, choisissez plutôt un ananas frais, les Victoria sont très parfumés. S'il vous reste de l'ananas (frais ou en conserve), découpez-le en cubes, plantez une pique en bois dans chaque cube et dégustez avec le gâteau. Vous pouvez aussi mixer le reste de l'ananas pour en faire une purée à servir avec le gâteau.

EXPRESS

Si vous n'avez que 2 ou 3 œufs, ce n'est pas grave. Pesez les œufs que vous avez, et mettez le même poids en farine, beurre et sucre.

BISCUIT ROULÉ

POUR 4 À 6 PERSONNES
PRÉPARATION : 25 min • CUISSON : 10 min

6 cuill. à soupe de marmelade d'abricot • POUR LA PÂTE : 6 œufs • 150 g de sucre en poudre • 75 g de farine • 15 g de beurre • POUR LE SIROP : 40 g de sucre en poudre • 1 cuill. à café de rhum • POUR LE DÉCOR : 125 g d'amandes effilées • Nappage abricot prêt à l'emploi

1 Préparez la pâte à biscuit à rouler : cassez les œufs en séparant les blancs des jaunes. Dans un saladier, fouettez les 6 jaunes d'œufs et 3 blancs avec la moitié du sucre en poudre, jusqu'à ce que le mélange blanchisse et mousse.

2 Montez en neige les 3 derniers blancs en leur ajoutant peu à peu le reste du sucre en poudre, tout en fouettant au batteur électrique ou à la main.

3 Incorporez-les aux jaunes en soulevant délicatement la préparation avec une spatule.

4 Ajoutez enfin la farine tamisée en la versant en pluie.

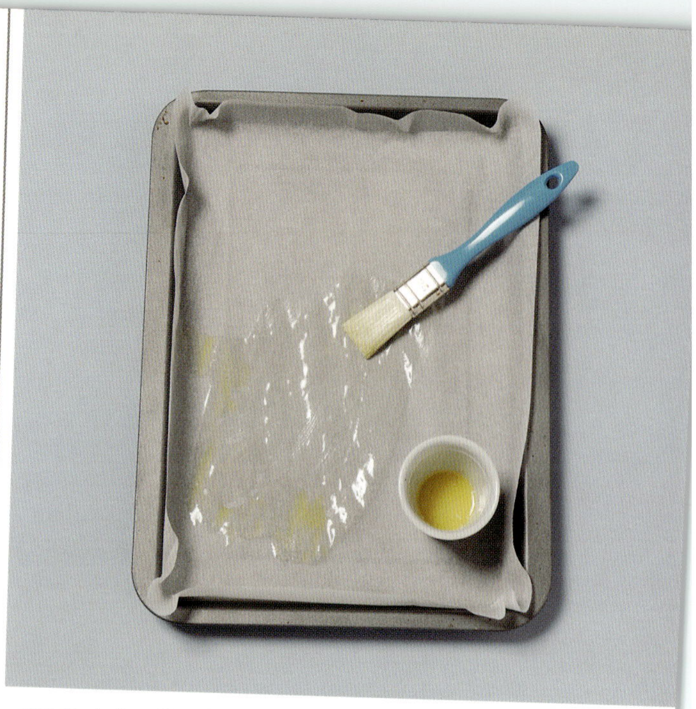

5 Préchauffez le four à 180 °C (therm. 6). Faites fondre le beurre sans le cuire. Tapissez la plaque du four de papier sulfurisé et, avec un pinceau, badigeonnez-le de beurre fondu.

6 Puis étalez régulièrement la pâte à biscuit sur 1 cm d'épaisseur avec une spatule métallique. Mettez au four pendant 10 minutes : le dessus du biscuit doit juste blondir.

7 Pour le décor, grillez légèrement les amandes au four à 180 °C (mettez-les dans le four en même temps que le gâteau).

8 Préparez le sirop : mélangez le sucre en poudre avec 10 cl d'eau, puis ajoutez le rhum.

9 Retournez le gâteau sur un torchon légèrement saupoudré de sucre. Décollez le papier. À l'aide d'un pinceau, imbibez-le de sirop, puis recouvrez-le de marmelade d'abricot avec une spatule.

10 En vous aidant du torchon placé sous le biscuit, roulez ce dernier et déposez-le sur un plat de service.

11 Badigeonnez le gâteau avec le nappage et parsemez-le d'amandes grillées.

FONDANT AU CHOCOLAT

POUR 8 PERSONNES
PRÉPARATION : **20 min (la veille)**
CUISSON : **1 h**

- 250 g de beurre mou + 20 g pour le moule
- 250 g de chocolat noir
- 3 œufs
- 120 g de sucre en poudre
- 75 g de fécule de maïs
- Sucre glace

Allumez le four à 170 °C (therm. 5-6). Beurrez un moule de 25 cm de diamètre. Tapissez le fond avec un rond de papier sulfurisé du même diamètre, puis beurrez le papier. Hors du four, placez ce moule dans la lèchefrite.

Cassez le chocolat en petits morceaux dans un bol et faites-le fondre avec le beurre au bain-marie, mélangez bien. Dans un saladier, fouettez les œufs avec le sucre jusqu'à ce qu'ils blanchissent. Ajoutez la préparation au chocolat, puis la fécule. Remuez soigneusement.

Versez la pâte dans le moule. Déposez-le dans la lèchefrite placée à mi-hauteur du four, puis versez de l'eau chaude dans celle-ci jusqu'à mi-hauteur du moule. Faites cuire pendant 1 heure.

Laissez refroidir complètement, puis démoulez et saupoudrez à volonté de sucre glace. Servez le gâteau le lendemain, les arômes auront le temps de se développer.

MI-CUITS CHOCO-POIRE

POUR 4 PERSONNES
PRÉPARATION : **25 min**
CUISSON : **10 min**

- 3 œufs
- 1 poire williams pas trop mûre
- 1/2 gousse de vanille
- 130 g de chocolat noir
- 80 g de beurre + 25 g pour les moules
- 1 pincée de sel
- 40 g de sucre en poudre
- 20 g de fécule de maïs
- 25 g de farine pour les moules

Préchauffez le four à 170 °C (therm. 5-6). Beurrez et farinez quatre ramequins.

Séparez les blancs des jaunes d'œufs. Pelez et épépinez la poire, coupez-la en dés. Fendez la vanille et raclez les graines.

Cassez le chocolat en morceaux dans un bol, faites-le fondre au bain-marie. Lorsqu'il est fondu, retirez du feu et incorporez le beurre en petits morceaux, lissez le tout avec une spatule. Ajoutez les graines de vanille, le sel, le sucre et les jaunes d'œufs, puis la fécule de maïs et les dés de poire, mélangez bien.

Fouettez les blancs d'œufs en neige ferme. Incorporez-les très délicatement dans la préparation à l'aide d'une spatule souple.

Répartissez la pâte dans les ramequins et faites cuire en bas du four de 8 à 10 minutes. Laissez-les reposer 2 minutes (mais pas plus) avant de les démouler sur les assiettes. Dégustez-les sans plus attendre.

POUR VARIER : **Remplacez la poire par 150 g de framboises.**

GRANDES OCCASIONS

GÂTEAU AU CHOCOLAT DE NANCY

POUR 8 PERSONNES
PRÉPARATION : **15 min**
CUISSON : **35 min**

- 200 g de beurre + 25 g pour le moule
- 200 g de chocolat noir
- 6 œufs
- 100 g de sucre en poudre
- 75 g de poudre d'amandes
- 50 g de farine
- 25 g d'amandes effilées
- Sucre glace

Coupez le beurre et cassez le chocolat en morceaux. Faites-les fondre dans une casserole placée au bain-marie pas trop chaud, en remuant jusqu'à obtention d'une crème lisse.

Cassez les œufs et séparez les blancs des jaunes.

Retirez la casserole du bain-marie et incorporez les jaunes d'œufs à la crème. Ajoutez le sucre, la poudre d'amandes, la farine et mélangez.

Préchauffez le four à 150 °C (therm. 5). Beurrez largement un moule à manqué. Disposez les amandes effilées dans le fond.

Battez les blancs en neige ferme. Prélevez-en 2 cuillerées à soupe et, sans précaution particulière, mélangez-les à la préparation au chocolat pour l'alléger. Incorporez ensuite délicatement le reste des blancs en soulevant bien la masse pour ne pas les briser. Enfournez et faites cuire pendant 35 minutes environ.

Sortez le gâteau du four et laissez-le tiédir un peu. Démoulez-le sur une grille. Saupoudrez la surface de sucre glace.

POUR VARIER : **En version mini, ce gâteau est délicieux : utilisez des petits moules et faites cuire 20 minutes !**

DÉLICE AU CHOCOLAT

POUR 4 À 6 PERSONNES
PRÉPARATION : **20 min**
CUISSON : **20 min**

- 150 g de beurre + 25 g pour le moule
- 4 œufs
- 125 g de sucre en poudre
- 200 g de chocolat noir
- 2 cuill. à soupe de farine
- 100 g de poudre d'amandes

Préchauffez le four à 220 °C (therm. 7-8).

Cassez les œufs en séparant les blancs des jaunes. Fouettez vivement les jaunes avec le sucre en poudre dans un saladier jusqu'à ce que le mélange mousse.

Mettez à fondre le chocolat cassé en morceaux avec le beurre dans une casserole placée au bain-marie. Incorporez-le au mélange jaunes d'œufs-sucre. Ajoutez la farine et les amandes et mélangez soigneusement.

Fouettez les blancs en neige et incorporez-les au mélange, sans trop travailler pour ne pas les casser.

Beurrez un moule à manqué et versez-y la pâte. Enfournez pendant 20 minutes. Vérifiez la cuisson du gâteau avec une aiguille : sa pointe doit ressortir un peu humide.

Laissez refroidir et démoulez.

REINE DE SABA

POUR 6 PERSONNES
PRÉPARATION : 25 min
CUISSON : 35 min

- 70 g de beurre mou + 25 g pour le moule
- 25 g de farine pour le moule
- 30 g d'amandes effilées
- 120 g de chocolat noir à 60 % de cacao
- 40 g de fécule de maïs
- 20 g de cacao en poudre
- 3 œufs
- 80 g de sucre en poudre
- 70 g de poudre d'amandes
- 1 pincée de sel

Beurrez largement un moule à manqué de 22 cm de diamètre (ou un moule à charlotte de 16 cm de diamètre), puis saupoudrez les parois de farine.

Faites légèrement dorer les amandes à sec, dans une poêle antiadhésive. Laissez-les refroidir, puis répartissez-les dans le fond du moule. Placez-le au réfrigérateur pendant la préparation de la pâte.

Préchauffez le four à 180 °C (therm. 6).

Coupez le chocolat en morceaux et mettez-le dans une petite casserole avec le beurre. Faites-les fondre à feu très doux ou au bain-marie, en remuant doucement pour obtenir une crème bien lisse.

Tamisez la fécule avec le cacao.

Cassez les œufs en séparant les blancs des jaunes. Fouettez vivement les jaunes avec le sucre, jusqu'à ce que le mélange blanchisse et soit mousseux. Ajoutez ensuite la crème au chocolat, puis le mélange tamisé et la poudre d'amandes sans cesser de remuer.

Battez les blancs en neige ferme avec la pincée de sel. Mélangez-en rapidement deux cuillerées à soupe à la préparation au chocolat pour l'alléger, puis incorporez délicatement le reste à l'aide d'une spatule souple.

Versez la pâte dans le moule, enfournez et faites cuire 35 minutes.

Sortez le gâteau du four, démoulez-le sur une grille et laissez refroidir.

MOELLEUX À CŒUR DE MA MAMAN

POUR 8 PERSONNES
PRÉPARATION : **20 min**
CUISSON : **25 min**

- 250 g de chocolat noir
- 125 g de beurre + 25 g pour le moule
- 8 œufs
- 1 pincée de sel
- 150 g de sucre en poudre
- 50 g de farine
- Sucre glace

Coupez le chocolat en morceaux et mettez-le dans une petite casserole avec le beurre. Faites-les fondre à feu très doux ou au bain-marie, en remuant doucement pour obtenir une crème bien lisse.

Préchauffez le four à 250 °C (therm. 8-9).

Cassez les œufs et séparez les blancs des jaunes. Montez les blancs en neige avec une pincée de sel.

Dans un saladier, mélangez le sucre avec les jaunes d'œufs et battez (au fouet manuel ou électrique) jusqu'à ce que le mélange blanchisse. Ajoutez les blancs en neige, puis le chocolat et le beurre fondus et enfin la farine sans cesser de battre, le mélange doit baisser un peu de volume.

Beurrez un moule à manqué de 22 cm de diamètre. Versez-y la préparation, puis enfournez. Laissez cuire 5 minutes à 250 °C (therm. 8-9), puis baissez la température à 150 °C (therm. 5) pendant 20 minutes. Vérifiez la cuisson à l'aide d'un couteau, la lame doit sortir couverte de chocolat.

Sortez le gâteau et démoulez-le sur une grille à pâtisserie. Saupoudrez-le de sucre glace et servez-le encore tiède.

PETIT BUDGET

PAVÉ DE CHOCOLAT AMER AUX ÉPICES DOUCES

POUR 8 À 10 PERSONNES
PRÉPARATION : **20 min**
CUISSON : **1 h**

- 250 g de chocolat noir
- 250 g de beurre + 25 g pour le moule
- 180 g de sucre en poudre
- 75 g de farine
- 3 œufs
- 1/2 cuill. à café de vanille en poudre
- 4 pincées de chaque épice en poudre, mélangées (cannelle, anis vert, cardamome)

Pour décorer

- 1 cuill. à soupe de sucre glace
- 1/2 cuill. à café de cannelle

Cassez le chocolat et le beurre en morceaux. Dans une casserole à fond épais, amenez à ébullition le sucre avec 10 cl d'eau, ajoutez le chocolat et le beurre. Baissez le feu et mélangez bien, puis retirez du feu.

Préchauffez le four à 170 °C (therm. 5-6).

Versez la farine dans un saladier, incorporez 1 œuf entier, puis les 2 autres œufs, un par un, en mélangeant bien. Ajoutez la vanille et les épices. Versez cette préparation sur le chocolat au beurre et remuez vigoureusement.

Tapissez le fond d'un moule rectangulaire de papier sulfurisé. Beurrez ce papier. Versez la pâte dans le moule.

Posez le moule rempli dans un récipient plus grand à demi-plein d'eau chaude. Faites cuire au four au bain-marie pendant 1 heure. Laissez refroidir, puis démoulez et saupoudrez avec le sucre glace mélangé à la cannelle.

PRÊT À L'AVANCE

TARTES & CRUMBLES

TARTELETTES AUX FRAISES

POUR 8 À 10 TARTELETTES
PRÉPARATION : **30 min**
REPOS DE LA PÂTE : **30 min**
MACÉRATION DES FRUITS : **1 h**
CUISSON : **10 à 15 min**

Pour la pâte sablée

- 1 gousse de vanille (facultatif)
- 70 g de sucre en poudre
- 250 g de farine
- 160 g de beurre mou + 40 g pour les moules
- 1 œuf entier

Pour la garniture

- 450 g de fraises
- 175 g de mascarpone
- 60 g de sucre glace

Pour le décor

- Feuilles de menthe fraîche

Préparez la pâte sablée : ouvrez la gousse de vanille en deux et grattez les graines. Mélangez dans un bol les graines de vanille et le sucre en poudre. Tamisez la farine directement au-dessus du plan de travail. Coupez le beurre en petits morceaux et travaillez-le du bout des doigts avec la farine jusqu'à ce que la préparation soit sableuse et qu'il ne reste plus de morceaux de beurre. Creusez un puits dans le sablage obtenu. Cassez-y l'œuf et versez le sucre parfumé à la vanille. Mélangez du bout des doigts tous les ingrédients, mais sans trop les malaxer. Écrasez la pâte pour la rendre bien homogène, puis roulez-la en boule, enveloppez-la dans du film alimentaire et laissez-la reposer au moins 30 minutes.

Rincez rapidement les fraises, équeutez-les et coupez-les en deux.

Préparez la garniture : mixez le tiers des fraises avec le mascarpone et le sucre glace et mettez cette crème au frais.

Préchauffez le four à 180 °C (therm. 6).

Avec un emporte-pièce ou un bol, découpez des disques de pâte et garnissez-en des moules à tartelette préalablement beurrés. Piquez le fond de chacun d'eux avec une fourchette. Découpez six morceaux de papier sulfurisé, placez-les sur le fond avec des légumes secs pour éviter que la pâte ne boursoufle pendant la cuisson. Enfournez pour 10 à 15 minutes.

Quand les fonds de tartelette sont froids, démoulez-les délicatement et répartissez-y la crème à la fraise. Déposez les fraises restantes par-dessus et décorez avec quelques feuilles de menthe. Servez froid.

TARTE À LA RHUBARBE

POUR 6 À 8 PERSONNES
PRÉPARATION : **30 min**
MACÉRATION : **8 h**
REPOS DE LA PÂTE : **30 min**
ÉGOUTTAGE : **30 min**
CUISSON : **30 min environ**

Pour la rhubarbe

> 600 g de rhubarbe
> 60 g de sucre en poudre

Pour la pâte brisée

> 100 g de beurre froid + 25 g pour le moule
> 200 g de farine
> 1 pincée de sel fin
> 2 cuill. à soupe de sucre en poudre

Pour la crème

> 1 œuf
> 75 g de sucre en poudre
> 2 cuill. 1/2 à soupe de lait
> 2 cuill. 1/2 à soupe crème fraîche liquide
> 25 g d'amandes en poudre
> 55 g de beurre froid

Pour servir

> Sucre glace

La veille, nettoyez la rhubarbe. Coupez les côtes en tronçons de 2 cm. Mettez-les dans un grand saladier et saupoudrez-les de sucre en poudre. Couvrez et laissez macérer 8 heures au moins au réfrigérateur.

Le lendemain, préparez la pâte brisée : coupez le beurre en très petits morceaux. Dans un saladier, versez la farine et creusez un puits au milieu. Ajoutez le sel, le sucre en poudre, puis les morceaux de beurre. Assemblez rapidement les ingrédients en effritant le mélange du bout des doigts. Versez de l'eau pour amalgamer l'ensemble, puis travaillez la pâte jusqu'à ce qu'elle soit bien souple (ni trop molle, ni trop collante). Farinez le plan de travail, posez-y la pâte, puis étalez-la en l'écrasant, sans trop la pétrir. Formez une boule, enveloppez-la dans du film alimentaire et laissez-la reposer au moins 30 minutes.

Versez la rhubarbe dans une passoire et laissez-la s'égoutter 30 minutes. Préchauffez le four à 180 °C (therm. 6).

Beurrez un moule à tarte de 26 cm de diamètre et piquez le fond à l'aide d'une fourchette. Recouvrez le moule d'un papier sulfurisé et mettez par-dessus des légumes secs. Faites cuire la pâte au four pendant 15 minutes.

Préparez la crème : battez l'œuf et le sucre en poudre dans un bol, ajoutez-y le lait, la crème, les amandes en poudre et le beurre. Mélangez.

Retirez le papier et les légumes secs de la tarte. Disposez les tronçons de rhubarbe sur la pâte, puis versez la crème aux amandes et mettez la tarte au four pendant 15 à 20 minutes. Servez la tarte froide ou à peine tiède après l'avoir généreusement saupoudrée de sucre glace.

POUR VARIER : La rhubarbe peut être remplacée par 400 g de myrtilles ou 600 g de mirabelles.

POUR SERVIR : Accompagnez cette tarte d'un coulis de fraise ou encore garnissez-la d'une meringue italienne (voir p. 477) et passez-la alors 5 minutes sous le gril pour la faire dorer.

APPLE PIE

POUR 6 À 8 PERSONNES
PRÉPARATION : 30 min
CUISSON : 50 min environ

- 1 kg de pommes
- Le jus de 1 citron
- 1 œuf

Pour la pâte brisée

- 150 g de beurre froid
- 300 g de farine
- 1/2 cuill. à café de sel
- eau froide

Pour la garniture

- 40 g de farine
- 50 g de cassonade
- 1 pincée de vanille en poudre
- 1/2 cuill. à café de cannelle
- 1 pincée de noix muscade

Préparez la pâte brisée (voir p. 459) ; laissez-la reposer au moins 30 minutes. Divisez la pâte en deux boules de 300 g et 200 g. Étalez-les sur une épaisseur de 3 mm environ et disposez la plus grande dans un moule à tarte beurré de 22 cm de diamètre en la faisant déborder.

Préparez la garniture : dans un saladier, mélangez la farine, la cassonade, la vanille, la cannelle et la noix muscade. Répartissez la moitié de ce mélange dans le moule.

Préchauffez le four à 200 °C (therm. 6-7). Pelez les pommes, coupez-les en tranches. Disposez-les en couronne en formant un dôme au centre. Arrosez de jus de citron, puis saupoudrez du mélange farine-cassonade.

Recouvrez l'ensemble avec l'autre disque de pâte. Battez l'œuf, enduisez les bords et soudez bien en les roulottant. Formez une petite cheminée et dorez le couvercle à l'œuf. Enfournez pour 10 minutes. Sortez le moule. Badigeonnez à nouveau d'œuf battu et poursuivez la cuisson 40 minutes.

Servez cette pie nature et encore tiède en l'accompagnant de crème fraîche épaisse, d'un coulis de mûre ou d'une boule de glace à la vanille.

TATIN AUX POMMES

POUR 6 PERSONNES

PRÉPARATION : 40 min • REPOS DE LA PÂTE : 30 min • CUISSON : 30 min environ

POUR LA PATE BRISÉE : 100 g de beurre • 200 g de farine • 1 grosse pincée de sel fin • 2 cuill. à soupe de sucre en poudre • POUR LA GARNITURE : 1 kg de pommes à chair ferme • 75 g de beurre • 100 g de sucre en poudre • 150 g de crème épaisse ou de glace à la vanille

1 Préparez la pâte brisée (voir page 459) ; laissez-la reposer 30 minutes.

2 Préparez la garniture : pelez les pommes et coupez-les en quartiers.

3 Détaillez le beurre en morceaux. Beurrez un moule en métal ou en fonte (qui supporte la flamme). Saupoudrez-en le fond avec le sucre en poudre.

4 Disposez-y les pommes et répartissez le reste de beurre par-dessus.

5 Déposez le moule sur le feu et faites cuire 10 minutes à feu vif jusqu'à ce que le caramel se forme. Il doit être bouillant et bien doré.

6 Préchauffez le four à 180 °C (therm. 6). Travaillez la pâte brisée de la paume de la main, puis étalez-la sur 4 mm d'épaisseur environ.

7 Découpez un disque de pâte d'un diamètre supérieur de 4 cm à celui du moule.

8 Recouvrez les pommes avec le disque de pâte en rabattant bien les bords à l'intérieur du moule. Enfournez pour 30 minutes.

9 Si les pommes rendent de l'eau, à la sortie du four, maintenez la pâte avec une manique et inclinez doucement le moule pour récupérer le jus. Faites-le bouillir quelques minutes dans une petite casserole jusqu'à obtenir un caramel épais.

10 Posez un plat sur le moule et retournez le tout, étalez le caramel sur le dessus, il va prendre en gelée en quelques minutes.

11 Servez tiède avec la crème épaisse ou une boule de glace vanille.

TARTE AUX KIWIS

POUR 6 PERSONNES
PRÉPARATION : **20 min**
REPOS DE LA PÂTE : **30 min**
CUISSON : **20 min**

- 7 ou 8 kiwis

Pour la pâte brisée

- 100 g de beurre froid + 25 g pour le moule
- 200 g de farine
- 1 pincée de sel fin
- 2 cuill. à soupe de sucre en poudre
- 5 cuill. à soupe d'eau froide

Pour la crème

- 2 jaunes d'œufs
- 80 g de sucre en poudre
- 1 cuill. à café de farine
- 20 cl de lait
- 1 cuill. à soupe de gelée de groseille

Préparez la pâte brisée : coupez le beurre en très petits morceaux. Dans un saladier, versez la farine et creusez un puits au milieu. Ajoutez le sel, le sucre en poudre, puis les morceaux de beurre. Assemblez rapidement les ingrédients en effritant le mélange du bout des doigts. Versez de l'eau pour amalgamer l'ensemble, puis travaillez la pâte jusqu'à ce qu'elle soit bien souple (ni trop molle, ni trop collante). Farinez le plan de travail, posez-y la pâte, puis étalez-la en l'écrasant, sans trop la pétrir. Formez une boule, enveloppez-la dans du film alimentaire et laissez-la reposer au moins 30 minutes.

Préchauffez le four à 200 °C (therm. 6-7).

Étalez la pâte sur 3 mm d'épaisseur environ et garnissez-en un moule à tarte beurré de 26 cm de diamètre. Piquez le fond avec une fourchette, recouvrez-le de papier sulfurisé et de légumes secs et enfournez pour 20 minutes.

Pendant ce temps, préparez la crème : mélangez dans une casserole les jaunes d'œufs, le sucre en poudre, la farine et le lait. Faites cuire à feu doux en remuant jusqu'à ce que la crème nappe la cuillère. Hors du feu, ajoutez la gelée de groseille.

Sortez le fond de tarte du four, laissez-le tiédir, puis versez-y la crème.

Pelez les kiwis et coupez-les en fines rondelles. Disposez-les sur la crème en les faisant se chevaucher légèrement. Mettez au réfrigérateur jusqu'au moment de servir.

TARTE BOURDALOUE

POUR 6 PERSONNES
PRÉPARATION : **30 min**
REPOS DE LA PÂTE : **30 min**
CUISSON : **30 min**

- 1 grosse boîte de poires au sirop (850 g) ou 8 demi-poires pochées maison (voir la recette de la charlotte aux poires, p. 292)

Pour la pâte sablée

- 250 g de farine
- 160 g de beurre mou + 25 g pour le moule
- 1 œuf entier
- 70 g de sucre en poudre

Pour la crème frangipane

- 2 œufs
- 100 g de sucre en poudre
- 120 g de poudre d'amandes
- 120 g de beurre mou

Préparez la pâte sablée : tamisez la farine au-dessus du plan de travail. Coupez le beurre en petits morceaux et travaillez-le du bout des doigts avec la farine jusqu'à ce que la préparation soit sableuse et qu'il ne reste plus de morceaux de beurre.

Creusez un puits dans le sablage obtenu. Cassez-y l'œuf et versez le sucre en poudre. Mélangez du bout des doigts tous les ingrédients, mais sans trop les malaxer. Écrasez la pâte sous votre paume, en poussant devant vous, pour la rendre bien homogène. Roulez-la en boule, aplatissez-la entre vos mains. Enveloppez-la d'un film alimentaire et laissez-la reposer au moins 30 minutes au réfrigérateur.

Préchauffez le four à 190 °C (therm. 6-7).

Préparez la crème frangipane : dans un saladier, fouettez les œufs entiers avec le sucre en poudre, ajoutez ensuite les amandes et le beurre et mélangez bien. Étalez la pâte sur 2 mm d'épaisseur.

Beurrez un moule de 26 cm de diamètre à fond amovible et garnissez-le de pâte. Étalez la crème sur la pâte. Égouttez les demi-poires, puis coupez-les en lamelles sur une planche. Du plat de la paume de la main, donnez-leur un petit mouvement pour les coucher légèrement en éventail, puis soulevez-les une par une à l'aide d'une spatule et déposez-les délicatement en rosace sur la crème. Enfournez en bas du four pour 30 à 40 minutes.

Laissez tiédir avant de démouler. Servez froid.

CONSEIL : **La pâte sablée est encore meilleure quand elle a reposé 24 heures au réfrigérateur.**

La pâte sablée est fragile, étalez-la sur une feuille de papier sulfurisé, retournez le tout sur le moule et « pelez » la feuille.

BARQUETTES AUX FRAMBOISES

POUR 10 À 12 BARQUETTES
PRÉPARATION : **15 min**
REPOS DE LA PÂTE : **30 min**
CUISSON : **15 min**

- 200 g de framboises
- 5 cuill. à soupe de gelée de groseille (ou de framboise)

Pour la pâte brisée

- 100 g de beurre froid + 40 g pour les moules
- 200 g de farine
- 1 pincée de sel fin
- 2 cuill. à soupe de sucre en poudre
- 5 cuill. à soupe d'eau froide

Pour la crème pâtissière

- 3 jaunes d'œufs
- 50 g de sucre en poudre
- 20 g de farine
- 25 cl de lait

Préparez la pâte brisée : coupez le beurre en très petits morceaux. Dans un saladier, versez la farine et creusez un puits au milieu. Ajoutez le sel, le sucre en poudre, puis les morceaux de beurre. Assemblez rapidement les ingrédients en effritant le mélange du bout des doigts. Versez de l'eau pour amalgamer l'ensemble, puis travaillez la pâte jusqu'à ce qu'elle soit bien souple (ni trop molle, ni trop collante). Farinez le plan de travail, posez-y la pâte, puis étalez-la en l'écrasant, sans trop la pétrir. Formez une boule, enveloppez-la dans du film alimentaire et laissez-la reposer au moins 30 minutes.

Préchauffez le four à 180 °C (therm. 6).

Avec un emporte-pièce ou un bol, découpez des disques de pâte et garnissez-en des moules à barquettes préalablement beurrés. Piquez le fond de chacun d'eux avec une fourchette. Découpez des morceaux de papier sulfurisé, placez-les sur le fond avec des légumes secs pour éviter que la pâte ne boursoufle pendant la cuisson. Enfournez pour 10 à 15 minutes.

Préparez la crème pâtissière : mettez les jaunes d'œufs et le sucre en poudre dans un saladier et fouettez vivement le mélange jusqu'à ce qu'il blanchisse. Saupoudrez la farine en surface, puis incorporez-la rapidement sans la travailler. En même temps, faites bouillir le lait, puis versez-le bouillant sur le mélange, en remuant sans arrêt avec une cuillère en bois pour obtenir une crème bien lisse. Versez la crème dans une casserole à fond épais. Faites-la épaissir en la chauffant à feu très doux. Retirez la casserole dès les premiers bouillons et versez-la dans un saladier.

Garnissez les barquettes de crème pâtissière. Réservez la crème restante pour un autre usage.

Triez les framboises et répartissez-les dans les barquettes, par-dessus la crème. Dans une petite casserole, faites tiédir la gelée et, à l'aide d'un pinceau, nappez-en délicatement les framboises. Servez frais.

CONSEIL : **Montez les barquettes au dernier moment, elles ne supportent pas le réfrigérateur.**

TARTE BRIOCHÉE AUX ABRICOTS ET AU ROMARIN

POUR 6 PERSONNES
PRÉPARATION : **20 min**
REPOS DE LA PÂTE : **1 h 30**
CUISSON : **25 min**

- 1 kg d'abricots

Pour la pâte à brioche

- 5 g de levure de boulanger
- 2 cuill. à soupe de lait
- 175 g de farine
- 2 œufs entiers
- 1 petite cuill. à café de sel fin
- 15 g de sucre en poudre
- 90 g de beurre

Pour la garniture

- 1 œuf
- 50 g de beurre mou
- 50 g de sucre en poudre
- 60 g de poudre d'amandes
- 1 cuill. à café de romarin frais haché

Préparez la pâte à brioche : diluez la levure dans un bol avec le lait tiède et laissez reposer 10 minutes.

Sur le plan de travail, mettez la farine en puits, puis ajoutez la levure diluée, les œufs, le sel, le sucre en poudre et le beurre. Pétrissez le tout au moins 10 minutes jusqu'à ce que la pâte soit bien lisse et élastique (vous pouvez pétrir la pâte avec un robot muni d'un crochet ou une machine à pain).

Déposez-la dans un saladier, recouvrez celui-ci d'un torchon et laissez-la lever pendant 1 heure 30 environ dans un endroit chaud (près d'un radiateur, l'hiver) jusqu'à ce qu'elle double de volume.

Préchauffez le four à 180 °C (therm. 6).

Faites redescendre la pâte en la pétrissant légèrement. Étalez-la directement sur la plaque du four, préalablement recouverte de papier sulfurisé.

Préparez la garniture : dans un saladier, battez l'œuf avec le beurre et le sucre en poudre, ajoutez ensuite la poudre d'amandes et le romarin. Remuez jusqu'à obtenir une préparation homogène.

Étalez cette crème sur la pâte. Rincez les abricots, coupez-les en deux et dénoyautez-les. Disposez-les au-dessus, côté bombé contre la crème, puis enfournez pour 25 minutes environ. Servez tiède.

TARTE AU CITRON MERINGUÉE

POUR 6 PERSONNES
PRÉPARATION : 35 min • REPOS DE LA PÂTE : 30 min • CUISSON : 40 min environ

POUR LA PÂTE : 1 gousse de vanille • 70 g de sucre en poudre • 200 g de farine • 125 g de beurre froid • 1 œuf • POUR LA CRÈME : 3 citrons • 50 g de beurre • 1 cuill. à soupe de fécule de maïs • 4 œufs • 200 g de sucre • POUR LA MERINGUE : 4 blancs d'œufs • 100 g de sucre glace

1 Préparez la pâte sablée : ouvrez la gousse de vanille en deux et grattez les graines. Mélangez dans un bol les graines de vanille et le sucre en poudre.

2 Tamisez la farine au-dessus du plan de travail. Coupez le beurre en morceaux et travaillez-le du bout des doigts avec la farine jusqu'à ce que la préparation soit sableuse.

3 Creusez un puits dans le sablage obtenu. Cassez-y l'œuf et versez le sucre parfumé à la vanille. Mélangez du bout des doigts tous les ingrédients, mais sans trop les malaxer.

4 Écrasez la pâte pour la rendre bien homogène, puis roulez-la en boule, enveloppez-la dans du film alimentaire et laissez-la reposer au moins 30 minutes.

5 Faites fondre le beurre restant. Enduisez-en un moule à tarte de 26 cm de diamètre à fond amovible (ou 6 moules à tartelette). Garnissez-le de pâte.

6 Préparez la crème aux citrons : rincez les citrons et prélevez-en finement le zeste. Pressez le jus des fruits. Faites fondre doucement le beurre dans une petite casserole.

7 Cassez les œufs, ajoutez le sucre et fouettez jusqu'à ce que le mélange blanchisse. Incorporez la fécule délayée dans 1 cuillerée à soupe d'eau, le beurre, le jus et le zeste des citrons, puis mélangez.

8 Préchauffez le four à 200 °C (therm. 6-7). Versez la crème aux citrons sur le fond de pâte. Mettez au four et faites cuire pendant 35 à 40 minutes, puis laissez-la refroidir. Démoulez-la et déposez-la sur un plat allant au four.

9 Préparez la meringue : montez les blancs d'œufs en neige ferme en incorporant le sucre glace petit à petit à mi-parcours.

10 Allumez le gril du four. Étalez la meringue sur la tarte en dessinant des crêtes à l'aide d'une spatule.

11 Glissez la tarte 2 ou 3 minutes sous le gril, jusqu'à ce qu'elle prenne une belle coloration (ou dorez-la au chalumeau). Laissez la tarte refroidir avant de servir.

TARTELETTES FINES AUX FIGUES

POUR 6 TARTELETTES
PRÉPARATION : **15 min**
CUISSON : **35 min**

- 1 rouleau de pâte feuilletée pur beurre préétalée (230 g environ)

Pour la garniture

- 1 cuill. à soupe de pignons de pin
- 1 cuill. à soupe d'amandes (ou de noisettes entières)
- 1 cuill. à soupe de pistaches entières
- 6 belles figues fraîches
- 40 g de beurre
- 2 ou 3 cuill. à soupe de miel liquide
- 2 cuill. à soupe de vinaigre de figue (ou de vinaigre balsamique)

Préchauffez le four à 180 °C (therm. 6).

Découpez 6 disques de 8 à 10 cm de diamètre dans la pâte. Disposez-les sur une plaque, recouvrez d'une feuille de papier sulfurisé, puis d'une autre plaque (ou d'un moule) et faites cuire 10 minutes.

Préparez la garniture : concassez tous les fruits secs. Essuyez les figues.

Faites fondre le beurre dans une poêle et ajoutez les figues coupées en quartiers. Versez le miel et faites cuire 3 minutes à feu moyen en retournant les figues délicatement. Sortez-les de la poêle à l'aide d'une écumoire.

Faites réchauffer le jus de cuisson, versez le vinaigre de figue (ou le vinaigre balsamique), portez à ébullition et retirez du feu.

Disposez 6 quartiers de figue par tartelette, parsemez de fruits secs, puis nappez avec 1 cuillerée à soupe de jus de cuisson. Enfournez pour 20 minutes environ. Servez tiède.

POUR SERVIR : **Servez avec une boule de glace au caramel ou aux spéculoos.**

MINI-TOURTES À LA MANGUE ET À LA NOIX DE COCO

POUR 6 MINI-TOURTES
PRÉPARATION : **20 min**
CUISSON : **40 min environ**

Pour la pâte brisée

- 150 g de beurre froid
- 300 g de farine tamisée
- 1 pincée de sel fin
- 4 cuill. à soupe de sucre en poudre (facultatif)
- 8 cuill. à soupe d'eau froide

Pour la garniture

- 2 mangues
- 30 g de beurre demi-sel + pour les moules
- 1 sachet de sucre vanillé (soit 7,5 g)
- 50 g de sucre en poudre
- 6 cuill. à soupe de noix de coco râpée
- 1 œuf

Préparez la pâte brisée : coupez le beurre en très petits morceaux. Dans un saladier, versez la farine et creusez un puits au milieu. Ajoutez le sel, le sucre en poudre (éventuellement), puis le beurre. Assemblez rapidement les ingrédients en effritant le mélange du bout des doigts. Versez de l'eau pour amalgamer l'ensemble, puis travaillez la pâte jusqu'à ce qu'elle soit bien souple (ni trop molle, ni trop collante). Farinez le plan de travail, posez-y la pâte, puis étalez-la en l'écrasant, sans trop la pétrir. Formez une boule, enveloppez-la dans du film alimentaire et laissez-la reposer au moins 30 minutes.

Préparez la garniture : pelez les mangues, retirez le noyau et coupez la chair en cubes. Dans une poêle, faites fondre le beurre à feu doux, puis versez les deux types de sucre et laissez caraméliser. Ajoutez les morceaux de mangue et laissez cuire 5 minutes environ à feu moyen.

Préchauffez le four à 180 °C (therm. 6).

Détaillez la pâte en douze disques à l'aide d'un emporte-pièce. Garnissez six moules à tartelette beurrés. Saupoudrez les fonds de tarte de la moitié de la noix de coco râpée. Répartissez la garniture à la mangue. Placez les disques de pâte restants dessus, ajustez-les et soudez bien les bords. À l'aide d'un couteau pointu, pratiquez un petit trou au centre de la pâte de couverture et dessinez des motifs géométriques. Battez l'œuf, puis, à l'aide d'un pinceau, badigeonnez-en les mini-tourtes. Enfournez pour 35 minutes environ.

Sortez les mini-tourtes du four, saupoudrez-les du reste de noix de coco râpée et servez-les tièdes.

POUR VARIER : Vous pouvez remplacer la mangue fraîche par de la mangue surgelée en cubes.

Ajoutez aux mangues un petit morceau de gingembre frais râpé à la cuisson.

TARTELETTES AU CARAMEL À LA FLEUR DE SEL

POUR 10 À 12 TARTELETTES
PRÉPARATION : **20 min**
REPOS DE LA PÂTE : **30 min**
CUISSON : **25 à 30 min**
RÉFRIGÉRATION : **2 h**

Pour la pâte sablée

- 1/2 gousse de vanille (facultatif)
- 70 g de sucre en poudre
- 250 g de farine
- 160 g de beurre mou + 40 g pour les moules
- 1 œuf entier

Pour le caramel

- 240 g de sucre en poudre
- 30 cl de crème liquide entière
- 90 g de beurre mou
- 1 cuill. à café rase de fleur de sel
- 2 œufs

Préparez la pâte sablée : fendez la gousse de vanille en deux et grattez les graines, mélangez celles-ci avec le sucre en poudre. Tamisez la farine directement sur le plan de travail, puis coupez le beurre en petits morceaux et travaillez-le du bout des doigts avec la farine, jusqu'à ce que la préparation soit sableuse et qu'il ne reste plus de morceaux de beurre. Creusez un puits dans le sablage obtenu. Cassez-y l'œuf et versez le sucre parfumé à la vanille. Mélangez du bout des doigts tous les ingrédients, mais sans trop les malaxer. écrasez la pâte sous la paume de la main pour la rendre bien homogène, puis roulez-la en boule, aplatissez-la légèrement entre les mains et enveloppez-la dans du film alimentaire ; laissez-la reposer au moins 30 minutes.

Préchauffez le four à 180 °C (therm. 6).

Garnissez de pâte 12 moules à tartelette beurrés de 10 cm de diamètre. Piquez la pâte, couvrez d'un papier sulfurisé, puis de légumes secs et faites cuire à blanc pendant 5 minutes. Retirez les légumes et le papier, puis poursuivez la cuisson 5 minutes.

Préparez le caramel : mettez l'eau et le sucre en poudre à bouillir à feu vif dans une casserole à fond épais. Lorsque le caramel commence à colorer sur les bords, remuez doucement et régulièrement la casserole d'un mouvement du poignet pour bien le mélanger. Pendant ce temps, faites chauffer la crème dans une autre casserole. Lorsque le caramel devient brun, ajoutez la crème frémissante en prenant garde aux projections, et remuez bien au fouet. Retirez du feu et laissez tiédir, puis incorporez le beurre et les œufs. Fouettez vigoureusement.

Abaissez la température du four à 150 °C (therm. 5).

Versez la préparation au caramel sur les fonds de pâte précuits et enfournez pour 15 à 20 minutes. Laissez tiédir, puis placez au réfrigérateur environ 2 heures.

TARTE AUX CARAMBAR®

POUR 8 PERSONNES
PRÉPARATION : **10 min**
REPOS DE LA PÂTE : **30 min**
CUISSON : **30 à 35 min**
RÉFRIGÉRATION : **2 à 3 h**

Pour la pâte sablée

- 1/2 gousse de vanille (facultatif)
- 60 g de sucre en poudre
- 125 g de farine
- 80 g de beurre mou + 25 g pour le moule
- 1 œuf entier

Pour la ganache

- 25 cl de crème liquide
- 30 Carambar®
- 100 g de chocolat au lait

Préparez la pâte sablée : fendez la gousse de vanille en deux et grattez les graines, mélangez celles-ci avec le sucre en poudre. Tamisez la farine directement sur le plan de travail, puis coupez le beurre en petits morceaux et travaillez-le du bout des doigts avec la farine, jusqu'à ce que la préparation soit sableuse et qu'il ne reste plus de morceaux de beurre. Creusez un puits dans le sablage obtenu. Cassez-y l'œuf et versez le sucre parfumé à la vanille. Mélangez du bout des doigts tous les ingrédients, mais sans trop les malaxer. écrasez la pâte sous la paume de la main pour la rendre bien homogène, puis roulez-la en boule, aplatissez-la légèrement entre les mains et enveloppez-la dans du film alimentaire ; laissez-la reposer au moins 30 minutes.

Préchauffez le four à 180 °C (therm. 6).

Beurrez un moule à tarte de 26 cm de diamètre et garnissez-le de pâte sablée. Piquez la pâte à la fourchette, couvrez d'un papier sulfurisé, puis de légumes secs. Enfournez pour 20 à 25 minutes environ en retirant le papier et les légumes au bout de 10 minutes de cuisson.

Préparez la ganache : dans une casserole, versez la crème et ajoutez les Carambar®. Posez la casserole sur feu doux et laissez fondre les Carambar®, pendant 10 minutes environ. Retirez la casserole du feu.

Cassez le chocolat en morceaux, puis ajoutez-les dans la casserole et mélangez à l'aide d'une cuillère en bois, jusqu'à ce qu'ils aient complètement fondu.

Versez cette préparation sur le fond de pâte précuit et laissez durcir au frais pendant 2 ou 3 heures.

La pâte sablée est fragile, étalez-la sur une feuille de papier sulfurisé, retournez le tout sur le moule et « pelez » la feuille.

TARTE AU CHOCOLAT

POUR 4 À 6 PERSONNES
PRÉPARATION : **15 min**
REPOS DE LA PÂTE : **30 min minimum**
CUISSON : **25 min environ**

Pour la pâte sucrée

- 1 œuf
- 40 g de sucre glace
- 2 cuill. à soupe de poudre d'amandes
- 1 pincée de sel fin
- 60 g de beurre
- 110 g de farine tamisée

Pour la ganache

- 250 g de chocolat noir
- 30 cl de crème liquide entière

Préparez la pâte sucrée : dans un saladier, cassez l'œuf, battez-le à la fourchette, puis ajoutez le sucre, la poudre d'amandes et le sel. Travaillez vivement le mélange avec une spatule en bois, jusqu'à ce qu'il blanchisse et devienne mousseux. Coupez le beurre en très petits morceaux.

Versez la farine tamisée d'un seul coup et mélangez rapidement avec la spatule. Prenez la pâte par petites quantités dans les mains et écrasez-la entre les doigts. Elle ne doit pas faire corps, mais s'effriter en petits grains comme du sable. Versez le contenu du saladier sur le plan de travail fariné. Répartissez le beurre en petits morceaux sur la pâte, puis pétrissez le tout à la main pour incorporer le beurre à la pâte. Formez une boule. Enveloppez-la d'un film alimentaire et laissez-la reposer au moins 30 minutes au réfrigérateur.

Préchauffez le four à 170 °C (therm. 5-6).

Étalez la pâte sur une épaisseur de 2 mm environ. Garnissez-en un moule de 22 cm de diamètre. Piquez le fond à la fourchette, puis couvrez-le d'un papier sulfurisé et de légumes secs. Enfournez pour 20 à 25 minutes environ en retirant le papier et les légumes au bout de 10 minutes de cuisson. Sortez le fond de tarte du four et laissez-le refroidir.

Préparez la ganache : cassez le chocolat en morceaux dans un saladier. Amenez la crème à ébullition et versez-la sur le chocolat, couvrez 5 minutes, puis mélangez au fouet. Remplissez-en le fond de tarte. Mettez au réfrigérateur jusqu'au moment de servir.

CONSEIL : Vous pouvez utiliser la ganache pour fourrer un gâteau. Dans ce cas-là, fouettez-la pour l'alléger lorsqu'elle est bien froide.

Vous pouvez la parfumer avec un alcool de votre choix, 1 cuillerée à soupe rase de café lyophilisé ou 2 pincées de fève tonka moulue.

PETIT BUDGET

TARTELETTES AU CHOCOLAT BLANC

POUR 10 À 12 TARTELETTES
PRÉPARATION : 15 min
CUISSON : 50 min
RÉFRIGÉRATION : 3 h minimum

Pour la pâte sablée

- 250 g de farine
- 160 g de beurre mou + 40 g pour les moules
- 1 œuf entier
- 70 g de sucre en poudre

Pour la garniture

- 225 g de chocolat blanc pâtissier
- 30 cl de crème liquide
- 3 jaunes d'œufs

Préparez la pâte sablée : tamisez la farine directement sur le plan de travail, puis coupez le beurre en petits morceaux et travaillez-le du bout des doigts avec la farine, jusqu'à ce que la préparation soit sableuse et qu'il ne reste plus de morceaux de beurre. Creusez un puits dans le sablage obtenu. Cassez-y l'œuf et versez le sucre en poudre. Mélangez du bout des doigts tous les ingrédients, mais sans trop les malaxer. Écrasez la pâte sous la paume de la main pour la rendre bien homogène, puis roulez-la en boule, aplatissez-la légèrement entre les mains et enveloppez-la dans du film alimentaire ; laissez-la reposer au moins 30 minutes.

Préchauffez le four à 180 °C (therm. 6).

Garnissez de pâte des moules à tartelette beurrés de 10 cm de diamètre environ. Piquez la pâte à la fourchette, couvrez d'un papier sulfurisé, puis de légumes secs et faites cuire à blanc pendant 5 minutes. Retirez les légumes et le papier, puis poursuivez la cuisson 5 minutes.

Préparez la garniture : cassez le chocolat en morceaux dans un saladier. Amenez la crème à ébullition et versez-la sur le chocolat, couvrez 5 minutes, puis mélangez au fouet. Incorporez ensuite les jaunes d'œufs à la préparation, toujours en fouettant.

Abaissez la température du four à 120 °C (therm. 4).

Versez le mélange au chocolat sur les fonds de pâte précuits et enfournez pour 25 minutes.

Laissez refroidir à température ambiante avant de glisser les tartelettes au réfrigérateur pour 3 heures au moins.

POUR SERVIR : **Saupoudrez les tartelettes avec un peu de cacao. Proposez les tartelettes bien froides, accompagnées de fruits rouges, par exemple.**

TARTE À LA BANANE ET AU CHOCOLAT

POUR 4 À 6 PERSONNES
PRÉPARATION : **10 min**
CUISSON : **35 min**
RÉFRIGÉRATION : **2 h**

- 25 g de beurre pour le moule
- 1 rouleau de pâte feuilletée pur beurre préétalée (soit 230 g environ)

Pour la garniture

- 180 g de chocolat noir pâtissier
- 30 cl de crème fraîche liquide
- Quelques amandes effilées
- 3 bananes

Préchauffez le four à 180 °C (therm. 6).

Beurrez un moule à tarte de 26 cm de diamètre. Déroulez la pâte, retournez-la sur le moule, retirez le papier et roulottez les bords. Piquez la pâte à la fourchette, replacez le papier, puis recouvrez de légumes secs. Faites cuire 20 minutes environ jusqu'à ce que la pâte soit bien dorée.

Préparez la garniture : cassez le chocolat en morceaux dans un saladier. Amenez la crème à ébullition et versez-la sur le chocolat, couvrez 5 minutes, puis mélangez au fouet.

Faites légèrement griller les amandes à sec dans une poêle sans cesser de les remuer.

Coupez les bananes en rondelles. Disposez-en les deux tiers sur le fond de pâte précuit et versez dessus la crème au chocolat.

Décorez le dessus avec le reste des rondelles de banane et les amandes effilées. Mettez 2 heures au réfrigérateur avant de servir.

POUR VARIER : N'hésitez pas à donner d'autres formes à cette tarte : utilisez un moule rectangulaire ou encore six petits moules de 8 cm de diamètre environ pour obtenir des tartelettes.

À NOTER
Envie de préparer vous-même la pâte feuilletée ? Suivez le guide (voir p. 462).

PIZZA CHOCOLAT-CARAMEL

POUR 6 PERSONNES
PRÉPARATION : **15 min**
CUISSON : **11 min**

- 250 g de pâte à pain (fraîche ou surgelée) ou de pâte à buns (voir p. 464)
- 125 g de chocolat noir à 70 % minimum de cacao

Pour le caramel

- 40 g de beurre demi-sel ou salé, bien froid
- 150 g de sucre en poudre
- 10 cl de crème fraîche

Dégelez la pâte 24 heures au réfrigérateur si nécessaire.

Préparez le caramel : mettez l'eau et le sucre en poudre à bouillir à feu vif dans une casserole à fond épais. Lorsque le caramel commence à colorer sur les bords, remuez doucement et régulièrement la casserole d'un mouvement du poignet pour bien le mélanger. Pendant ce temps, faites chauffer la crème dans une autre casserole. Lorsque le caramel devient brun, ajoutez la crème frémissante en prenant garde aux projections, et remuez bien au fouet. Retirez du feu et laissez tiédir, puis incorporez le beurre.

Préchauffez le four à 240 °C (therm. 8) avec la plaque du four à l'intérieur.

Étalez la pâte et déposez-la sur une feuille de papier sulfurisé, piquez le milieu à la fourchette, glissez-la sur la plaque chaude et enfournez pour 6 minutes environ.

Hachez grossièrement le chocolat. Sortez la pâte du four. À l'aide d'une spatule, étalez-y le caramel en vous arrêtant à 2 cm environ du bord de la pâte. Parsemez de chocolat. Éteignez le four et remettez la pizza à cuire 3 minutes dans le four. Servez chaud.

TARTE AU MASCARPONE

POUR 6 PERSONNES
PRÉPARATION : **20 min**
REPOS DE LA PÂTE : **30 min**
CUISSON : **40 min environ**

Pour la pâte brisée

- 100 g de beurre froid + 25 g pour le moule
- 200 g de farine
- 1 pincée de sel fin
- 2 cuill. à soupe de sucre en poudre (facultatif)
- 5 cuill. à soupe d'eau froide

Pour la crème

- 1/2 citron, non traité de préférence
- 4 œufs
- 100 g de sucre en poudre
- 2 sachets de sucre vanillé (soit 15 g)
- 250 g de mascarpone
- 50 g de poudre d'amandes

Préparez la pâte brisée : coupez le beurre en morceaux ; dans un saladier, versez la farine, ajoutez le sel, le sucre en poudre (éventuellement) et le beurre. Assemblez les ingrédients en effritant le mélange du bout des doigts, versez un peu d'eau pour amalgamer l'ensemble. Travaillez la pâte pour qu'elle soit souple (ni trop collante, ni trop molle). Formez une boule et laissez reposer la pâte au moins 30 minutes.

Préchauffez le four à 180 °C (therm. 6).

Beurrez un moule à tarte de 28 cm de diamètre. Étalez la pâte et garnissez-en le moule.

Préparez la crème : prélevez le zeste du demi-citron et hachez-le. Dans un saladier, battez les œufs avec les sucres jusqu'à ce que le mélange soit mousseux, puis incorporez le mascarpone, le zeste de citron et les amandes en poudre. Mélangez bien.

Étalez la crème sur le fond de pâte. Enfournez pour 40 minutes environ. Servez tiède ou froid.

POUR VARIER : **Remplacez le mascarpone par la même quantité de fromage à tartiner.**

TARTE TROPÉZIENNE

POUR 6 PERSONNES
PRÉPARATION : 45 min
REPOS DE LA PÂTE : 3 h
CUISSON : 40 min

Pour la pâte à brioche

- 10 g de levure de boulanger
- 2 cuill. à soupe de lait
- 200 g de farine
- 3 œufs
- 25 g de sucre en poudre
- 2 cuill. à soupe de fleur d'oranger
- 70 g de beurre mou + 25 g pour le moule
- 1 pincée de sel
- 30 g de sucre cristallisé

Pour la crème pâtissière

- 50 cl de lait
- 1 gousse de vanille
- 3 jaunes d'œufs
- 75 g de sucre en poudre
- 60 g de farine

Pour la crème au beurre

- 1 jaune d'œuf
- 25 g de sucre en poudre
- 1 cuill. à café d'eau
- 125 g de beurre très mou

Préparez la pâte à brioche : délayez la levure dans le lait tiédi, puis mélangez-la à 50 g de farine. Laissez reposer ce levain 1 heure dans un endroit tiède. Tamisez le reste de farine, creusez un puits au centre et mettez-y 2 œufs préalablement battus, le sucre, la fleur d'oranger, le beurre coupé en petits morceaux et le sel. Travaillez bien la pâte à la main, puis incorporez-y le levain. Pétrissez l'ensemble pendant 10 à 15 minutes, formez une boule et laissez-la reposer dans un endroit tiède pendant 2 heure au moins.

Préchauffez le four à 180 °C (therm. 6).

Étalez la pâte et garnissez-en un moule à tarte beurré de 28 cm de diamètre. Battez le dernier œuf et badigeonnez-en la pâte. Saupoudrez de sucre cristallisé et enfournez pour 30 minutes.

Préparez la crème pâtissière : versez le lait dans une casserole et ajoutez la gousse de vanille fendue en deux et grattée. Portez à ébullition et retirez du feu. Laissez tiédir en laissant la gousse. Pendant ce temps, fouettez les jaunes avec le sucre en poudre dans un saladier pendant 2 minutes. Versez la farine et fouettez pour obtenir un mélange homogène.

Retirez la gousse de vanille et versez le lait dans le saladier, sans cesser de mélanger. Mettez le mélange dans la casserole et laissez épaissir à feu moyen pendant 5 minutes environ, sans cesser de tourner. Retirez du feu et laissez refroidir.

Préparez la crème au beurre : fouettez le jaune d'œuf. Mettez le sucre en poudre et l'eau dans une petite casserole et portez à ébullition. Versez aussitôt ce sirop sur le jaune d'œuf sans cesser de fouetter, puis incorporez peu à peu le beurre découpé en morceaux. Mélangez pendant quelques minutes.

Ajoutez progressivement la crème pâtissière dans la crème au beurre.

Démoulez la brioche et découpez-la en deux dans l'épaisseur. Garnissez le disque inférieur de crème et recouvrez-le avec l'autre disque. Servez froid.

POUR VARIER : **Remplacez la crème au beurre par 15 cl de crème liquide entière fouettée avec un sachet de sucre vanillé.**

FIADONE

POUR 4 PERSONNES
PRÉPARATION : 15 min
CUISSON : 35 min environ

- Beurre pour le moule
- 2 citrons (ou clémentines), non traités de préférence
- 4 œufs
- 150 g de sucre en poudre
- 500 g de brocciu frais (brousse corse de brebis ou de chèvre) ou de ricotta

Beurrez un moule à manqué de 22 cm de diamètre environ.

Préchauffez le four à 180 °C (therm. 6).

Rincez les citrons, puis prélevez-en le zeste. Dans un saladier, fouettez les œufs avec le sucre en poudre jusqu'à ce que le mélange soit mousseux. Ajoutez le brocciu et le zeste et mélangez bien de nouveau.

Quand la préparation est homogène, versez-la dans le moule. Enfournez pour 30 à 40 minutes. Au bout de 15 minutes, abaissez la température à 160 °C (therm. 5-6). Vous pouvez baisser encore un peu plus la température si le dessus du gâteau roussit trop vite. Servez tiède ou froid.

POUR VARIER : Préparez une pâte à base de biscuits secs écrasés et liés avec du beurre, comme pour un cheesecake ou versez la préparation sur une pâte brisée.

FLAN PARISIEN

POUR 6 À 8 PERSONNES
PRÉPARATION : **30 min**
REPOS DE LA PÂTE : **1 h 30**
CUISSON : **1 h 15 environ**
RÉFRIGÉRATION : **3 h**

Pour la pâte brisée

- 100 g de beurre froid + 25 g pour le moule
- 200 g de farine
- 1 pincée de sel fin
- 5 cuill. à soupe d'eau froide

Pour la crème

- 40 cl de lait
- 37 cl d'eau
- 4 œufs
- 210 g de sucre en poudre
- 60 g de poudre à flan prête à l'emploi

Préparez la pâte brisée : coupez le beurre en morceaux ; dans un saladier, versez la farine, ajoutez le sel et le beurre. Assemblez les ingrédients en effritant le mélange du bout des doigts, versez un peu d'eau pour amalgamer l'ensemble. Travaillez la pâte pour qu'elle soit souple (ni trop collante, ni trop molle). Formez une boule et laissez reposer la pâte au moins 30 minutes.

Préchauffez le four à 190 °C (therm. 6-7).

Beurrez un moule à tarte de 22 cm de diamètre. Étalez la pâte sur 2 mm d'épaisseur, déposez-la dans le moule et mettez celui-ci au réfrigérateur.

Pendant ce temps, préparez la crème : faites chauffer le lait et l'eau dans une casserole ; dans une autre casserole, fouettez les œufs, le sucre en poudre et la poudre à flan, puis versez-en un mince filet dans l'eau et le lait bouillants, sans cesser de tourner avec un fouet. Attendez la reprise de l'ébullition et retirez alors la casserole du feu. Versez la préparation sur le fond de pâte et enfournez pour 1 heure.

Laissez refroidir le flan avant de le mettre au réfrigérateur 3 heures.

FAR BRETON

POUR 6 À 8 PERSONNES
PRÉPARATION : **10 min**
CUISSON : **40 à 50 min**

- 4 œufs
- 250 g de farine
- 1 pincée de sel
- 100 g de sucre en poudre
- 70 cl de lait
- 300 g de pruneaux moelleux dénoyautés
- 50 g de raisins de Corinthe (facultatif)
- Sucre glace

Préchauffez le four à 200 °C (therm. 6-7).

Battez les œufs en omelette. Mettez la farine dans un grand saladier, ajoutez le sel et le sucre en poudre et mélangez. Versez les œufs battus, puis le lait. Mélangez bien à l'aide d'un fouet jusqu'à ce que la pâte soit parfaitement homogène.

Beurrez un moule de 24 cm de diamètre, répartissez-y les pruneaux (et éventuellement les raisins) et versez la pâte. Mettez au four pendant 40 à 50 minutes : le dessus du far doit être brun. Saupoudrez de sucre glace.

LÉGER

CRUMBLE AUX POMMES

POUR 6 PERSONNES
PRÉPARATION : **20 min**
MACÉRATION : **30 min**
CUISSON : **45 min environ**

- 1,5 kg de pommes (reinettes de préférence)
- 2 cuill. à soupe de raisins secs (facultatif)
- 1/2 cuill. à café de cannelle en poudre

Pour la pâte à crumble

- 90 g de beurre + 25 g pour le moule
- 125 g de farine
- 80 g de sucre en poudre
- 1 pincée de sel

Préparez la pâte à crumble : coupez le beurre en morceaux dans un saladier et laissez-le ramollir à température ambiante. Ajoutez la farine, le sucre en poudre et le sel, puis mélangez du bout des doigts jusqu'à l'obtention d'une pâte granuleuse ressemblant à du sable.

Préchauffez le four à 150 °C (therm. 5). Beurrez largement un plat à gratin.

Épluchez les pommes, coupez-les en quatre, retirez le cœur et les pépins. Recoupez-les en dés, puis rangez-les dans le plat beurré. Ajoutez les raisins, saupoudrez de cannelle, puis recouvrez les fruits de pâte.

Enfournez et laissez cuire pendant environ 45 minutes en surveillant la coloration de la surface. Servez très chaud dans le plat de cuisson, avec un bol de crème fraîche.

CRUMBLE AUX MYRTILLES

POUR 4 PERSONNES
PRÉPARATION : **15 min**
CUISSON : **30 min environ**

Pour la pâte à crumble

- 120 g de farine
- 60 g de cassonade
- 80 g de beurre
- 1 cuill. à café d'extrait de vanille

Pour la garniture

- 3 cuill. à soupe de miel toutes fleurs
- 300 g de myrtilles fraîches ou surgelées

Préparez la pâte à crumble : mélangez la farine et la cassonade. Incorporez le beurre coupé en petits morceaux et mélangez du bout des doigts jusqu'à l'obtention d'une pâte granuleuse. Ajoutez l'extrait de vanille et émiettez à nouveau.

Préchauffez le four à 180 °C (therm. 6).

Préparez la garniture : faites chauffer le miel dans une petite casserole pendant 2 minutes, versez-le dans un plat à gratin, ajoutez les myrtilles et mélangez. Recouvrez les fruits avec la pâte à crumble.

Placez le plat dans le four et faites cuire le crumble pendant 25 à 30 minutes, jusqu'à ce qu'il soit bien doré. Servez dans le plat, chaud ou refroidi.

Proposez le crumble aux myrtilles avec une boule de glace à la vanille.

À NOTER

Ce crumble peut se cuire et se présenter dans quatre petits plats à gratin individuels.

CRÈMES, MOUSSES & Cie

PETITS POTS DE CRÈME

POUR 6 PERSONNES
PRÉPARATION : 10 min
CUISSON : 25 min
RÉFRIGÉRATION : 3 h

- 50 cl de lait
- 1 gousse de vanille
- 2 œufs entiers + 6 jaunes d'œufs
- 200 g de sucre en poudre
- 50 cl de crème liquide entière

Versez le lait dans une casserole. Fendez la gousse de vanille en deux dans le sens de la longueur ; mettez-la dans le lait. Portez à ébullition, retirez du feu et laissez infuser quelques minutes.

Pendant ce temps, battez les œufs entiers et les jaunes avec le sucre jusqu'à ce que celui-ci soit bien dissous. Incorporez la crème fraîche. Versez lentement le mélange dans la casserole de lait, après avoir retiré la vanille.

Remettez la casserole à feu doux et laissez épaissir en remuant. Lorsque la crème nappe la cuillère, versez-la dans des petits pots individuels et mettez au frais au moins 3 heures avant de servir.

POUR VARIER : Vous pouvez aussi parfumer cette crème au café ou au chocolat. Pour cela, diluez du cacao en poudre dans du lait (comptez 1 cuillerée à soupe par pot), et du café soluble dans un peu d'eau (1 cuillerée à café par pot). Incorporez ces arômes à la crème au moment où vous versez celle-ci dans les pots.

ŒUFS AU LAIT

POUR 4 À 6 PERSONNES
PRÉPARATION : **20 min**
CUISSON : **40 min**

- 1 l de lait entier
- 125 g de sucre en poudre
- 1 gousse de vanille
- 4 œufs

Faites bouillir le lait avec le sucre et la gousse de vanille fendue et grattée.

Préchauffez le four à 200 °C (therm. 6-7).

Battez les œufs en omelette dans un saladier.

Retirez la gousse de vanille du lait. Ajoutez peu à peu le lait bouillant dans le saladier, en remuant sans arrêt.

Versez dans un plat allant au four ou dans des ramequins. Placez dans un bain-marie, enfournez et faites cuire pendant 40 minutes. Vérifiez la cuisson en enfonçant la lame d'un couteau : elle doit ressortir propre.

Laissez refroidir et gardez au réfrigérateur.

CRÈME CARAMEL

POUR 4 À 6 PERSONNES

PRÉPARATION : **25 min (sur 2 jours)**

CUISSON : **1 h 10 (45 min pour des ramequins individuels)**

INFUSION : **12 h**

RÉFRIGÉRATION : **12 h**

REPOS : **15 min**

- 1 l de lait entier
- 1 gousse de vanille
- 4 œufs entiers
- 3 jaunes d'œufs
- 200 g de sucre en poudre

Pour le caramel

- 100 g de sucre en poudre
- 6 cl d'eau
- Quelques gouttes de jus de citron

Préparez la crème : portez à ébullition le lait avec la gousse de vanille fendue et grattée. Laissez infuser 12 heures au frais.

Retirez la gousse et faites bouillir le lait de nouveau.

Dans un grand saladier, fouettez les œufs entiers avec les jaunes et le sucre en poudre pendant 30 secondes et ajoutez le lait bouillant sans cesser de remuer. Filtrez et laissez reposer 15 minutes.

Préchauffez le four à 130 °C (therm. 4-5).

Préparez le caramel : mettez l'eau et le sucre en poudre dans une casserole à fond épais. Ajoutez le jus de citron et faites bouillir à feu vif. Lorsque le caramel commence à colorer sur les bords, remuez doucement et régulièrement la casserole d'un mouvement du poignet pour bien le mélanger. Lorsqu'il est bien doré, nappez-en finement et rapidement un moule à soufflé. Versez-y le contenu du saladier. Faites cuire au four dans un bain-marie, pendant 1 heure 10.

Laissez refroidir à température ambiante, puis couvrez et mettez au réfrigérateur pendant 12 heures.

Démoulez délicatement en décollant les parois à l'aide d'un couteau. Renversez les crèmes sur un plat de service. Servez très frais.

CRÈME BRÛLÉE

POUR 4 PERSONNES
PRÉPARATION : **20 min**
CUISSON : **1 h**
RÉFRIGÉRATION : **4 h minimum**

- 1 gousse de vanille
- 20 cl de lait
- 30 cl de crème liquide entière
- 4 jaunes d'œufs
- 80 g de sucre en poudre

Pour le caramel

- 40 g de cassonade

Fendez la gousse de vanille en deux, grattez-en les graines et mettez le tout dans une casserole à fond épais avec le lait et la crème. Amenez à ébullition, puis coupez le feu et laissez infuser.

Préchauffez le four à 100 °C (therm. 3-4).

Fouettez les jaunes d'œufs et le sucre en poudre dans un saladier. Ajoutez le contenu de la casserole et fouettez de nouveau. Répartissez la crème dans des ramequins en porcelaine à feu déposés dans un plat allant au four. Enfournez-le, puis remplissez-le d'eau chaude aux deux tiers de la hauteur des ramequins et faites cuire 1 heure.

Laissez refroidir les crèmes complètement et mettez-les au frais pendant au moins 4 heures (vous pouvez même les faire la veille).

Allumez le gril du four.

Saupoudrez les crèmes avec la cassonade et passez-les quelques minutes sous le gril sans cesser de surveiller pour caraméliser le dessus. Servez-les tièdes ou froides.

POUR VARIER : **Pour une crème encore plus gourmande, vous pouvez remplacer tout ou partie du lait par de la crème.**

À NOTER

Vous pouvez caraméliser les crèmes avec un chalumeau spécial vendu dans les magasins de cuisine ou un petit chalumeau acheté en magasin de bricolage.

CRÈME BRÛLÉE AU CHOCOLAT NOIR

POUR 8 PERSONNES
PRÉPARATION : 15 min (sur 2 jours)
CUISSON : 1 h
RÉFRIGÉRATION : 12 h

Pour la crème brûlée

- 200 g de chocolat noir à 70 % de cacao
- 8 jaunes d'œufs
- 180 g de sucre en poudre
- 50 cl de lait entier
- 50 cl de crème liquide entière

Pour caraméliser

- 40 g de cassonade

La veille, préparez la crème brûlée : hachez le chocolat ; mélangez les jaunes d'œufs et le sucre en poudre. Portez ensemble le lait et la crème fraîche à ébullition. Ajoutez-y le chocolat haché. Dès que la préparation est homogène, versez-la sur le mélange jaunes-sucre et mélangez bien.

Préchauffez le four à 100 °C (therm. 3-4).

Répartissez la crème dans des ramequins en porcelaine à feu déposés dans un plat allant au four. Enfournez-le, puis remplissez-le d'eau chaude aux deux tiers de la hauteur des ramequins et faites cuire 1 heure.

Laissez refroidir, puis mettez-les au réfrigérateur jusqu'au lendemain.

Le lendemain, sortez les crèmes du réfrigérateur. Allumez le gril du four.

Saupoudrez les crèmes de cassonade et passez-les quelques minutes sous le gril sans cesser de surveiller pour caraméliser le dessus. Servez-les tièdes ou froides.

À NOTER

Vous pouvez caraméliser les crèmes avec un chalumeau spécial vendu dans les magasins de cuisine ou un petit chalumeau acheté en magasin de bricolage.

ÎLE FLOTTANTE

POUR 4 PERSONNES
PRÉPARATION : 20 min • CUISSON : 30 min • RÉFRIGÉRATION : 30 min

8 œufs • 1 pincée de sel • 240 g de sucre en poudre • 80 cl de lait • 1 gousse de vanille • POUR LE CARAMEL : 100 g de sucre en morceaux ou en poudre • Jus de citron ou vinaigre d'alcool blanc

1 Préchauffez le four à 180 °C (therm. 6). Cassez les œufs en séparant les blancs des jaunes.

2 Montez les blancs d'œufs en neige ferme avec une pincée de sel. Ajoutez peu à peu 40 g de sucre.

3 Versez les œufs en neige dans un moule en forme de couronne de 22 cm de diamètre, ou à défaut dans un moule rond. Placez le moule dans la lèchefrite du four remplie d'eau tiède.

4 Enfournez le tout pour 30 minutes, jusqu'à ce que le dessus commence à blondir. Laissez refroidir complètement.

5 Pendant ce temps, préparez la crème anglaise : mettez les 8 jaunes d'œufs et les 200 g de sucre restants dans un saladier. Fouettez-les jusqu'à ce qu'ils blanchissent.

6 Portez à ébullition le lait avec la gousse de vanille fendue et grattée dans une casserole. Versez-le bouillant très doucement sur le mélange jaunes d'œufs-sucre, sans cesser de remuer.

7 Remettez le mélange sur feu très doux et faites chauffer, sans laisser bouillir tout en tournant avec une cuillère en bois jusqu'à ce qu'il épaississe.

8 Répartissez cette crème dans des coupes et mettez-les au réfrigérateur pour qu'elles refroidissent complètement.

9 Démoulez les blancs d'œufs, coupez-les en parts et répartissez-les entre les coupes sur la crème anglaise.

10 Pour le caramel, faites fondre le sucre, 2 cuillerées à soupe d'eau et un peu de citron à feu très doux, augmentez un peu le feu.

11 Dès que le sirop commence à bouillir, inclinez de temps en temps la casserole. Faites-le couler bouillant sur les blancs d'œufs. Mettez au réfrigérateur jusqu'au moment de servir.

EXPRESS

SABAYON

POUR 4 PERSONNES
PRÉPARATION : 15 min
CUISSON : 2 ou 3 min

- 4 jaunes d'œufs
- 75 g de sucre en poudre
- 25 cl de vin blanc sec ou de champagne
- 1 zeste de citron non traité de préférence

Mélangez ensemble les jaunes d'œufs, le sucre en poudre, le vin ou le champagne et le zeste dans un saladier supportant la chaleur. Posez celui-ci sur une casserole d'eau à peine frémissante et fouettez vivement le mélange au fouet à main ou électrique jusqu'à ce qu'il mousse et double de volume. L'eau ne doit pas toucher le fond du saladier.

Retirez le saladier du bain-marie et fouettez encore 30 secondes. Retirez le zeste de citron et servez tout de suite dans des coupes, avec des gâteaux secs ou des fruits frais.

POUR VARIER : Vous pouvez aussi préparer le sabayon avec un vin doux comme le sauternes ou le marsala, avec un vin de type porto, ou avec un mélange d'un vin blanc et d'un alcool (armagnac, cognac, rhum).

Cet entremets d'origine italienne peut servir d'accompagnement et napper puddings, desserts au riz, fruits pochés ou glaces.

BLANC-MANGER

POUR 4 À 6 PERSONNES
PRÉPARATION : 20 min (sur 2 jours)
REPOS DU LAIT D'AMANDE : 12 h
RÉFRIGÉRATION : 4 ou 5 h

- 6 feuilles de gélatine
- 100 g de sucre en poudre
- 40 cl de crème fraîche liquide bien froide

Pour le lait d'amande

- 25 cl d'eau
- 140 g de poudre d'amandes
- 1 goutte d'essence d'amande amère

Pour servir

- 200 g de fruits rouges de votre choix

À NOTER

N'ajoutez pas plus d'une goutte d'essence d'amande amère, car cela donnerait un goût très désagréable.

La veille, préparez le lait d'amande : dans une casserole, portez à ébullition l'eau avec les amandes en poudre. Mixez la préparation encore chaude, puis filtrez-la à l'aide d'une passoire fine en pressant bien à l'aide d'une spatule pour extraire le lait. Laissez reposer la nuit au réfrigérateur.

Le lendemain, faites ramollir les feuilles de gélatine dans un bol d'eau froide pendant 10 minutes, puis essorez-les.

Dans une petite casserole, faites chauffer le quart du lait d'amande. Ajoutez-y l'essence d'amande amère et les feuilles de gélatine, remuez bien pour les faire fondre complètement, puis reversez le contenu de la casserole dans le reste de lait d'amande et mélangez le tout. Ajoutez alors le sucre en poudre, mélangez de nouveau pour le dissoudre.

Fouettez la crème fraîche. Quand elle est montée, ajoutez-la très délicatement au mélange précédent, à l'aide d'une spatule souple.

Versez cette préparation dans un moule à charlotte de 18 cm de diamètre et mettez au réfrigérateur pendant 4 ou 5 heures.

Trempez rapidement le moule dans de l'eau chaude et démoulez le blanc-manger sur un plat de service. Décorez-le avec des fruits rouges de votre choix.

POUR SERVIR : Servez ce blanc-manger avec un coulis de framboise (voir p. 483) ou un coulis de pêche.

POUR VARIER : Remplacez le lait d'amande par du lait de coco et l'essence d'amande par une pincée de gingembre moulu.

GRANDES OCCASIONS

PANNA COTTA AU LAIT DE COCO ET AUX FRUITS ROUGES

POUR 4 PERSONNES
PRÉPARATION : **30 min**
CUISSON : **5 min**
RÉFRIGÉRATION : **4 h**

- 3 feuilles de gélatine
- 20 cl de lait de coco
- 25 cl de crème fraîche liquide
- 50 g de sucre en poudre
- 1 gousse de vanille

Pour le coulis

- 400 g de fruits rouges de votre choix, seuls ou en mélange (fraises, groseilles, framboises, fraises des bois...)
- 50 g de sucre glace

Faites tremper les feuilles de gélatine dans un bol d'eau froide pendant 10 minutes environ pour les faire ramollir.

Versez le lait de coco, la crème et le sucre dans une casserole. Fendez la gousse de vanille en deux dans le sens de la longueur et grattez les graines à l'aide d'un petit couteau au-dessus de la casserole, mélangez et portez à ébullition. Coupez le feu, couvrez et laissez infuser quelques minutes.

Essorez les feuilles de gélatine, puis ajoutez-les dans la casserole en mélangeant bien. Répartissez la préparation dans quatre verres et placez au réfrigérateur pendant 4 heures.

Préparez le coulis : rincez et triez les fruits. Égrappez les groseilles et équeutez les fraises. Passez les fruits au mixeur avec le sucre, puis filtrez le tout à l'aide d'une passoire fine. Allongez le coulis avec un peu d'eau si nécessaire (cela dépend des fruits utilisés).

Versez le coulis au-dessus des crèmes et servez bien frais.

POUR VARIER : Vous pouvez remplacer les fruits rouges par de la mangue.

Décorez d'une grappe de groseilles et de feuilles de menthe.

CHEESECAKE SANS CUISSON

POUR 6 PERSONNES

PRÉPARATION : 30 min • CUISSON : 5 min environ • RÉFRIGÉRATION : 4 h minimum

POUR LA PÂTE : 70 g de beurre • 130 g de galettes bretonnes (1 paquet) • POUR LA GARNITURE : 3 feuilles de gélatine • 1 orange non traitée • 2 œufs • 75 g de sucre en poudre • 450 g de fromage frais à tartiner • 20 cl de crème fraîche épaisse

1 Préparez la pâte : faites fondre le beurre à feu doux.

2 Cassez les galettes bretonnes en petits morceaux, mixez-les, puis mélangez-les avec le beurre.

3 Sur un plat de service rond, déposez un cercle à pâtisserie de 20 cm de diamètre et de 3 ou 4 cm de haut. Versez-y le mélange et tassez bien avec une cuillère. Mettez le gâteau au réfrigérateur.

4 Préparez la garniture : faites tremper les feuilles de gélatine dans de l'eau tiède.

5 Rincez l'orange, prélevez-en le zeste et émincez-le finement.

6 Pressez le jus de l'orange. Faites chauffer celui-ci dans une petite casserole.

7 Essorez les feuilles de gélatine entre vos mains, ajoutez-les dans la casserole et laissez-les se dissoudre doucement.

8 Cassez les œufs en séparant les blancs des jaunes. Mélangez les jaunes avec le sucre et le zeste d'orange.

9 Ajoutez ensuite le fromage frais, la crème et le jus d'orange. Fouettez longuement jusqu'à l'obtention d'un mélange homogène.

10 Montez les blancs en neige, puis incorporez-les délicatement à la préparation précédente.

11 Versez la garniture dans le cercle et mettez à nouveau au réfrigérateur pendant au moins 4 heures. Servez bien frais.

CHEESECAKE CUIT À LA VANILLE

POUR 6 PERSONNES
PRÉPARATION : **20 min**
CUISSON : **45 min environ**
RÉFRIGÉRATION : **1 nuit**

Pour la pâte

- 60 g de beurre mou
- 150 g de galettes bretonnes (ou de spéculoos)

Pour la garniture

- 3 œufs
- 80 g de sucre en poudre
- 1 sachet de sucre vanillé (soit 7,5 g)
- 450 g de fromage frais à tartiner
- 100 g de crème fraîche épaisse
- 1 gousse de vanille

Préchauffez le four à 120 °C (therm. 4).

Préparez la pâte : cassez les gâteaux en petits morceaux, puis mixez-les avec le beurre.

Dans un moule démontable à charnière de 18/20 cm de diamètre, tassez ce mélange avec les doigts en remontant le plus possible sur les bords et mettez le tout au réfrigérateur.

Préparez la garniture : dans un saladier, fouettez les œufs avec le sucre en poudre et le sucre vanillé jusqu'à ce que le mélange soit mousseux. Incorporez ensuite le fromage et la crème. Ouvrez la gousse de vanille en deux. Grattez-la pour récupérer les graines et ajoutez celles-ci dans le saladier. Remuez bien jusqu'à obtention d'une préparation onctueuse.

Versez la préparation dans le moule. Enfournez pour 1 heure 15 environ, le cheesecake ne doit pas colorer.

Laissez refroidir le cheesecake à température ambiante avant de le mettre au réfrigérateur pour la nuit. Retirez le cercle au dernier moment et servez bien frais avec un coulis de fruits.

CONSEIL : N'utilisez pas un cercle ou un moule à fond amovible classique, seul un moule démontable à charnière bien fermé empêche la préparation de fuir.

À NOTER
Le repos de la nuit est indispensable pour que le cheesecake devienne crémeux.

PETIT BUDGET

GÂTEAU DE RIZ AU CARAMEL

POUR 4 À 6 PERSONNES
PRÉPARATION : **30 min**
CUISSON : **1 h 20 environ**

- 3 œufs entiers
- 1 pincée de sel

Pour le riz au lait

- 90 cl de lait frais entier
- 1 gousse de vanille
- 70 g de sucre en poudre
- 100 g de riz rond
- 50 g de beurre

Pour le caramel

- 4 cuill. à soupe d'eau
- 125 g de sucre en poudre
- Quelques gouttes de jus de citron

Préparez le riz au lait : dans une grande casserole à fond épais, amenez le lait à ébullition avec la gousse de vanille fendue, le sucre en poudre et le riz. Baissez le feu et laissez cuire à couvert, très doucement, pendant 30 à 40 minutes. Quand le riz est cuit, ajoutez-y le beurre et mélangez, puis laissez-le tiédir.

Cassez les œufs en séparant les blancs et les jaunes. Retirez la gousse de vanille du riz au lait et ajoutez-y les jaunes d'œufs en mélangeant bien. Montez les blancs d'œufs en neige très ferme avec le sel, puis incorporez-les peu à peu au riz.

Préchauffez le four à 200 °C (therm. 6-7).

Préparez le caramel : mettez l'eau et le sucre en poudre dans une casserole à fond épais. Ajoutez le jus de citron et faites bouillir à feu vif. Lorsque le caramel commence à colorer sur les bords, remuez doucement et régulièrement la casserole d'un mouvement du poignet pour bien le mélanger. Lorsqu'il est bien doré, versez-en la moitié dans un moule à charlotte de 20 cm de diamètre en le faisant pivoter pour répartir le caramel uniformément sur les parois.

Remettez la casserole avec le reste de caramel sur le feu, rajoutez-y 5 cl d'eau chaude et faites-le bouillir 2 minutes pour le rendre liquide. Laissez-le refroidir.

Versez la préparation au riz dans le moule en le tassant bien et placez celui-ci au four dans un bain-marie rempli d'eau très chaude. Enfournez pour 45 minutes.

Laissez refroidir et démoulez sur un plat de service. Nappez avec le caramel liquide.

RIZ AU LAIT AUX ÉCORCES D'AGRUMES

POUR 4 PERSONNES
PRÉPARATION : 30 min
CUISSON : 40 min

Pour les écorces

- 2 oranges non traitées
- 1 pamplemousse non traité
- 100 g de cassonade
- 20 cl d'eau

Pour le riz au lait

- 1 l de lait frais entier
- 1 gousse de vanille
- 90 g de sucre en poudre
- 100 g de riz rond
- 2 jaunes d'œufs

Pour la chantilly

- 15 cl de crème fraîche liquide

Préparez les écorces : prélevez l'écorce des oranges et du pamplemousse sans entamer la peau blanche des agrumes. Découpez-la en fins bâtonnets. Plongez ceux-ci pendant 2 minutes dans une casserole d'eau bouillante, puis égouttez-les. Changez l'eau de la casserole, portez à ébullition et renouvelez l'opération. Égouttez de nouveau les écorces.

Versez la cassonade et 20 cl d'eau dans une casserole et portez doucement à ébullition en remuant jusqu'à ce que la cassonade soit complètement dissoute. Plongez les bâtonnets d'écorce dans ce sirop, faites-les cuire 10 minutes à petits frémissements, puis sortez-les avec une écumoire et laissez-les refroidir. Recoupez-les en petits morceaux.

Préparez le riz au lait : dans une grande casserole à fond épais, amenez le lait à ébullition avec la gousse de vanille fendue, le sucre en poudre et le riz. Baissez le feu et laissez cuire à couvert, très doucement, pendant 30 à 40 minutes. Laissez tiédir, puis incorporez ensuite les jaunes d'œufs et mélangez bien. Laissez refroidir complètement.

Préparez la chantilly : fouettez la crème bien froide en chantilly ferme. Mélangez-la délicatement avec les écorces confites et le riz, puis versez l'entremets dans une grande coupe. Mettez au réfrigérateur jusqu'au moment de servir. Servez bien frais.

GÂTEAU DE SEMOULE AUX RAISINS SECS

POUR 8 PERSONNES
PRÉPARATION : **10 min**
CUISSON : **1 h 10**

- 100 g de raisins secs blonds
- 1 cuill. à soupe de rhum brun
- 5 cuill. à soupe d'eau
- 90 cl de lait frais entier
- 100 g de semoule de blé
- 80 g de miel
- 4 œufs
- 1 cuill. à café d'huile de tournesol pour le moule

Mettez les raisins dans une casserole avec le rhum et l'eau. Portez à ébullition, puis continuez la cuisson à couvert pendant 3 minutes.

Faites chauffer le lait dans une casserole, versez-y la semoule en pluie en mélangeant avec une cuillère en bois, puis continuez la cuisson sur feu doux pendant 3 ou 4 minutes. Hors du feu, ajoutez le miel, les raisins secs ainsi que leur jus de cuisson, puis mélangez l'ensemble avec un fouet en ajoutant les œufs un à un.

Préchauffez le four à 170 °C (therm. 5-6).

Huilez légèrement un moule à cake à l'aide de papier absorbant et versez-y la préparation précédente. Placez-le ensuite dans un plat à gratin un peu plus grand, rempli d'eau à mi-hauteur. Couvrez le moule avec une grande feuille d'aluminium et faites cuire au bain-marie pendant 1 heure.

Laissez le gâteau refroidir, puis coupez-le en tranches épaisses.

POUR SERVIR : Accompagnez ce gâteau d'un coulis de fraise, d'un coulis de framboise (voir p. 483) ou d'un coulis de fruits rouges.

Vous pouvez aussi faire cuire ce gâteau dans la partie supérieure d'un cuit-vapeur, pendant 30 minutes.

PUDDING AU RIZ

POUR 6 À 8 PERSONNES
PRÉPARATION : **30 min**
CUISSON : **55 min à 1 h 05**

- 1 l de lait
- 100 g de sucre en poudre
- 1/2 gousse de vanille
- 1 pincée de sel
- 150 g de riz rond
- 50 g de beurre + pour le moule
- 6 œufs
- 30 g de chapelure fine

Préchauffez le four à 220 °C (therm. 6-7).

Dans une casserole allant au four, faites chauffer le lait avec le sucre en poudre, la demi-gousse de vanille fendue et une pincée de sel.

Ajoutez le riz et le beurre, remuez et portez doucement à ébullition. Couvrez, mettez la casserole dans le four et faites cuire pendant 25 à 30 minutes.

Cassez les œufs et séparez les blancs des jaunes. Battez les blancs en neige très ferme.

Sortez du four la casserole contenant le riz et ajoutez-y les jaunes d'œufs, un à un, en mélangeant doucement, puis incorporez les blancs en neige.

Réglez la température du four à 180 °C (therm. 6).

Beurrez un moule de 22 cm de diamètre, saupoudrez de chapelure et versez-y la préparation. Mettez le moule au bain-marie, enfournez et faites cuire de 30 à 35 minutes.

POUR VARIER : **Préparez un pudding de riz au chocolat. Ajoutez dans le riz au lait, à sa sortie du four, 100 g de chocolat noir râpé et mélangez-le bien jusqu'à ce qu'il fonde.**

Ce pudding peut s'accompagner d'un coulis de fruits (voir p. 483).

MOUSSE DE FRAISES

POUR 4 PERSONNES
PRÉPARATION : **15 min**
RÉFRIGÉRATION : **1 h**

- 600 g de fraises
- 160 g de sucre en poudre
- 1 cuill. à café de liqueur de fraise
- 4 blancs d'œufs
- Le jus de 1/2 citron

Lavez et équeutez les fraises. Prélevez-en 400 g et mixez-les. Mélangez cette purée avec 150 g de sucre en poudre et ajoutez la liqueur de fraise.

Battez en neige ferme les blancs d'œufs avec le sucre restant et ajoutez-les délicatement à la purée de fraises. Répartissez cette mousse dans des coupes. Laissez prendre au réfrigérateur pendant 1 heure.

Réduisez le reste des fraises en purée liquide en y ajoutant 2 ou 3 cuillerées à soupe d'eau et le jus de citron. Arrosez chaque coupe avec ce coulis.

MOUSSE AU CITRON VERT

POUR 6 PERSONNES
PRÉPARATION : 30 min
CUISSON : 10 min environ
RÉFRIGÉRATION : 4 h

- 4 citrons verts
- 6 œufs
- 100 g de sucre en poudre
- 50 cl de crème fraîche liquide
- 100 g de sucre glace
- 1 pincée de sel

Brossez les citrons sous l'eau froide, puis essuyez-les. Frottez-les de tous côtés sur une râpe fine et récupérez le zeste. Coupez-les en deux, pressez-les et versez le jus dans une casserole.

Cassez les œufs et séparez les blancs des jaunes.

Mettez le sucre en poudre et les zestes râpés dans la casserole et portez doucement à ébullition. Aux premiers bouillons, retirez la casserole du feu et versez son contenu sur les jaunes d'œufs en fouettant vivement. Remettez le mélange dans la casserole et chauffez très doucement sans cesser de remuer jusqu'à ce que cette crème épaississe. Arrêtez le feu et laissez refroidir.

Fouettez la crème fraîche bien froide en chantilly ferme jusqu'à ce qu'elle adhère aux branches du fouet. Ajoutez le sucre glace, mélangez bien et incorporez le tout délicatement à la crème au citron.

Battez les blancs d'œufs en neige ferme avec la pincée de sel. Incorporez-les avec précaution à la préparation précédente, en soulevant la masse pour ne pas les briser.

Versez dans une grande coupe ou dans des coupelles individuelles et mettez au réfrigérateur pendant environ 4 heures.

Servez bien frais.

MOUSSE À LA BANANE ET À LA CANNELLE

POUR 4 PERSONNES
PRÉPARATION : **10 min**
RÉFRIGÉRATION : **1 h**

- 1 citron vert
- 4 grosses bananes bien mûres
- 60 g de mascarpone
- 1/3 de cuill. à café de cannelle en poudre
- 3 blancs d'œufs
- 1 pincée de sel
- 50 g de sucre en poudre

Pressez le citron vert. Épluchez les bananes, coupez-les en rondelles dans un saladier et arrosez-les aussitôt avec le jus de citron.

Mixez le tout avec le mascarpone et la cannelle pour obtenir une purée fine. Dans un grand bol, fouettez les blancs d'œufs avec la pincée de sel en incorporant le sucre à mi-parcours jusqu'à ce qu'ils soient bien fermes et satinés. Incorporez-les délicatement à la purée à l'aide d'une spatule souple pour ne pas les briser. Répartissez la mousse dans des coupelles individuelles et mettez au réfrigérateur pendant 1 heure.

Servez ces petites mousses très froides.

POUR VARIER : **Préparez une délicieuse mousse à la banane et au gingembre : remplacez le mascarpone par 3 ou 4 cuillerées à soupe de lait de coco et la cannelle par la même quantité de gingembre en poudre.**

Cette mousse peut être dégustée seule ou, selon la saison, avec une salade de fruits exotiques ou un mélange de fruits rouges.

MOUSSE AUX DEUX CHOCOLATS

POUR 4 À 6 PERSONNES
PRÉPARATION : 15 min
CUISSON : 5 min environ
RÉFRIGÉRATION : 4 h

- 50 g de chocolat noir (au moins 60 % de cacao)
- 100 g de chocolat au lait
- 80 g de beurre
- 4 œufs
- 30 g de sucre en poudre
- 10 cl de crème fraîche

Cassez le chocolat noir et le chocolat au lait en morceaux et mettez-les dans une petite casserole avec le beurre également coupé en morceaux. Placez la casserole au bain-marie à feu doux. Faites fondre en remuant jusqu'à ce que la préparation soit lisse. Retirez la casserole du bain-marie et laissez refroidir : le mélange doit avoir la consistance d'une pommade.

Cassez les œufs et séparez les blancs des jaunes. Fouettez les blancs en neige en ajoutant le sucre à mi-parcours.

Ajoutez les jaunes d'œufs et la crème fraîche au chocolat fondu et mélangez bien.

Prélevez 2 cuillerées à soupe de blancs en neige et mélangez-les rapidement à la crème au chocolat pour l'alléger. Incorporez délicatement le reste des blancs en les soulevant à l'aide d'une spatule souple pour ne pas les briser.

Versez dans une grande coupe, couvrez et laissez prendre au réfrigérateur pendant au moins 4 heures.

POUR SERVIR : Servez bien frais avec une salade de fruits.

PRÊT À L'AVANCE

MOUSSE AU CHOCOLAT

POUR 4 À 6 PERSONNES
PRÉPARATION : 15 min
RÉFRIGÉRATION : 4 h

- 20 g de beurre
- 180 g de chocolat noir
- 1 bonne cuill. à soupe de lait entier
- 10 cl de crème fraîche liquide
- 3 œufs entiers
- 15 g de sucre en poudre

Laissez ramollir le beurre à température ambiante.

Hachez le chocolat au couteau et mettez-le dans un grand bol. Portez à ébullition le lait et la crème fraîche liquide. Versez ce liquide bouillant sur le chocolat en mélangeant au fouet pendant 1 ou 2 minutes pour que la préparation atteigne la température de 40 °C.

Coupez le beurre en petits morceaux et incorporez-le au mélange, en tournant avec le fouet.

Cassez les œufs et séparez les blancs des jaunes. Montez en neige les blancs avec le sucre. Ajoutez les jaunes à la préparation précédente et mélangez.

Incorporez un peu des blancs dans la ganache et mélangez. Reversez le tout dans le reste des blancs, en soulevant délicatement la préparation.

Mettez la mousse dans une grande coupe et laissez-la prendre au réfrigérateur pendant 4 heures.

POUR SERVIR : Accompagnez cette mousse de petits gâteaux secs ou de cigarettes russes.

POUR VARIER : Parfumez la mousse au chocolat avec de l'orange : ajoutez le zeste d'une orange dans le chocolat fondu.

MOUSSE AU CHOCOLAT ET ORANGES CONFITES

POUR 4 PERSONNES
PRÉPARATION : **15 min**
CUISSON : **15 min environ**
RÉFRIGÉRATION : **3 h minimum**

- Le zeste et le jus de 1 orange
- 120 g de sucre en poudre
- 180 g de chocolat noir
- 2 œufs
- 10 cl de crème liquide
- 1 pincée de sel

Faites chauffer le jus d'orange avec 12,5 cl d'eau et le sucre en poudre dans une petite casserole. Ajoutez les zestes très finement râpés de l'orange et laissez frémir environ 10 minutes, jusqu'à ce que les zestes deviennent translucides.

Cassez et râpez grossièrement le chocolat. Cassez les œufs en séparant les blancs des jaunes. Portez la crème liquide à ébullition dans une casserole, puis versez-la dans un saladier et ajoutez le chocolat. Mélangez rapidement avec une cuillère en bois. Lorsque le chocolat est complètement fondu, ajoutez un à un les jaunes d'œufs en continuant de bien mélanger.

Montez les 2 blancs d'œufs en neige avec la pincée de sel à l'aide d'un batteur électrique. Incorporez-les ensuite au mélange au chocolat, en soulevant délicatement la préparation. Ajoutez les zestes. Mettez la mousse dans des petits ramequins et placez ceux-ci pendant au moins 3 heures au réfrigérateur.

POUR SERVIR : **Pour une présentation plus ludique, servez dans des petits ramequins aux formes variées.**

Choisissez des fruits bio non traités lorsque vous en utilisez les zestes.

EXPRESS

MOUSSE AU CHOCOLAT BLANC

POUR 4 À 6 PERSONNES
PRÉPARATION : **10 min**
RÉFRIGÉRATION : **3 h**

- **120 g de chocolat blanc**
- **40 cl de crème liquide entière**

Hachez le chocolat et faites-le fondre doucement dans un saladier au bain-marie avec le quart de la crème. L'eau ne doit pas frémir ni toucher le fond du saladier.

Laissez refroidir à la température de la pièce. Dans un bol, fouettez le reste de crème bien froide. Incorporez la crème fouettée au contenu du saladier en 3 ou 4 fois en soulevant délicatement la préparation à l'aide d'une spatule souple.

Disposez la mousse dans un plat de service ou dans des petites coupes. Laissez-la figer au réfrigérateur pendant 3 heures.

POUR SERVIR : **Dégustez cette mousse avec un coulis de fruits rouges.**

POUR VARIER : **Ajoutez à la crème 1 cuillerée à soupe rase de café lyophilisé diluée dans 1 cuillerée à café d'eau ou 2 cuillerées à soupe d'amaretto.**

MARQUISE AU CHOCOLAT

POUR 4 À 6 PERSONNES
PRÉPARATION : **20 min**
CUISSON : **3 ou 4 min**
RÉFRIGÉRATION : **12 h**

> 3 œufs
> 200 g de chocolat noir
> 120 g de beurre
> 1 pincée de sel
> 80 g de sucre glace

Cassez les œufs et séparez les blancs des jaunes. Cassez le chocolat en petits morceaux. Mettez-le à fondre avec le beurre au bain-marie ou au micro-ondes.

Retirez le saladier du bain-marie et mélangez bien. Laissez tiédir, puis incorporez les jaunes d'œufs en fouettant vivement.

Montez les blancs d'œufs en neige très ferme avec une pincée de sel en incorporant le sucre glace à mi-parcours. Ajoutez-les à la préparation au chocolat en soulevant délicatement la préparation à l'aide d'une spatule souple.

Versez la préparation dans des ramequins (ou dans un moule à manqué). Mettez au réfrigérateur pendant 12 heures avant de servir.

EXPRESS

À NOTER

Le bain-marie permet de faire fondre le chocolat sans le brûler. Placez le récipient dans lequel se trouvent les morceaux de chocolat dans un autre récipient plus grand contenant de l'eau en ébullition.

CRÈME AU CHOCOLAT DE GRAND-MÈRE

POUR 6 PERSONNES
PRÉPARATION : **10 min**
CUISSON : **25 min**
REPOS : **2 h minimum**

- 125 g de chocolat noir
- 6 jaunes d'œufs
- 150 g de sucre en poudre
- 1 cuill. à soupe rase de fécule de maïs
- 40 cl de lait
- 35 cl de crème fraîche liquide
- 1 cuill. à café de vanille liquide

Râpez le chocolat. Dans une casserole à fond épais, mélangez au fouet les jaunes d'œufs avec le sucre pour obtenir une crème claire et mousseuse. Incorporez la fécule de maïs, puis, toujours en remuant, le lait et la crème.

Mettez la casserole à feu doux et faites épaissir la crème en remuant sans cesse, mais sans la laisser bouillir.

Hors du feu, ajoutez le chocolat râpé et la vanille liquide. Mélangez bien. Répartissez la crème dans de jolies tasses. Laissez refroidir, couvrez et mettez au frais au moins 2 heures.

POUR SERVIR : **Parsemez le dessus des crèmes de pistaches, non salées, décortiquées, légèrement grillées et hachées.**

VERRINES AUX MARRONS ET AU CHOCOLAT

POUR 4 À 6 VERRINES DE 12 À 15 CL
PRÉPARATION : 15 min
CUISSON : 3 min environ

- 4 petites meringues (achetées chez le pâtissier)

Pour la sauce au chocolat

- 100 g de chocolat noir à 70 % de cacao
- 10 cl de crème liquide entière

Pour la crème aux marrons

- 200 g de crème de marron
- 10 cl de crème liquide entière

Préparez la sauce au chocolat : cassez le chocolat dans un bol. Faites bouillir la crème et versez-la aussitôt sur le chocolat. Couvrez 5 minutes, puis remuez bien au fouet.

Préparez la crème aux marrons : travaillez vivement la crème de marron à la spatule pour qu'elle s'assouplisse. Fouettez la crème liquide en chantilly ferme. Incorporez-la délicatement à la crème de marron, sans trop mélanger pour donner à la préparation un aspect marbré.

Cassez les meringues en petits morceaux et répartissez-les dans le fond des verrines. Versez la moitié de la sauce au chocolat, puis remplissez de la préparation aux marrons. Nappez avec le reste de la sauce au chocolat.

CONSEIL : Pour soigner la présentation, remplissez les verrines en mettant la crème aux marrons dans une poche à douille.

GRANDES OCCASIONS

TIRAMISU

POUR 6 PERSONNES
PRÉPARATION : 30 min
RÉFRIGÉRATION : 4 h minimum

- 3 œufs
- 80 g de sucre en poudre
- 250 g de mascarpone
- 1 pincée de sel
- 15 à 20 biscuits à la cuillère (selon la taille du plat)
- 60 cl de café très fort
- 10 cl de marsala (ou 5 cl de liqueur de café)
- Cacao en poudre

Cassez les œufs et séparez les blancs des jaunes. Battez les jaunes avec le sucre jusqu'à ce que le mélange blanchisse, puis ajoutez le mascarpone.

Battez les blancs en neige bien ferme avec une pincée de sel, puis incorporez-les délicatement à la préparation à l'aide d'une spatule souple.

Trempez la moitié des biscuits dans le café tiède mélangé au marsala et disposez-les à mesure dans le fond d'un moule à gratin. Nappez-les avec la moitié de la préparation au mascarpone. Renouvelez ces deux opérations.

Placez le tiramisu au réfrigérateur pendant 4 heures au moins. Saupoudrez-le de cacao au moment de servir.

POUR SERVIR : En été, vous pouvez décorer le tiramisu avec un brin de menthe fraîche.

POUR VARIER : Pour un gâteau d'anniversaire glacé, montez le tiramisu dans un moule à manqué et congelez-le. Démoulez-le 10 minutes à l'avance. Le temps de souffler les bougies, il sera juste prêt à être coupé.

CONSEIL : Pour un tiramisu encore plus « café », tamisez ensemble deux parts de cacao pour une part de café lyophilisé.

À NOTER
Le café doit être corsé, afin que ce dessert justifie son nom, « tirami sú », littéralement en italien « remonte-moi » !

DESSERTS FRUITÉS

CLAFOUTIS AUX CERISES

POUR 6 PERSONNES
PRÉPARATION : 15 min
MACÉRATION : 30 min
CUISSON : 35 à 40 min

- 500 g de cerises noires
- 100 g de sucre en poudre
- Beurre pour le moule
- 125 g de farine
- 1 pincée de sel
- 3 œufs
- 30 cl de lait
- Sucre glace

Lavez, puis équeutez les cerises, mais ne les dénoyautez pas. Dans un saladier, mélangez-les avec la moitié du sucre en poudre et laissez macérer 30 minutes au moins.

Préchauffez le four à 180 °C (therm. 6). Beurrez une tourtière ou un moule en porcelaine à feu de 24 cm de diamètre.

Tamisez la farine dans un saladier, ajoutez-y une pincée de sel et le reste du sucre en poudre. Cassez les œufs au milieu et ajoutez le lait. Mélangez bien à l'aide d'un fouet.

Disposez les cerises dans la tourtière, puis versez la préparation par-dessus. Enfournez pour 35 à 40 minutes.

Sortez le clafoutis du four. Laissez tiédir et saupoudrez de sucre glace. Servez tiède ou froid dans le moule.

POUR VARIER : Vous pouvez faire de la même façon un clafoutis aux mirabelles. Ajoutez dans la préparation 3 cl d'eau-de-vie de ces fruits.

POMMES AU FOUR

POUR 6 PERSONNES
PRÉPARATION : **20 min**
CUISSON : **40 min**

- 6 belles pommes à cuire (reinettes ou belles de Boskoop)
- 60 g de beurre mou + 40 g pour le moule
- 60 g de cassonade
- 6 cuill. à soupe de gelée de groseille
- 50 g d'amandes effilées

Préchauffez le four à 200 °C (therm. 6-7).

Lavez les pommes. Coupez très légèrement leur base pour qu'elles tiennent droit quand on les pose. Découpez-leur un couvercle et creusez l'intérieur pour enlever les pépins.

Malaxez le beurre avec la cassonade et remplissez-en l'intérieur des pommes.

Beurrez largement un plat à gratin et rangez-y les pommes, replacez les chapeaux et ajoutez 2 cuillerées à soupe d'eau dans le fond du plat. Enfournez et faites cuire pendant environ 40 minutes.

Sortez le plat du four. Déposez sur chaque pomme 1 cuillerée de gelée de groseille et quelques amandes effilées. Servez très chaud dans
le plat de cuisson.

GRATIN D'ABRICOTS AUX AMANDES

POUR 4 PERSONNES
PRÉPARATION : **10 min**
CUISSON : **20 min**

- 12 à 16 abricots frais
- Beurre pour le moule
- 3 œufs
- 20 cl de crème fraîche épaisse
- 75 g de sucre en poudre
- 100 g de poudre d'amandes
- 40 g d'amandes effilées

Préchauffez le four à 180 °C (therm. 6).

Rincez et dénoyautez les abricots.

Beurrez un plat à four ou quatre plats à gratin individuels. Disposez les demi-abricots bien serrés dans le plat.

Dans un saladier, fouettez ensemble les œufs, la crème fraîche, le sucre en poudre et la poudre d'amandes jusqu'à ce que l'ensemble soit bien homogène.

Versez ce mélange sur les abricots. Enfournez et faites cuire environ 20 minutes. Sortez du four, parsemez d'amandes effilées sur toute la surface. Servez tiède ou froid.

POUR VARIER : Hors saison, vous pourrez préparer ce gratin avec des demi-abricots en conserve.

CROUSTILLANTS DE PÊCHES AU CARAMEL D'ORANGE

POUR 4 PERSONNES
PRÉPARATION : 30 min • CUISSON : 15 min environ

6 pêches jaunes • 100 g de beurre • Le zeste de 1/2 orange finement râpé • 4 cuill. à soupe de sucre en poudre • 30 cl de jus d'orange frais • Le jus de 1 citron • 4 feuilles de brick • Feuilles de menthe pour décorer

1 Plongez les pêches 30 secondes dans une casserole d'eau bouillante, puis égouttez-les et laissez-les tiédir un peu.

2 Pelez-les, coupez-les en deux et retirez les noyaux. Coupez 4 pêches en dés et les 2 autres en quartiers.

3 Faites fondre la moitié du beurre à feu moyen dans une poêle. Quand il commence à mousser, ajoutez le zeste d'orange, saupoudrez uniformément de sucre et laissez caraméliser légèrement.

4 Ajoutez les pêches et faites-les revenir 1 ou 2 minutes en les retournant avec précaution une seule fois, pour bien les enrober de caramel.

5 Sortez délicatement les fruits à l'aide d'une écumoire et réservez-les.

6 Laissez la poêle à feu vif, versez les jus d'orange et de citron et faites réduire jusqu'à ce que le mélange soit bien sirupeux.

7 Préchauffez le four à 180 °C (therm. 6). Faites fondre le reste du beurre et badigeonnez-en les feuilles de brick.

POÊLÉE DE MIRABELLES AU CITRON

POUR 4 PERSONNES
PRÉPARATION : **15 min**
CUISSON : **15 à 20 min**

- 800 g de mirabelles
- 80 g de sucre en poudre
- 5 cl d'eau
- 10 cl de jus de citron frais
- 1/2 gousse de vanille

Rincez les mirabelles à l'eau fraîche, coupez-les en deux et retirez les noyaux.

Dans une grande poêle à revêtement antiadhésif, amenez à ébullition le sucre en poudre avec l'eau, le jus de citron et la gousse de vanille (fendue et grattée avec ses graines) en remuant jusqu'à ce que le sucre soit complètement dissous.

Ajoutez les mirabelles et faites cuire à petit feu pendant 10 à 15 minutes en donnant régulièrement un mouvement circulaire du poignet à la poêle et en arrosant les mirabelles à la cuillère avec leur jus.

Égouttez les mirabelles délicatement à l'écumoire, mettez-les dans une coupe ou répartissez-les dans des coupelles individuelles. Remettez la poêle sur le feu vif pendant 2 ou 3 minutes et faites réduire le jus de cuisson pour qu'il épaississe.

Versez le sirop sur les mirabelles. Laissez tiédir, puis mettez au réfrigérateur jusqu'au moment de servir.

CONSEIL : **Recyclez la gousse de vanille essuyée pour parfumer un bocal de sucre.**

À NOTER

La mirabelle, petite prune jaune à chair ferme, douce et parfumée, est produite principalement en Alsace et en Lorraine, de mi-août à septembre. Hors saison, utilisez des mirabelles surgelées.

BANANES RÔTIES AUX ÉPICES

POUR 6 PERSONNES
PRÉPARATION : **10 min**
CUISSON : **20 min**

- 4 grosses bananes bien mûres
- 1/2 cuill. à café de cannelle en poudre
- 1 pincée de noix muscade
- 4 cuill. à soupe de sucre en poudre
- 10 cl de jus de citron vert frais
- 15 cl de jus d'orange frais
- 5 cl de rhum brun (facultatif)

Préchauffez le four à 210 °C (therm. 7).

Épluchez les bananes et coupez-les en deux dans la longueur. Rangez-les dans un plat à four juste assez grand pour les contenir et saupoudrez-les de cannelle et de noix muscade.

Mélangez le sucre en poudre avec le jus des agrumes et remuez jusqu'à ce qu'il soit complètement dissous. Versez ce mélange sur les bananes. Enfournez le plat et faites cuire 20 minutes environ, en arrosant plusieurs fois les fruits avec le jus de cuisson.

En fin de cuisson, il ne doit rester que très peu de jus dans le plat. Sortez ce dernier du four, arrosez éventuellement les bananes d'un peu de rhum préalablement chauffé dans une casserole, flambez-les et servez aussitôt.

LÉGER

FIGUES RÔTIES À L'ESTRAGON

POUR 4 PERSONNES
PRÉPARATION : **15 min**
CUISSON : **20 min**

- 12 figues fraîches
- 2 branches d'estragon

Pour le sirop

- Le jus de 3 oranges
- 4 cuill. à soupe de miel d'acacia (ou d'agrumes)

Préchauffez le four à 180 °C (therm. 6).

Lavez les figues et ouvrez-les en deux dans la hauteur. Rincez l'estragon et épongez-le sur du papier absorbant. Effeuillez-le.

Préparez le sirop : mélangez le jus d'orange et le miel dans une petite casserole et portez à ébullition pendant 5 minutes. Coupez le feu et ajoutez la moitié de l'estragon. Laissez infuser 10 minutes.

Disposez les figues dans un plat à gratin, puis filtrez le sirop au-dessus et enfournez pendant 15 minutes. Sortez le plat du four et laissez-le refroidir. Parsemez avec l'estragon restant.

PAMPLEMOUSSES GRILLÉS ET CARAMÉLISÉS

POUR 4 PERSONNES
PRÉPARATION : **10 min**
CUISSON : **3 min**

- **2 pamplemousses roses**
- **4 cuill. à soupe de cassonade**
- **30 g de beurre fondu**

Allumez le gril du four.

Coupez les pamplemousses en deux dans l'épaisseur. Avec un couteau à pamplemousse, séparez la pulpe de l'écorce sans la sortir. Divisez les quartiers en les détachant des membranes avec la pointe d'un petit couteau.

Placez les demi-pamplemousses dans un plat allant au four et saupoudrez-les largement de cassonade. Arrosez avec le beurre fondu.

Glissez le plat sous le gril et laissez griller 3 minutes en surveillant attentivement la cuisson. Quand le sucre caramélise, sortez le plat du four. Servez sans attendre.

POUR VARIER : **Remplacez le beurre et la cassonade par 6 cuillerées à soupe de lait concentré sucré.**

MILLE-FEUILLES D'ANANAS AUX ÉPICES

POUR 6 PERSONNES
PRÉPARATION : **25 min**
CUISSON : **15 min**

- 8 feuilles de pâte filo
- 100 g de beurre
- Sucre glace
- 1 ananas de 800 g environ
- 1 petit morceau de gingembre
- 4 gousses de cardamome
- 4 cuill. à soupe de cassonade
- 1 gousse de vanille
- 30 g de pistaches nature concassées
- 150 g de coulis de fruits rouges (voir p. 483)

Pour décorer

- Sucre glace
- 100 g de groseilles

Préchauffez le four à 180 °C (therm. 6).

Superposez deux feuilles de pâte filo, badigeonnez-les avec un peu de beurre fondu à l'aide d'un pinceau et saupoudrez d'un peu de sucre glace. Découpez-y six disques de 12 cm de diamètre environ et disposez-les sur une plaque recouverte de papier sulfurisé.

Faites dorer au four pendant 3 à 5 minutes.

Procédez de la même façon avec les six autres feuilles.

Coupez l'ananas, ôtez les « yeux » et le cœur fibreux, puis détaillez la chair en dés et mettez-les dans un saladier. Ajoutez-y le gingembre pelé et râpé, la cassonade et la gousse de vanille, fendue en deux et grattée, avec ses graines. Mélangez bien.

Faites fondre le reste de beurre dans une sauteuse et ajoutez le contenu du saladier ; laissez cuire à feu moyen pendant 10 minutes environ, en remuant souvent.

Montez les mille-feuilles : déposez un rond de pâte filo dans chaque assiette. Recouvrez-le de dés d'ananas et de pistaches, puis d'un deuxième disque de pâte et ainsi de suite en terminant par un rond de pâte.

POUR SERVIR : Accompagnez de coulis et décorez avec du sucre glace, des pistaches et une petite grappe de groseille.

GRANDES OCCASIONS

PETITES VERRINES DE FIGUE ET MASCARPONE

POUR 8 VERRINES
PRÉPARATION : **20 min**
CUISSON : **10 min**
RÉFRIGÉRATION : **2 h**

- 8 figues fraîches ou surgelées
- 50 g de beurre
- 1 sachet de sucre vanillé (soit 7,5 g)
- 250 g de mascarpone
- 200 g de fromage blanc
- 30 g de cassonade
- 4 sablés type « sablés bretons » (ou spéculoos)

Rincez et séchez les figues, ôtez le pédoncule, puis coupez-les en quatre. Si vous utilisez des fruits surgelés, faites-les décongeler au réfrigérateur (posez-les sur du papier absorbant).

Faites fondre le beurre dans une poêle et ajoutez le sucre vanillé. Lorsque le mélange est bien chaud, déposez les quartiers de figue dans la poêle et laissez-les cuire à feu doux 10 minutes environ en les retournant de temps en temps, jusqu'à ce qu'ils soient juste compotés.

Mettez le mascarpone dans un saladier et fouettez-le avec le fromage blanc et la cassonade.

Répartissez les figues compotées dans des verrines. Nappez de préparation au mascarpone, puis réservez au frais pendant au moins 2 heures.

Au moment de servir, saupoudrez chaque verrine de biscuits grossièrement écrasés.

POUR VARIER : Vous pouvez réaliser ce dessert avec les fruits de votre choix : fraises juste poêlées, rhubarbe compotée, poires légèrement caramélisées…

Ajoutez des quartiers de figue fraîche au dernier moment.

TRIFLE

POUR 6 À 8 PERSONNES
PRÉPARATION : **35 min**
CUISSON : **10 min**

- 700 g de fruits de saison de votre choix : fraises, framboises, banane, ananas, kiwi, myrtilles, cassis…
- 1/4 de génoise ou de quatre-quarts de la veille (voir p. 468)
- 150 g de gelée de fruits rouges
- 15 cl de crème liquide entière bien froide

Pour la crème pâtissière

- 3 jaunes d'œufs
- 50 g de sucre en poudre
- 1 sachet de sucre vanillé
- 20 g de farine
- 25 cl de lait

Pour le sirop

- 30 cl d'eau
- Le jus d'1 citron
- 75 g de sucre en poudre

Préparez la crème pâtissière : fouettez les jaunes d'œufs et les sucres, puis incorporez la farine. Faites bouillir le lait dans une casserole à fond épais, puis versez-le sur le mélange en remuant bien. Reversez le tout dans la casserole et faites chauffer à feu doux. Faites épaissir la crème sans cesser de remuer à l'aide d'un fouet pendant 5 minutes environ. Retirez-la du feu, versez-la dans un saladier et laissez-la refroidir.

Préparez le sirop : faites bouillir 5 minutes l'eau avec le jus de citron et le sucre en poudre ; laissez refroidir. Rincez et épluchez les fruits si nécessaire. Coupez les plus gros en dés.

Coupez la génoise en dés. Dans un bol, mélangez la gelée à un peu d'eau tiède pour qu'elle devienne semi-liquide.

Dans une grande coupe transparente ou des coupes individuelles, répartissez la moitié des dés de gâteau, puis arrosez avec la moitié du sirop. Ajoutez la moitié des fruits, puis la crème. Remettez une couche de gâteau imbibé, puis le reste des fruits. Finissez par la gelée.

Au moment de servir, fouettez la crème en chantilly (sans la sucrer). Décorez-en le trifle et servez.

POUR VARIER : remplacez le jus de citron par 1 cuillerée à soupe de fleur d'oranger, d'eau de rose ou 1 ou 2 gouttes d'huile essentielle de fleurs : clémentine, géranium…

Pour la décoration, laissez jouer votre imagination et réalisez des motifs géométriques en fruits confits.

TARTARE DE FRAISES

POUR 6 PERSONNES
PRÉPARATION : **15 min**
CUISSON : **6 à 8 min**

- 800 g de fraises

Pour le sirop parfumé

- 2 oranges non traitées
- 1 citron non traité
- 3 cuill. à soupe de vin blanc sec
- 10 cl d'eau
- 2 cuill. à soupe de sucre en poudre
- 2 étoiles de badiane (anis étoilé)

Préparez le sirop parfumé : prélevez le zeste des oranges et du citron, puis plongez-les pendant 30 secondes dans une casserole d'eau bouillante ; égouttez-les.

Versez le vin blanc et l'eau dans une petite casserole, ajoutez le sucre en poudre et chauffez doucement en remuant, jusqu'à ce que celui-ci soit complètement dissous. Ajoutez les zestes et la badiane, amenez à petite ébullition et faites cuire à feu très doux pendant 6 à 8 minutes. Retirez du feu et laissez refroidir.

Préparez les fraises : rincez-les rapidement dans une passoire, séchez-les délicatement, puis équeutez-les et coupez-les en dés.

Mélangez-les dans un saladier avec le sirop parfumé. Mettez au réfrigérateur jusqu'au moment de servir.

CARPACCIO D'ANANAS À LA VANILLE

POUR 4 PERSONNES
PRÉPARATION : **20 min**
RÉFRIGÉRATION : **1 h**

> 1 ananas d'environ 1 kg

Pour le sirop

> 30 g de sucre en poudre
> 1 gousse de vanille

Préparez l'ananas : épluchez-le et retirez les « yeux » avec la pointe d'un couteau éplucheur. Coupez-le en tranches aussi fines que possible, idéalement à la mandoline, sans retirer le cœur fibreux. Disposez celles-ci dans un grand plat, en évitant de les superposer.

Préparez le sirop : mettez le sucre en poudre avec 10 cl d'eau dans une petite casserole à fond épais. Fendez la gousse de vanille en deux et grattez les graines au-dessus de la casserole avec la pointe d'un petit couteau. Faites bouillir doucement en secouant le manche de la casserole pour répartir la chaleur et jusqu'à ce que des grosses bulles se forment sur le sirop.

Versez le sirop chaud en mince filet sur les tranches d'ananas, couvrez de film alimentaire et mettez au réfrigérateur pendant 1 heure. Servez très frais.

LÉGER

SALADE DE KIWIS AUX AGRUMES

POUR 4 PERSONNES
PRÉPARATION : **15 min**

- 3 kiwis
- 1 orange
- 1 pomelo
- 2 cuill. à soupe de miel liquide
- Le jus de 1 citron

Pour le décor

- 1 cuill. à soupe d'amandes effilées grillées
- Quelques feuilles de menthe

Pelez les kiwis et coupez-les en tranches fines. Pelez les agrumes à vif. Posez-les à plat sur une planche, à l'aide d'un couteau bien aiguisé enlevez la peau blanche en même temps que l'écorce. Séparez ensuite les segments un à un en glissant le couteau le long des membranes et mettez-les dans un saladier.

Arrosez avec le miel et le jus de citron et gardez au frais jusqu'au moment de servir.

Au moment de servir, parsemez la salade d'amandes et décorez avec les feuilles de menthe.

SOUPE DE BAIES ROUGES

POUR 6 PERSONNES
PRÉPARATION : 20 min
CUISSON : 6 ou 7 min

- 1 kg de fruits rouges de votre choix, seuls ou en mélange : groseilles, fraises, cassis, mûres, griottes, framboises...
- 20 cl de jus de pomme
- 20 cl de jus de raisin
- 80 g de sucre en poudre
- 2 cuill. à soupe rases de fécule de maïs
- 5 cl d'eau froide
- Le zeste de 1 citron

LÉGER

Rincez les groseilles, le cassis, les fraises, les mûres et les griottes à l'eau fraîche (les framboises ne se rincent pas) et épongez-les délicatement sur du papier absorbant. Triez et enlevez les fruits abîmés. Égrappez le cassis et les groseilles à l'aide d'une fourchette. Dénoyautez les griottes.

Mettez le cassis, les fraises et la moitié des groseilles dans un récipient haut et passez-les au mixeur pour les réduire en purée. Filtrez la purée à l'aide d'une passoire fine au-dessus d'une casserole. Ajoutez le jus de pomme, le jus de raisin et le sucre en poudre et portez à ébullition à feu doux sans cesser de remuer jusqu'à ce que le sucre soit complètement dissous. Goûtez et sucrez plus si nécessaire (cela dépend de la maturité des fruits).

Délayez la fécule de maïs dans 5 cl d'eau froide et versez-la dans la casserole. Faites reprendre l'ébullition, puis incorporez délicatement le reste des fruits et le zeste de citron. Laissez cuire à feu très doux pendant environ 5 minutes, en veillant à ce que les fruits ne s'écrasent pas.

Retirez la casserole du feu, laissez tiédir un peu, puis versez le mélange dans une grande coupe ou des coupelles individuelles. Mettez au réfrigérateur jusqu'au moment de servir.

Servez ce dessert très frais accompagné de glace à la vanille, de crème fraîche ou de crème Chantilly.

SOUPE DE PASTÈQUE AU BASILIC

POUR 4 PERSONNES
PRÉPARATION : 20 min
MACÉRATION : 2 h

Pour le coulis de pastèque

- 1 quartier de pastèque d'environ 800 g
- Le jus de 1/2 citron

Pour le sirop au basilic

- 15 cl d'eau
- 40 g de sucre en poudre
- 1 cuill. à soupe de basilic finement ciselé

Pour le décor

- 4 feuilles de basilic

Préparez le coulis de pastèque : retirez l'écorce et les graines de la pastèque et coupez la chair en dés. Réservez-en le tiers dans un petit saladier au réfrigérateur et mixez le reste avec le jus de citron jusqu'à l'obtention d'un coulis lisse et fluide.

Préparez le sirop au basilic : versez l'eau et le sucre en poudre dans une petite casserole, chauffez doucement en remuant jusqu'à ce que le sucre soit bien fondu et amenez juste à ébullition. Retirez du feu, puis ajoutez le basilic ciselé, couvrez et laissez infuser 10 minutes, puis filtrez. Mélangez le coulis de pastèque et le sirop au basilic et laissez macérer au frais pendant 2 heures.

Au dernier moment, versez le mélange dans quatre coupelles et répartissez dessus les dés de pastèque réservés. Décorez chacune d'une feuille de basilic et servez très frais.

POUR SERVIR : S'il fait très chaud, ajoutez quelques glaçons dans les coupelles.

À NOTER

La pastèque est le fruit de l'été par excellence : très rafraîchissante et peu sucrée ! À l'achat, elle doit être lourde et ne pas sonner creux.

CONFIT DE QUETSCHES AU GINGEMBRE

POUR 2 POTS
PRÉPARATION : 30 min
CUISSON : 1 h 30

- 1 kg de quetsches mûres mais fermes
- 10 cl d'eau
- 1 citron non traité
- 100 g d'écorce de citron confite
- 150 g de sucre en poudre
- 30 g de gingembre frais

Rincez les quetsches et dénoyautez-les. Mettez-les dans une casserole à fond épais avec 10 cl d'eau et faites-les cuire à feu moyen, en remuant souvent, pendant 30 minutes environ, jusqu'à ce qu'elles soient bien ramollies.

Lavez le citron en le brossant sous l'eau froide, essuyez-le et prélevez le zeste au couteau éplucheur. Hachez-le finement ainsi que l'écorce de citron confite. Pelez et émincez le gingembre.

Transvasez les quetsches dans la bassine à confiture, puis ajoutez le sucre en poudre, le zeste de citron, l'écorce confite et le gingembre. Poursuivez la cuisson à feu doux encore 1 heure pour que le confit réduise. Remuez souvent, car il attache facilement.

Retirez du feu, versez dans des pots à confiture et gardez-les au réfrigérateur.

POUR SERVIR : Ce confit est idéal en association salé-sucré, avec du fromage type brebis basque ou du foie gras.

À NOTER
Vous trouverez des quetsches, prunes à la fois acidulées et sucrées, principalement au début du mois de septembre.

FRAÎCHEUR DE LITCHIS ET FRAMBOISE

POUR 4 PERSONNES
PRÉPARATION : 20 min
CUISSON : 3 min environ

- 300 g de framboises
- 500 g de litchis frais (ou 1 boîte de litchis en conserve, soit environ 260 g égouttés)
- Le jus de 1/2 citron
- 70 g de sucre en poudre

Mixez les framboises pour obtenir un coulis. Retirez la coque des litchis et dénoyautez-les. Mettez-les dans une casserole avec le coulis, le jus de citron et le sucre en poudre. Portez à ébullition et laissez cuire pendant 3 minutes environ. Versez cette préparation dans une coupe et laissez refroidir avant de la mettre au réfrigérateur.

POUR SERVIR : Servez cette compote avec une boule de glace à la vanille ou du yaourt grec.

CONSEIL : Si vous n'aimez pas trouver de graines de framboises sous la dent, passez le coulis au tamis avant de l'ajouter aux litchis.

À NOTER
Le litchi est un fruit exotique disponible seulement en hiver et le reste de l'année en conserve, au sirop et dénoyauté.

DESSERTS GIVRÉS

YAOURT GLACÉ AU GINGEMBRE ET À LA CARDAMOME

POUR 4 PERSONNES
PRÉPARATION : 15 min
CUISSON : 1 ou 2 min
CONGÉLATION : 30 à 45 min

- 20 g de gingembre confit
- 625 g de yaourt grec (5 pots)
- 4 pincées de cardamome en poudre

Pour le sirop

- 80 g de sucre en poudre
- 10 cl d'eau
- Le jus de 1/2 citron vert

Pour le décor

- Quelques graines de cardamome

Préparez le sirop : faites chauffer doucement le sucre en poudre avec l'eau et le jus de citron dans une petite casserole en remuant jusqu'à ce qu'il soit complètement fondu. Puis amenez à petite ébullition et laissez cuire 1 ou 2 minutes. Arrêtez le feu et laissez tiédir quelques instants.

Râpez ou hachez très finement le gingembre confit.

Mettez quatre verres (ou quatre coupelles) au réfrigérateur pour qu'ils soient bien froids.

Versez les yaourts dans un grand saladier. Incorporez progressivement le sirop citronné tiédi en fouettant vivement le mélange. Ajoutez la cardamome et le gingembre râpé et fouettez encore quelques secondes. Mettez le saladier au congélateur pendant 30 à 45 minutes.

Quand le yaourt commence à avoir une consistance onctueuse sans être complètement glacé, sortez le saladier du congélateur, fouettez alors énergiquement le mélange pendant 2 ou 3 minutes et répartissez-le dans les verres.

Parsemez de quelques graines de cardamome et servez aussitôt.

GRANDES OCCASIONS

CHARLOTTE GLACÉE AU CASSIS

POUR 4 À 6 PERSONNES
PRÉPARATION : **40 min**
CONGÉLATION : **2 h**
CUISSON : **25 min environ**

Pour le gâteau

> 5 cl de sirop de cassis frais ou surgelé
> 24 biscuits à la cuillère
> 75 cl de sorbet au cassis
> 150 g de cassis frais ou au sirop

Pour la crème anglaise

> 1/2 gousse de vanille
> 50 cl de lait
> 4 jaunes d'œufs
> 60 g de sucre en poudre

Préparez le gâteau : diluez le sirop de cassis avec un demi-verre d'eau. Trempez-y les biscuits à la cuillère et garnissez-en le fond et les parois d'un moule à charlotte de 18 cm de diamètre.

Mettez une première couche de sorbet au cassis au fond du moule, parsemez de grains de cassis, recouvrez d'une couche de biscuits imbibés et continuez ainsi jusqu'à épuisement des ingrédients.

Mettez dans le congélateur pendant au moins 2 heures.

Pendant ce temps, préparez la crème anglaise : dans une casserole, portez le lait et la gousse de vanille fendue en deux à ébullition. Arrêtez le feu et laissez infuser pendant 20 minutes. Dans un saladier, fouettez les jaunes d'œuf et le sucre en poudre jusqu'à ce qu'ils blanchissent. Retirez la vanille du lait et grattez l'intérieur de la gousse pour récupérer les graines. Remettez le lait avec les graines sur le feu et portez-le à ébullition. Versez le lait bouillant sur le mélange jaunes-sucre sans cesser de remuer avec une cuillère en bois. Remettez le mélange dans la casserole et faites chauffer à feu très doux sans cesser de tourner jusqu'à ce que la crème nappe la cuillère. Placez la casserole dans un récipient d'eau glacée (ou versez la crème dans un récipient froid) pour arrêter la cuisson. Mettez-la au réfrigérateur

Démoulez la charlotte au dernier moment. Servez la crème anglaise à part.

POUR VARIER : Pour les adultes, remplacez le sirop par de la crème de cassis.

VACHERIN AU MARRON

POUR 6 À 8 PERSONNES
PRÉPARATION : 1 h (la veille) • INFUSION : 30 min • RÉFRIGÉRATION : 3 h minimum
CUISSON : 1 h 30 • CONGÉLATION : 12 h

POUR LA GLACE : 15 cl de lait entier • 50 cl de crème fraîche liquide entière • 1 gousse de vanille • 7 œufs • 75 g de sucre en poudre • 150 g de crème de marron • 150 g de purée de marron • POUR LA PÂTE : 120 g de poudre d'amandes • 120 g de sucre glace • 220 g de sucre en poudre

1 La veille, préparez la glace aux marrons : portez le lait et la crème à ébullition. Mettez-y la gousse de vanille fendue et grattée. Laissez infuser 30 minutes, puis filtrez.

2 Dans une autre casserole, fouettez les jaunes d'œufs avec le sucre. Versez le lait aromatisé et faites chauffer à feu très doux jusqu'à ce que le mélange épaississe (il ne doit jamais bouillir).

3 Ajoutez la crème et la purée de marron. Laissez refroidir et mettez-la au réfrigérateur 3 heures puis faites prendre en sorbetière. Versez-la dans un moule à manqué et remettez-la au congélateur.

4 Préparez la pâte à succès à l'amande : mélangez la poudre d'amandes et le sucre glace, puis tamisez-les dans une passoire posée sur un bol.

5 Montez 6 blancs en neige avec un peu de sucre en poudre. Lorsqu'ils ont bien gonflé, ajoutez en une seule fois le reste de sucre. Mélangez pendant 1 minute.

6 Incorporez le mélange sucre-amandes (ainsi qu'éventuellement quelques brisures d'amandes) aux blancs en neige, à l'aide d'une spatule. Préchauffez le four à 160 °C (therm. 5-6).

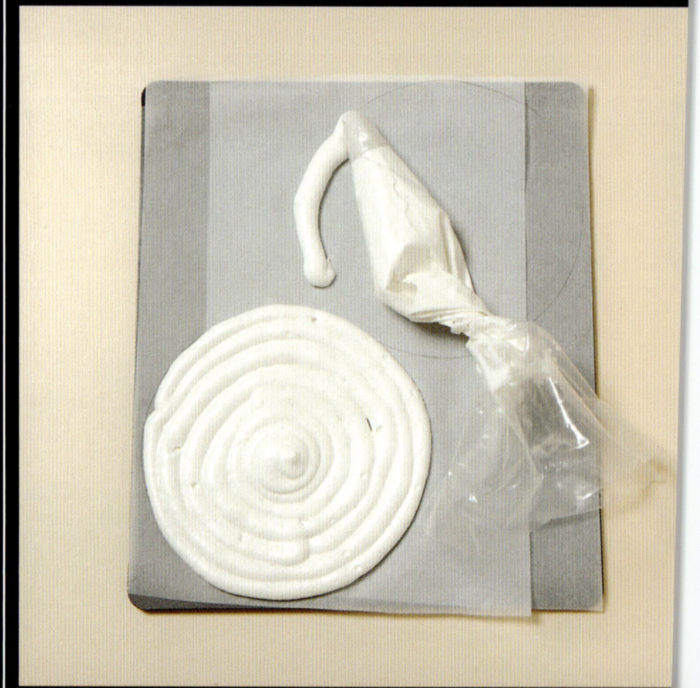

7 Tracez 2 cercles de 20 cm de diamètre sur une plaque recouverte de papier sulfurisé. Déposez la pâte en spirale avec une douille de 1,5 cm de diamètre en commençant par l'extérieur.

8 Mettez la plaque au four pendant 30 minutes, puis baissez la température à 140 °C (therm. 4-5) et faites cuire encore 1 heure. Laissez refroidir les disques complètement et décollez-les du papier.

9 Le lendemain, déposez un disque de succès sur un plat de service. Sortez la glace aux marrons et démoulez-la sur le dessus.

10 Déposez par-dessus le second disque.

11 Saupoudrez de sucre glace et décorez avec des marrons glacés.

SEMIFREDDO

POUR 6 PERSONNES
PRÉPARATION : 45 min
CUISSON : 20 à 25 min
CONGÉLATION : 30 min

- 4 pommes (boskoop de préférence)
- 65 g de sucre en poudre
- 1 citron non traité
- 12 cl de vin doux, type muscat
- 3 cuill. à soupe d'eau
- 150 g d'amaretti (ou de macarons aux amandes)
- 1 génoise de 22 cm, maison de préférence (voir p. 408 et ajoutez le zeste d'un citron râpé dans la pâte)

Pour la sauce

- 20 cl de crème liquide entière très froide
- 4 jaunes d'œufs
- 60 g de sucre en poudre

Préparez les pommes : pelez-les, ôtez les pépins et coupez-les en dés. Faites-les cuire dans une casserole avec 65 g de sucre, le zeste du citron, le vin et l'eau pendant 10 minutes sur feu doux : les fruits doivent être cuits à cœur et le liquide absorbé. Écrasez les pommes en purée, avec une fourchette. Émiettez les amaretti.

Préparez la sauce : fouettez la crème en chantilly. Dans une casserole, mélangez les jaunes d'œufs et le sucre jusqu'à ce qu'ils blanchissent, puis mettez-les au bain-marie. Fouettez-les quelques instants, et, hors du feu, battez-les de nouveau jusqu'à ce qu'ils refroidissent. Ajoutez alors délicatement la crème fouettée.

Mélangez la crème avec les pommes et les amaretti.

Coupez la génoise en trois dans le sens de l'épaisseur. Découpez un papier sulfurisé de même format. Posez dessus le premier disque et, avec une spatule, recouvrez-le d'une couche de garniture. Posez par-dessus le deuxième disque et faites de même, puis recouvrez avec le troisième disque.

Mettez le semifreddo pendant 30 minutes au congélateur, puis gardez-le au réfrigérateur jusqu'au moment de servir.

SOUFFLÉ GLACÉ À LA FRAISE

POUR 6 PERSONNES
PRÉPARATION : 35 min
CONGÉLATION : 6 h minimum

- 250 g de fraises
- 30 g de sucre en poudre
- 6 jaunes d'œufs
- 250 g de crème liquide entière très froide
- 1 cuill. à soupe de cacao en poudre

Pour le sirop

- 20 cl d'eau
- 70 g de sucre en poudre

Triez et équeutez les fraises, coupez-les en petits morceaux. Mettez-les dans un saladier avec le sucre en poudre.

Préparez le sirop : Dans une petite casserole, portez à ébullition l'eau et le sucre en poudre.

Mettez les jaunes d'œufs dans un saladier et fouettez-les en incorporant le sirop bouillant petit à petit. Hors du feu, battez le mélange jusqu'à ce qu'il soit complètement froid et mousseux.

Ajoutez délicatement les fraises et leur jus rendu à ce mélange avec une spatule.

Montez la crème très froide en chantilly, puis incorporez-la toujours très délicatement au mélange précédent.

Garnissez les parois d'un moule à soufflé de papier sulfurisé et versez-y le mélange. Mettez au congélateur pendant au moins 12 heures.

Pour servir, enlevez le tour de papier et saupoudrez le dessus du soufflé avec le cacao en poudre.

DÉLICE GLACÉ CASSIS POIRE

POUR 6 PERSONNES
PRÉPARATION : 35 min
CONGÉLATION : 3 h 30

- 350 g de faisselle au lait entier bien froide
- 500 g de cassis frais ou surgelé
- 2 poires
- Le jus de 1 citron
- 130 g de sucre en poudre
- 10 cl d'eau
- 150 g de mascarpone bien froid

Égouttez la faisselle 1 heure dans une passoire doublée de 2 feuilles de papier absorbant.

Rincez les cassis à l'eau fraîche, puis égrappez-les. Passez-les au mixeur, puis filtrez le coulis obtenu à travers une passoire.

Pelez les poires, coupez-les en deux, retirez le cœur et les pépins. Détaillez-les en dés et arrosez-les aussitôt avec le jus de citron.

Chauffez doucement le sucre avec l'eau dans une casserole en remuant jusqu'à ce qu'il soit complètement dissous. Portez à ébullition, puis arrêtez le feu aux premiers bouillons. Ajoutez les deux tiers du coulis de cassis et mélangez.

Fouettez vivement la faisselle égouttée avec le mascarpone, puis mélangez le tout au sirop au cassis. Versez la moitié de la préparation dans un moule.

Mettez le moule au congélateur pendant environ 30 minutes. Quand la préparation est suffisamment ferme, répartissez les dés de poire en surface, puis versez le reste de crème au cassis et mettez au congélateur pendant au moins 3 heures.

Démoulez et attendez 15 minutes avant de découper ce dessert.

Servez avec le coulis restant.

Pour servir : Décorez ce dessert avec des biscuits, comme des croquignoles de Reims.

PROFITEROLES À LA GLACE ET AU CHOCOLAT

POUR 30 PROFITEROLES
PRÉPARATION : **40 min**
CUISSON : **15 min**

Pour la pâte à choux

- 6 cl d'eau
- 7 cl de lait frais entier
- 1 petite cuill. à café de sel fin
- 1 petite cuill. à café de sucre en poudre
- 50 g de beurre
- 70 g de farine
- 2 œufs entiers

Pour la sauce au chocolat

- 200 g de chocolat noir
- 10 cl de crème fraîche

Pour la garniture

- Glace à la vanille (ou autre parfum de votre choix)

Préparez la pâte à choux : versez l'eau et le lait dans une casserole, ajoutez le sel, le sucre et le beurre. Portez à ébullition en remuant. Ajoutez toute la farine en une seule fois. Tournez énergiquement avec la spatule, jusqu'à ce que la pâte soit lisse et homogène. Lorsqu'elle se détache des parois et du fond de la casserole, continuez de remuer pendant 2 ou 3 minutes, afin de la dessécher un peu. Retirez la casserole du feu et laissez tiédir la pâte. Ajoutez les œufs un par un en continuant de travailler la pâte. Soulevez-la de temps en temps. Quand elle retombe en ruban : elle est prête.

Préchauffez le four à 210 °C (therm. 7).

Mettez la pâte dans une poche munie d'une douille à embout lisse, disposez 30 boules de pâte de la taille d'une noix sur une plaque recouverte de papier sulfurisé. Enfournez et au bout de 7 minutes baissez la température à 170 °C (therm. 5-6) et laissez cuire environ 15 minutes. Pour tester la cuisson, appuyez doucement sur un chou avec le doigt, il ne doit plus ployer. Sinon, prolongez la cuisson.

Préparez la sauce au chocolat : hachez finement le chocolat. Faites bouillir la crème fraîche. Versez-la sur le chocolat et mélangez.

Découpez le sommet de chaque petit chou. Remplissez les choux de glace à la vanille et recouvrez-les des chapeaux. Disposez les profiteroles dans un plat de service ou dans des coupes individuelles. Nappez-les de sauce au chocolat tiède. Servez aussitôt.

CASSATE ITALIENNE

POUR 8 PERSONNES
PRÉPARATION : 15 min
CUISSON : 15 min
CONGÉLATION : 4 h

- 60 g de noix concassées : amandes, noix de Grenoble, pistaches, etc., seules ou en mélange
- 1 l de glace de votre choix (chocolat, vanille, fraise...)
- 7 cl d'eau
- 80 g de sucre en poudre
- 5 jaunes d'œufs
- 50 cl de crème liquide entière
- 60 g de fruits confits coupés en dés

Faites blondir les amandes (pas les pistaches) environ 5 minutes à sec dans une poêle sans cesser de remuer.

Sortez la glace du congélateur.

Dans une petite casserole, portez à ébullition l'eau et le sucre en poudre. Mettez les jaunes d'œufs dans un saladier et fouettez-les en incorporant le sirop bouillant petit à petit. Hors du feu, battez le mélange jusqu'à ce qu'il soit complètement froid et mousseux. Fouettez la crème et incorporez-la délicatement au précédent mélange. Ajoutez-y les noix et les fruits confits.

À l'aide d'une spatule souple, recouvrez le fond et les côtés d'un moule à charlotte de 18 cm de diamètre avec la glace. Versez-y la préparation précédente ; mettez pendant 4 heures au congélateur.

Pour servir la cassate, passez le moule quelques secondes sous le robinet d'eau chaude et retournez-le sur un plat de service.

POUR VARIER : La garniture de la cassate connaît d'innombrables variations : fruits confits, fruits frais, zeste de citron râpé, pépites de chocolat, pignons de pin, couches de génoise... On peut la parfumer avec 3 cuillerées à soupe de rhum, de marasquin ou de fleur d'oranger...

Pour plus d'authenticité on peut aussi remplacer la moitié de la crème par 250 g de ricotta.

PARFAIT GLACÉ À LA PISTACHE

POUR 6 PERSONNES
PRÉPARATION : **30 min**
CONGÉLATION : **4 h**

- 8 cl d'eau
- 125 g de sucre en poudre
- 6 jaunes d'œufs
- 80 g de pâte de pistache
- 40 g de pistaches nature concassées

Pour la crème fouettée

- 40 cl de crème fraîche liquide bien froide

Mettez l'eau et le sucre en poudre dans une casserole et faites cuire jusqu'au « petit boulé », c'est-à-dire à 120 °C (une goutte de ce sirop plongée dans de l'eau froide doit former une boule molle).

Mettez les jaunes d'œufs dans un saladier, ajoutez la pâte de pistache et mélangez. Versez dessus le sirop bouillant, petit à petit, en fouettant. Continuez à fouetter jusqu'à ce que le mélange ait refroidi.

Préparez la crème fouettée : fouettez énergiquement la crème fraîche bien froide.

Incorporez la crème fouettée délicatement au précédent mélange. Ajoutez-y les pistaches concassées.

Versez dans un moule à charlotte ou des petits moules individuels arrondis. Mettez pendant 4 heures au congélateur.

Démoulez en passant rapidement le moule sous l'eau chaude avant de le retourner sur le plat de service.

POUR SERVIR : **Décorez la charlotte démoulée de demi-macarons pistache, rose et/ou citron (décollez-les délicatement afin de les coller sur le pourtour).**

PÊCHES MELBA

POUR 4 PERSONNES
PRÉPARATION : **30 min**
CUISSON : **12 ou 13 min**

- 150 g de framboises
- 4 pêches de préférence blanches
- 75 cl de glace à la vanille

Pour le sirop

- 50 cl d'eau
- 250 g de sucre en poudre
- 1 gousse de vanille

Préparez la purée de framboise : écrasez les framboises au mixeur ou au moulin à légumes.

Préparez les pêches : plongez les pêches dans de l'eau bouillante pendant 30 secondes, puis passez-les immédiatement sous l'eau froide et épluchez-les.

Préparez le sirop : faites bouillir pendant 5 minutes l'eau avec le sucre en poudre et la gousse de vanille fendue et grattée. Plongez-y les pêches et laisser cuire à petit feu 7 ou 8 minutes en les retournant.

Égouttez-les et laissez-les refroidir complètement, puis coupez-les en deux et dénoyautez-les.

Mettez la glace au fond d'une grande coupe ou dans chaque coupe individuelle. Disposez les pêches dessus et nappez-les de purée de framboise.

POUR VARIER : Vous pouvez réaliser de la même façon des poires Melba en pochant des poires dans le sirop vanillé.

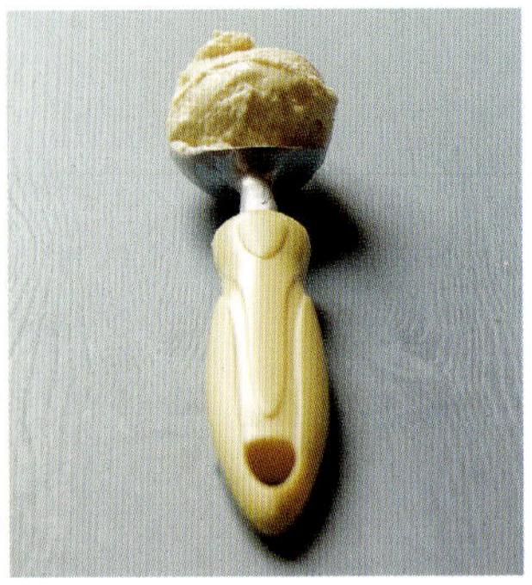

POIRES BELLE-HÉLÈNE

POUR 6 PERSONNES
PRÉPARATION : 45 min
CUISSON : 20 à 30 min

- 6 poires williams
- 6 cl d'eau
- 125 g de chocolat noir
- 60 g de crème liquide entière
- 1 l de glace à la vanille

Pour le sirop

- 250 g de sucre en poudre
- 50 cl d'eau

Préparez le sirop : faites bouillir le sucre et l'eau.

Préparez les poires : pelez les poires en les laissant entières et en gardant leurs queues. Faites-les cuire dans le sirop de 20 à 30 minutes. Lorsqu'elles sont bien tendres, égouttez-les, puis mettez-les au réfrigérateur.

Faites bouillir 6 cl d'eau. Cassez le chocolat en morceaux, hachez-le et mettez-le dans une casserole. Versez l'eau bouillante dessus en mélangeant bien pour le faire fondre et ajoutez la crème liquide.

Mettez de la glace à la vanille au fond de chaque coupe, ajoutez une poire par-dessus et nappez de sauce au chocolat bien chaude.

FAIT MAISON : Préparez vous-même 1 litre de glace à la vanille ! Dans une casserole, portez 15 cl de lait frais entier et 50 cl de crème fraîche à ébullition. Mettez-y 1 gousse de vanille fendue et grattée et laissez infuser pendant 30 minutes, puis filtrez. Dans une autre casserole, fouettez vigoureusement 7 jaunes d'œufs avec 150 g de sucre en poudre. Versez le lait aromatisé et faites cuire à feu très doux tout en tournant avec une cuillère en bois, jusqu'à ce que le mélange épaississe, en veillant à ne pas atteindre le stade de l'ébullition. Laissez complètement refroidir au réfrigérateur, puis mettez au congélateur.

BANANA SPLIT

POUR 4 PERSONNES
PRÉPARATION : **20 min**

- 25 cl de sauce au chocolat noir (voir p. 478)
- 15 cl de crème liquide entière bien froide
- 1 sachet de sucre vanillé
- 4 bananes
- Le jus de 1 citron, vert de préférence
- 4 boules de glace vanille, chocolat et fraise
- 25 g d'amandes effilées grillées

Préparez la sauce au chocolat et laissez-la refroidir.

Fouettez la crème avec le sucre vanillé.

Pelez les bananes et coupez-les en deux dans le sens de la longueur. Arrosez-les de jus de citron.

Placez 2 demi-bananes dans chaque coupe et mettez 3 boules de glace au milieu. Nappez de sauce au chocolat et parsemez d'amandes effilées.

Décorez de chantilly et servez aussitôt.

POUR VARIER : Variez les parfums de glace selon vos goûts et décorez de fruits frais.

En version exotique, utilisez des sorbets coco, mangue (voir p. 254) et passion et un coulis au fruit de la Passion au lieu du chocolat (voir la recette des nems de bananes, p. 190).

OMELETTE NORVÉGIENNE

POUR 6 PERSONNES
PRÉPARATION : 1 h 30 • CUISSON : 15 à 20 min

GRANDES OCCASIO

1 l de glace à la vanille • POUR LA PÂTE : 140 g de farine • 40 g de beurre • 4 œufs • 140 g de sucre en poudre • POUR LA MERINGUE : 3 blancs d'œufs • 75 g de sucre en poudre • 1 cuill. à café d'extrait de vanille • POUR LE SIROP : 100 g de sucre en poudre • 10 cl de liqueur Grand Marnier®

1 Laissez légèrement ramollir la glace vanille et mettez-la dans un moule à cake, remettez-la au congélateur jusqu'au dernier moment. Préchauffez le four à 200 °C (therm. 6-7).

2 Recouvrez une plaque de papier sulfurisé. Préparez la pâte : tamisez la farine à l'aide d'une passoire posée sur un bol. Faites fondre le beurre dans une casserole, et laissez tiédir.

3 Cassez les œufs dans un cul-de-poule. Versez le sucre en remuant. Mettez le cul-de-poule dans un bain-marie frémissant, et commencez à fouetter. Continuez jusqu'à ce que le mélange ait épaissi.

4 Retirez du bain-marie et fouettez au batteur jusqu'à complet refroidissement. Mettez 2 cuillerées de ce mélange dans un petit bol et incorporez-y le beurre. Versez la farine en pluie dans le cul-de-poule, puis ajoutez le contenu du bol.

5 Étalez la pâte à génoise sur le papier sulfurisé et mettez au four pendant 15 minutes. Vérifiez la cuisson avec la pointe d'un couteau, qui doit ressortir sèche, puis laissez refroidir.

6 Découpez-y 2 rectangles de la taille du moule à cake. Augmentez la température du four à 250 °C (therm. 8-9).

7 Préparez la meringue : montez les blancs en neige en leur incorporant la moitié du sucre. Quand ils ont doublé de volume, versez l'autre moitié et la vanille.

8 Préparez le sirop : faites bouillir le sucre et 10 cl d'eau. Laissez-le refroidir et ajoutez la moitié de la liqueur. Déposez 1 rectangle de génoise sur un plat pouvant aller au four. Imbibez-le de sirop à la liqueur, à l'aide d'un pinceau.

9 Au moment de servir, allumez le gril du four. Démoulez la glace à la vanille, déposez-la sur le dessus, puis recouvrez-la avec le deuxième rectangle de génoise. Tartinez avec la moitié de la meringue à l'aide d'une spatule et lissez le dessus.

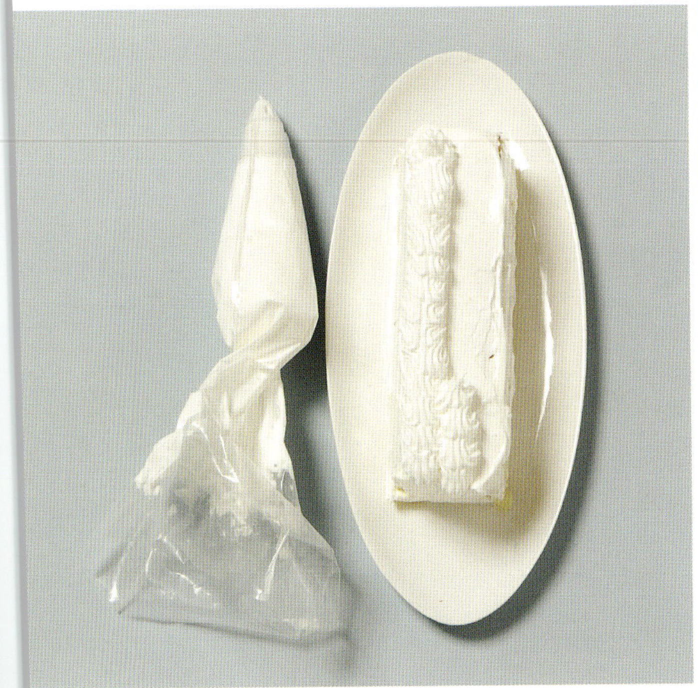

10 Mettez le reste de la meringue dans une poche munie d'une douille étoile et décorez. Saupoudrez de sucre glace et mettez sous le gril 3 minutes, porte ouverte.

11 Faites chauffer le reste de liqueur dans une petite casserole. Enflammez-le, versez-le sur l'omelette, laissez-le flamber devant les convives et servez aussitôt.

GLACE À LA MENTHE

POUR 1 L DE GLACE
PRÉPARATION : **20 min**
CONGÉLATION : **4 h**

- 50 cl de lait frais entier
- 25 cl de crème liquide entière
- 25 g de menthe fraîche hachée
- 6 jaunes d'œufs
- 140 g de sucre en poudre

Pour le décor

- Feuilles de menthe fraîche

Dans une casserole, portez le lait et la crème à ébullition.

Retirez du feu, mettez la menthe hachée et laissez infuser 20 minutes à couvert. Filtrez.

Dans une autre casserole, fouettez les jaunes d'œufs avec le sucre. Versez le lait dans la casserole et faites cuire à feu très doux (sans porter à ébullition) tout en tournant avec une cuillère en bois, jusqu'à ce que le mélange épaississe (il faut atteindre 83 °C).

Transvasez tout de suite la crème dans un saladier posé sur de la glace pour arrêter la cuisson. Laissez refroidir, puis mettez la préparation au réfrigérateur au moins 3 heures avant de la faire prendre en sorbetière. Si vous n'en avez pas, mettez la préparation au congélateur, mixez-la au robot au bout de 2 heures et remettez-la 2 heures de plus au congélateur.

LÉGER

SORBET À LA MANGUE

POUR 1 L DE SORBET
PRÉPARATION : 10 min
CONGÉLATION : 3 h environ

- 1,2 kg de mangues bien mûres
- 1 citron jaune ou vert
- 50 g de sucre en poudre
- 10 cl d'eau

Épluchez et dénoyautez les mangues. Coupez-les en morceaux.

Mettez-les dans un mixeur ou un moulin à légumes posé sur un saladier et réduisez-les en purée : vous devez en avoir 800 g. Pressez le citron.

Faites fondre le sucre en poudre dans 10 cl d'eau chaude.

À l'aide d'un fouet, mélangez la purée avec et le jus de citron. Goûtez et ajoutez du sirop de sucre selon votre goût, certaines mangues sont assez sucrées naturellement pour s'en passer complètement. Mettez la préparation au réfrigérateur au moins 3 heures avant de la faire prendre en sorbetière. Si vous n'en avez pas, mettez la préparation au congélateur, mixez-la au robot au bout de 2 heures et remettez-la 2 heures de plus au congélateur.

Un zeste de citron vert parfumera agréablement ce sorbet.

MANDARINES GIVRÉES

POUR 8 PERSONNES
PRÉPARATION : 30 min
CONGÉLATION : 3 h 30 minimum

- 16 mandarines
- 80 g de sucre en poudre
- 8 cl d'eau chaude
- 1 blanc d'œuf

Décalottez 8 mandarines en les coupant avec un couteau-scie, puis évidez-les complètement avec une cuillère à bord tranchant, en prenant soin de ne pas percer les écorces. Mettez les écorces et les chapeaux au congélateur.

Filtrez la pulpe retirée dans une passoire, en appuyant dessus avec une spatule. Pressez des mandarines supplémentaires jusqu'à obtenir 80 cl de jus.

Faites fondre le sucre en poudre dans 8 cl d'eau chaude. Ajoutez-le au jus et mettez le tout dans une boîte en plastique au congélateur au moins 3 heures.

30 minutes avant de servir, battez le blanc d'œuf à la fourchette. À l'aide d'un grand couteau, coupez le sorbet en petits cubes sur une planche. Mixez-le au robot en ajoutant petit à petit les deux tiers du blanc d'œuf par l'ouverture du robot. Arrêtez dès que vous obtenez un sorbet pâle et mousseux et remplissez-en les écorces de clémentines. Remettez-les au congélateur pour 30 minutes.

POUR VARIER : Vous pouvez, de la même façon, faire des citrons, des oranges ou des pamplemousses givrés en utilisant leur jus pour préparer le sorbet.

LÉGER

GRANITÉ AU CITRON

POUR 1 L DE GRANITE
PRÉPARATION : **15 min**
CONGÉLATION : **3 h environ**

- 3 citrons bio ou non traités
- 100 g de sucre en poudre
- 80 cl d'eau

Râpez finement le zeste d'un des citrons. Pressez les 3 citrons en gardant la pulpe : vous devez avoir environ 15 cl de jus.

Dans un saladier, faites fondre le sucre en poudre dans l'eau et ajoutez le zeste, le jus et la pulpe de citron. Mélangez bien et mettez au congélateur.

Après 1 heure 30, sortez la préparation et mélangez-la à l'aide d'une fourchette. Remettez au congélateur jusqu'à ce que le granité soit complètement pris.

POUR VARIER : Vous pouvez remplacer les citrons jaunes par des citrons verts et arroser ce granité d'un trait de vodka.

CHOCOLAT LIÉGEOIS

POUR 6 PERSONNES
PRÉPARATION : 15 min
CUISSON : 5 min environ

- 75 cl d'eau
- 75 g de sucre en poudre
- 180 g de chocolat à 67 % de cacao
- 30 g de cacao en poudre
- 20 cl de crème liquide entière bien froide
- 75 cl de glace au chocolat
- Copeaux de chocolat noir (voir p. 481)

À NOTER

Pour réussir la crème fouettée, la crème fraîche doit être placée au réfrigérateur au moins 2 heures avant d'être utilisée. Arrêtez de travailler la crème dès qu'elle est ferme, sinon elle se transformerait en beurre.

Préparez la boisson au chocolat : portez l'eau à ébullition avec le sucre. Hachez le chocolat. Ajoutez-le, avec le cacao, dans l'eau bouillante en fouettant vivement au fouet à main. Retirez du feu et mixez le mélange pendant 3 minutes à l'aide d'un mixeur plongeant. Laissez-le refroidir avant de le mettre au réfrigérateur.

Mettez un saladier à glacer 15 minutes au congélateur. Fouettez la crème jusqu'à ce qu'elle soit ferme et mettez-la dans une poche munie d'une douille à bout cannelé.

Au moment de servir, mettez 2 boules de glace par personne dans un verre haut. Versez dessus la boisson au chocolat froide. Terminez par une rosace de crème fouettée. Parsemez de copeaux de chocolat. Servez aussitôt avec une paille et une cuillère à glace.

POUR VARIER : pour un café liégeois, utilisez 75 cl de café fort bien froid et de la glace au café.

GÂTEAUX POUR RECEVOIR

PIÈCE MONTÉE

GRANDES OCCASIONS

POUR 15 PERSONNES
PRÉPARATION : **2 h 30**
(sur 2 jours)
CUISSON : **1 h 10 environ**

- 200 g de dragées

Pour la crème pâtissière
(voir p. 470, en doublant les quantités)

Pour la pâte sucrée

- 1 œuf
- 30 g de sucre glace
- 2 cuill. à soupe de poudre d'amandes
- 1 pincée de sel fin
- 80 g de farine tamisée
- 40 g de beurre mou

Pour la pâte à choux
(recette de base à réaliser deux fois, pour obtenir 75 choux environ)

- 12 cl d'eau
- 16 cl de lait frais entier
- 1 cuill. à café rase de sel fin
- 1 cuill. à soupe de sucre en poudre
- 120 g de beurre
- 160 g de farine tamisée
- 5 œufs

Pour le caramel

- 350 g de sucre en poudre
- 1 cuill. à café de vinaigre
- 10 cl d'eau

La veille, préparez la crème pâtissière (voir p. 470, en doublant les quantités).

Préparez la pâte sucrée (voir p. 461).

Préchauffez le four à 180 °C (therm. 6).

Étalez la pâte sucrée sur 4 mm d'épaisseur. Découpez un disque de 22 cm de diamètre, posez-le sur une plaque recouverte d'une feuille de papier sulfurisé et faites cuire 20 minutes.

Pendant ce temps, préparez la pâte à choux : mettez l'eau, le lait, le sel, le sucre en poudre et le beurre dans une grande casserole à fond épais. Portez le tout à ébullition. Ajoutez la farine et mélangez vivement, jusqu'à ce que la pâte soit bien lisse. Lorsqu'elle se détache des parois, baissez le feu et continuez de remuer 2 ou 3 minutes. Retirez la casserole du feu et laissez un peu tiédir la pâte. Ajoutez les œufs un par un en continuant de travailler la pâte.

Montez la température du four à 210 °C (therm. 7). Mettez la pâte dans une poche munie d'une grosse douille à embout lisse et déposez des choux de 3 à 4 cm de diamètre sur une plaque recouverte de papier sulfurisé. Enfournez, puis au bout de 5 minutes baissez la température à 170 °C (therm. 5-6) ; laissez-les cuire 15 minutes de plus.

Le lendemain, mettez la crème pâtissière dans une poche à douille fine, percez la base des choux et fourrez-les de crème.

Préparez un caramel (voir p. 482).

2 heures avant de servir, trempez le haut de chaque chou dans le caramel et déposez-les, tête en bas, sur une feuille de papier sulfurisé.

1 heure avant de servir, posez le disque de pâte sucrée sur un plat de service, enduisez d'huile de tournesol un saladier de 14 cm de diamètre et retournez-le sur le disque. Trempez la base de chaque chou dans le caramel et collez une couronne de choux autour du saladier, la partie caramélisée vers l'extérieur. Retirez le saladier et continuez à monter les choux. Terminez en collant les dragées avec du caramel. Servez dans l'heure qui suit.

8 Préparez le sirop au kirsch : mélangez le sucre en poudre, 10 cl d'eau et le kirsch. Coupez la génoise horizontalement en deux et, avec un pinceau, imbibez chaque abaisse de génoise avec le sirop au kirsch.

9 Lavez et équeutez les fraises. Réservez-en quelques-unes pour le décor. Posez une génoise dans un cercle, face coupée dessus. Étalez de la crème.

10 Coupez quelques fraises en deux et plaquez-les sur le pourtour du cercle, face coupée vers l'extérieur. Coupez les autres en dés et remplissez-en le centre du gâteau. Recouvrez avec la crème.

11 Posez l'autre génoise imbibée et appuyez pour la fixer. Saupoudrez de sucre glace et décorez avec les fraises. Gardez au réfrigérateur. Retirez le cercle. Décorez de chantilly et servez avec un coulis.

MOKA

POUR 6 À 8 PERSONNES
PRÉPARATION : **1 h**
CUISSON : **40 min**
RÉFRIGÉRATION : **3 h**

Pour le biscuit

- 25 g de beurre + 25 g pour le moule
- 130 g de sucre glace
- 65 g de poudre d'amandes
- 65 g de noisettes en poudre
- 4 œufs
- 4 blancs d'œufs
- 20 g de sucre en poudre
- 40 g de farine tamisée

Pour la crème au beurre

- 2 œufs
- 2 jaunes d'œufs
- 6 cl d'eau
- 170 g de sucre en poudre
- 1 cuill. à soupe de café lyophilisé
- 300 g de beurre très mou

Pour le sirop au rhum

- 40 g de sucre en poudre
- 5 cl d'eau
- 4 cl de rhum

Pour le décor

- 150 g de noisettes mondées concassées
- Grains de chocolat au café

Préparez le biscuit : préchauffez le four à 180 °C (therm. 6).

Faites fondre le beurre. Dans un saladier, mélangez le sucre glace, la poudre d'amandes et les noisettes en poudre. Ajoutez-y les œufs, un par un en fouettant vivement à l'aide d'un batteur électrique, puis fouettez encore 5 minutes à petite vitesse. Incorporez le beurre fondu à l'aide d'une spatule souple. Montez les blancs en neige ferme en incorporant petit à petit le sucre en poudre. Incorporez-les en deux fois à la préparation en alternant avec la farine tamisée.

Beurrez un moule à manqué de 24 cm de diamètre, versez-y la pâte et enfournez pour 35 minutes. Enfournez en même temps les noisettes mondées étalées sur un plat à tarte et sortez-les au bout de 8 minutes. Démoulez le biscuit sur une grille, laissez-le refroidir, puis mettez-le 1 heure au réfrigérateur.

Préparez la crème au beurre : mettez les œufs et les jaunes d'œufs dans un saladier, puis fouettez-les au batteur. Mettez l'eau et le sucre en poudre dans une casserole et portez à ébullition sur feu doux. Laissez cuire ce sirop jusqu'au « petit boulé » (120 °C), puis versez-le en un mince filet sur les œufs tout en fouettant. Continuez de battre doucement jusqu'à complet refroidissement, puis ajoutez le café. Incorporez ensuite le beurre à l'aide d'un fouet.

Préparez le sirop : faites bouillir le sucre et l'eau ensemble 2 minutes. Laissez refroidir et ajoutez le rhum.

Découpez le biscuit en trois disques. Divisez la crème au beurre en cinq parts.

Avec un pinceau, imbibez le premier disque de sirop au rhum, puis avec une spatule, recouvrez-le d'un cinquième de la crème au beurre et parsemez le quart des noisettes dessus. Posez le deuxième disque par-dessus et faites de même, puis répétez la même opération avec le troisième disque.

Toujours avec la spatule, enrobez le pourtour du gâteau de crème et fixez-y le reste des noisettes. Mettez le reste de la crème dans une poche à douille cannelée et dessinez des rosaces sur le gâteau ; au centre de chacune d'elles, posez un grain de chocolat au café.

Mettez le moka au réfrigérateur pour 2 heures et servez-le très frais.

PROGRÈS AU CAFÉ

POUR 6 À 8 PERSONNES
PRÉPARATION : **45 min**
CUISSON : **45 min**
RÉFRIGÉRATION : **2 h**

Pour la pâte à progrès

- 75 g de noisettes en poudre
- 35 g de poudre d'amandes brutes (amandes non mondées)
- 40 g de poudre d'amandes blanche (amandes mondées)
- 160 g de sucre glace
- 10 g de farine
- 6 blancs d'œufs
- 1 petite pincée de sel
- Beurre et farine pour les plaques

Pour la crème au beurre

- 250 g de beurre très mou
- 5 cl d'eau
- 140 g de sucre en poudre
- 2 œufs entiers
- 2 jaunes d'œufs
- 20 g de café soluble

Pour le décor

- 150 g d'amandes effilées

Préparez la pâte : mélangez les noisettes et les amandes en poudre avec le sucre glace et la farine. Montez les blancs en neige ferme avec le sel. Incorporez-les délicatement au mélange précédent.

Préchauffez le four à 130 °C (therm. 4-5).

Couvrez de papier sulfurisé deux plaques de cuisson. Tracez-y au crayon trois cercles de 22 cm de diamètre à l'aide d'une assiette. Versez la pâte dans une poche à douille n° 8 et recouvrez les trois disques dessinés en traçant une spirale à partir du bord vers le centre. Mettez au four 45 minutes environ. Enfournez en même temps les amandes effilées et sortez-les au bout de 15 minutes.

Lorsque les disques sont froids, retirez le papier.

Préparez la crème au beurre : mettez les œufs et les jaunes d'œufs dans un saladier, puis fouettez-les au batteur. Mettez l'eau et le sucre en poudre dans une casserole, puis portez à ébullition sur feu doux. Laissez cuire ce sirop jusqu'au « petit boulé » (120 °C), puis versez-le, bouillant, en un mince filet sur les œufs tout en fouettant. Continuez de battre doucement jusqu'à complet refroidissement, puis ajoutez le café. Incorporez ensuite le beurre à l'aide d'un fouet.

Avec une spatule, recouvrez le premier disque de crème, ajoutez le deuxième par-dessus et recouvrez-le ; mettez le troisième disque par-dessus. Décorez le dessus avec les amandes effilées. Placez 2 heures au réfrigérateur.

FORÊT-NOIRE

POUR 8 PERSONNES
PRÉPARATION : 45 min
CUISSON : 30 min
REFROIDISSEMENT : 2 h

Pour les cerises au kirsch

- 500 g de cerises en conserve au naturel
- 10 cl de kirsch

Pour le biscuit

- 180 g de farine
- 100 g de cacao en poudre
- 1 sachet de levure chimique (soit 11 g)
- 6 œufs
- 100 g de beurre mou + 25 g pour le moule
- 100 g de sucre en poudre
- 1 sachet de sucre vanillé (soit 7,5 g)

Pour la crème Chantilly

- 20 cl de crème liquide entière bien froide
- 2 sachets de sucre vanillé (soit 14 g)

Pour le décor

- Cerises confites
- Copeaux de chocolat (voir p. 481)

Faites macérer les cerises égouttées dans le kirsch le temps de préparer le gâteau.

Préchauffez le four à 180 °C (therm. 6).

Préparez le biscuit : tamisez la farine avec le cacao en poudre et la levure. Séparez les blancs des jaunes d'œufs. Dans un grand saladier, fouettez le beurre avec les jaunes d'œufs et les deux sucres jusqu'à ce qu'il soit crémeux. Incorporez le mélange tamisé et mélangez bien le tout pour obtenir une pâte homogène. Battez les blancs en neige ferme et incorporez-les délicatement à la préparation à l'aide d'une spatule souple.

Beurrez un moule à manqué et versez-y la pâte. Faites cuire 30 minutes environ. Laissez refroidir le biscuit dans son moule au moins 1 heure.

Démoulez le biscuit et coupez-le en trois horizontalement. Mettez de côté le « chapeau ». Répartissez les cerises et le jus au kirsch sur les deux autres disques.

Montez la crème en chantilly en incorporant le sucre vanillé à mi-parcours. Mettez-en le quart de côté et étalez le reste sur les disques aux cerises, puis reconstituez le gâteau.

Décorez le gâteau avec la chantilly restante, les cerises confites et les copeaux de chocolat. Mettez-le au réfrigérateur 1 heure au moins avant de le servir.

POUR VARIER : Remplacez les cerises par des framboises fraîches et le kirsch par de la liqueur de framboises.

BAVAROIS AU CHOCOLAT ET À LA VANILLE

POUR 4 À 6 PERSONNES

PRÉPARATION : 1 h • CUISSON : 10 à 15 min • RÉFRIGÉRATION : 6 h

PARIS-BREST

POUR 6 PERSONNES
PRÉPARATION : **45 min**
CUISSON : **30 à 45 min**

> Sucre glace

Pour la pâte à choux

> 10 cl d'eau
> 10 cl de lait
> 1 pincée de sel
> 1 cuill. à soupe de sucre en poudre
> 65 g de beurre
> 125 g de farine tamisée
> 3 œufs + 1 jaune d'œuf
> 50 g d'amandes effilées

Pour la crème pralinée

> 25 cl de lait
> 125 g de beurre mou
> 1 œuf + 1 jaune d'œuf
> 80 g de sucre en poudre
> 30 g de fécule de maïs
> 75 g de praliné en poudre

À NOTER

Ce gâteau fut créé en 1891 par un boulanger dont la boutique se trouvait sur le parcours de la course cycliste entre Paris et Brest ; cet artisan imagina de créer des éclairs circulaires évoquant les roues de bicyclette.

Préparez la crème : dans un bol, mélangez l'œuf et le jaune d'œuf avec le sucre en poudre, puis incorporez la fécule. Dans une casserole à fond épais, amenez le lait à ébullition. Délayez le contenu du bol avec un peu de lait bouillant et reversez le tout dans la casserole. Faites cuire en remuant sans cesse jusqu'à ce que la crème épaississe. Retirez du feu et laissez tiédir. Incorporez ensuite le beurre et le praliné à l'aide d'un fouet. Mettez au frais jusqu'au moment de monter le gâteau.

Préchauffez le four à 210 °C (therm. 7).

Préparez la pâte à choux : mettez l'eau, le lait, le sel, le sucre en poudre et le beurre dans une grande casserole à fond épais. Portez le tout à ébullition. Ajoutez la farine d'un coup et mélangez vivement en remuant à l'aide d'une spatule en bois, jusqu'à ce que la pâte soit bien lisse et homogène. Lorsqu'elle se détache des parois, baissez le feu et continuez de remuer 2 ou 3 minutes, afin de la dessécher un peu. Retirez la casserole du feu et laissez un peu tiédir la pâte. Ajoutez les œufs un par un en continuant de travailler la pâte jusqu'à ce qu'elle soit bien lisse.

Sur un papier sulfurisé posé sur la plaque du four, tracez au crayon un cercle de 22 cm de diamètre à l'aide d'une assiette. Mettez la pâte dans une poche munie d'une grosse douille à embout lisse et déposez des choux contigus de 4 cm de diamètre environ à l'intérieur du cercle.

Diluez le jaune d'œuf avec une cuillerée à soupe d'eau et badigeonnez la couronne à l'aide d'un pinceau, parsemez d'amandes. Enfournez, puis au bout de 5 minutes baissez la température à 170° C (therm. 5-6) et laissez cuire environ 15 minutes. Quand on appuie doucement sur la pâte avec le doigt, elle ne doit plus ployer. Sinon, prolongez la cuisson. Laissez refroidir.

À l'aide d'un couteau à pain, découpez la couronne de pâte horizontalement en deux parts égales. Garnissez de crème et remettez le couvercle par-dessus. Saupoudrez de sucre glace et mettez au frais jusqu'au moment de servir.

CONSEIL : **Montez le gâteau le plus tard possible.**

CHOUX AU CAFÉ

POUR 12 CHOUX
PRÉPARATION : **40 min**
CUISSON : **20 min**

Pour la crème pâtissière

- 6 jaunes d'œufs
- 140 g de sucre en poudre
- 40 g de fécule de maïs
- 50 cl de lait
- 2 cuill. à soupe rases de café lyophilisé

Pour la pâte à choux

- 6 cl d'eau
- 7 cl de lait frais entier
- 1 cuill. à café de sel fin
- 1 cuill. à café de sucre en poudre
- 50 g de beurre
- 70 g de farine tamisée
- 2 œufs

Pour le glaçage

- 180 g de sucre en poudre
- 8 g de glucose liquide
- 1 cuill. à soupe rase de café lyophilisé
- 5 cl d'eau

À NOTER

La préparation du fondant est délicate. Sa température idéale se situe entre 32 °C et 35 °C.

Préparez la crème pâtissière (voir p. 470). Après avoir retiré la casserole du feu, ajoutez le café lyophilisé. Laissez refroidir.

Préchauffez le four à 210 °C (therm. 7).

Préparez la pâte à choux : mettez l'eau, le lait, le sel, le sucre en poudre et le beurre dans une grande casserole à fond épais. Portez le tout à ébullition. Ajoutez la farine et mélangez vivement en remuant d'une spatule en bois, jusqu'à ce que la pâte soit bien lisse et homogène. Lorsqu'elle se détache des parois, baissez le feu et continuez de remuer 2 ou 3 minutes, afin de la dessécher un peu. Retirez la casserole du feu et laissez un peu tiédir la pâte. Ajoutez les œufs un par un en continuant de travailler la pâte jusqu'à ce qu'elle soit bien lisse.

Mettez la pâte dans une poche munie d'une grosse douille à embout lisse et déposez 12 choux de 4 cm de diamètre sur une feuille de papier sulfurisé déposée sur la plaque du four.

Enfournez, puis au bout de 5 minutes baissez la température à 170 °C (therm. 5-6) et laissez cuire environ 15 minutes. Quand on appuie doucement sur la pâte avec le doigt, elle ne doit plus ployer ; sinon, prolongez la cuisson. Laissez refroidir.

Préparez le glaçage au fondant : dans une casserole, portez à ébullition le sucre en poudre avec l'extrait de café, le glucose et 5 cl d'eau jusqu'à atteindre 120 °C. Versez-le sur un marbre huilé ; laissez tiédir. Travaillez-le avec une spatule en l'étalant et en le ramassant plusieurs fois jusqu'à ce qu'il soit parfaitement homogène, lisse et blanc (ou pétrissez-le dans le bol d'un robot muni d'un crochet).

Mettez la crème pâtissière dans une poche à douille fine, percez la base des choux et fourrez-les de crème.

Réchauffez le glaçage quelques secondes au micro-ondes ou au bain-marie. Trempez-y la moitié supérieure de chaque chou, enlevez l'excédent avec le doigt. Posez sur une grille et laissez refroidir.

CONSEIL : Le sirop de glucose se trouve chez les fournisseurs pour pâtissier.

SAINT-HONORÉ

POUR 6 À 8 PERSONNES
PRÉPARATION : **1 h 15**
CUISSON : **30 min**

- **200 g de pâte feuilletée pur beurre, en bloc**

Pour la crème pâtissière

- **35 cl de lait**
- **1/2 gousse de vanille**
- **4 jaunes d'œufs**
- **85 g de sucre en poudre**
- **35 g de fécule de maïs**

Pour la pâte à choux

- **5 cl d'eau**
- **5 cl de lait**
- **1/2 cuill. à café de sel**
- **1/2 cuill. à café de sucre en poudre**
- **45 g de beurre**
- **60 g de farine tamisée**
- **2 œufs**

Pour le caramel

- **100 g de sucre en poudre**
- **2 cuill. à café de vinaigre blanc**

Pour la chantilly

- **30 cl de crème liquide entière bien froide**
- **2 sachets de sucre vanillé**

Préparez la crème pâtissière : faites bouillir le lait dans une casserole avec la gousse de vanille fendue en deux et grattée. Dans un bol, mélangez les jaunes d'œufs avec le sucre en poudre, puis incorporez la fécule. Retirez la gousse de vanille de la casserole. Délayez le contenu du bol avec un peu de lait bouillant et reversez le tout dans la casserole. Faites cuire en remuant sans cesse jusqu'à ce que la crème épaississe. Retirez du feu et laissez refroidir.

Préchauffez le four à 210 °C (therm. 7).

Préparez la pâte à choux : mettez l'eau, le lait, le sel, le sucre en poudre et le beurre dans une grande casserole à fond épais. Portez le tout à ébullition. Ajoutez la farine et mélangez vivement jusqu'à ce que la pâte soit bien lisse et homogène. Lorsqu'elle se détache des parois, baissez le feu et continuez de remuer 2 ou 3 minutes. Retirez la casserole du feu et laissez un peu tiédir la pâte. Ajoutez les œufs un par un en continuant de travailler la pâte.

Abaissez la pâte feuilletée en un disque de 24 cm de diamètre. Piquez ce disque avec une fourchette et posez-le sur une plaque recouverte de papier sulfurisé. Mettez la pâte à choux dans une poche munie d'une douille lisse de 1 cm de diamètre et recouvrez le disque en formant une spirale commençant à 1 cm du bord.

Dressez 18 petits choux de 2 cm de diamètre sur une autre plaque recouverte de papier sulfurisé.

Enfournez, puis au bout de 5 minutes baissez la température à 170° C (therm. 5-6). Au bout de 10 minutes environ, sortez les petits choux et prolongez la cuisson de la base 10 minutes environ. Laissez refroidir.

Mettez la crème pâtissière dans une poche à douille fine, percez la base des choux et fourrez-les de crème.

Préparez un caramel (voir p. 482). Trempez les choux dedans et fixez-les bien serrés sur le tour de la couronne.

Fouettez la crème en chantilly en incorporant le sucre vanillé à mi-parcours. Mettez-la dans une poche à douille cannelée et remplissez-en le centre du gâteau.

POUR VARIER : **Ajoutez des fraises ou des framboises au centre du gâteau avant de le recouvrir de chantilly.**

RELIGIEUSES AU CHOCOLAT

POUR 12 RELIGIEUSES
PRÉPARATION : **45 min**
CUISSON : **30 min**

Pour la crème au chocolat

- 6 jaunes d'œufs
- 140 g de sucre en poudre
- 40 g de fécule de maïs
- 50 cl de lait
- 150 g de chocolat noir
- 50 g de mascarpone

Pour la pâte à choux

- 12 cl d'eau
- 14 cl de lait frais entier
- 1 cuill. à café rase de sel fin
- 1 cuill. à soupe rase de sucre en poudre
- 100 g de beurre
- 140 g de farine tamisée
- 4 œufs

Pour le glaçage

- 250 g de glaçage au chocolat (voir p. 479)

Préparez la crème au chocolat : dans un bol, mélangez les jaunes d'œufs avec le sucre en poudre, puis incorporez la fécule. Dans une casserole à fond épais, amenez le lait à ébullition. Délayez le contenu du bol avec un peu de lait bouillant et reversez le tout dans la casserole. Faites cuire en remuant sans cesse jusqu'à ce que la crème épaississe. Retirez du feu, puis incorporez le chocolat cassé en petits morceaux dans la crème chaude en fouettant. Laissez refroidir et ajoutez le mascarpone, mettez au réfrigérateur.

Préchauffez le four à 210 °C (therm. 7).

Préparez la pâte à choux : mettez l'eau, le lait, le sel, le sucre en poudre et le beurre dans une grande casserole à fond épais. Portez le tout à ébullition. Ajoutez la farine et mélangez vivement jusqu'à ce que la pâte soit bien lisse et homogène. Lorsqu'elle se détache des parois, baissez le feu et continuez de remuer 2 ou 3 minutes. Retirez la casserole du feu et laissez un peu tiédir la pâte. Ajoutez les œufs un par un en continuant de travailler la pâte.

Préparez deux plaques recouvertes de papier sulfurisé.

Mettez la pâte dans une poche munie d'une grosse douille à embout lisse et déposez 12 gros choux sur une plaque et 12 petits sur l'autre (diamètres de 5 cm et de 2 cm) .

Enfournez les deux plaques, puis au bout de 5 minutes baissez la température à 170 °C (therm. 5-6). Au bout de 10 minutes environ, sortez les petits choux et prolongez la cuisson des gros choux 10 minutes environ. Laissez refroidir.

Mettez la crème pâtissière dans une poche à douille fine, percez la base des choux et fourrez-les de crème.

Préparez le glaçage ; trempez chaque chou dans le glaçage, enlevez l'excédent avec le doigt et déposez-les sur une plaque.

Après quelques minutes, déposez un petit chou sur chaque gros chou.

POUR VARIER : **Crème pralinée (voir p. 266 : paris-brest).**
Crème vanille et caramel (voir p. 270 : saint-honoré).
Crème café et glaçage café (voir p. 268 : choux au café).

FRAISIER

POUR 6 PERSONNES
PRÉPARATION : 30 min • CUISSON : 15 min environ

1 génoise de 22 cm de diamètre • 500 g de fraises • POUR LA CRÈME AU BEURRE : 175 g de beurre • 70 g de sucre en poudre • 1 œuf • 1 jaune d'œuf • 1 cuill. à soupe de kirsch • POUR LA CRÈME PÂTISSIÈRE : 3 jaunes d'œufs • 50 g de sucre • 30 g de farine • 25 cl de lait • POUR LE SIROP : 30 g de sucre • 1 cuill. à soupe de kirsch • POUR LE DÉCOR : Sucre glace • Crème Chantilly (facultatif)

1 Préparez la crème au beurre : travaillez le beurre très mou en pommade avec une spatule en bois.

2 Versez 3 cl d'eau dans une petite casserole, ajoutez le sucre et portez à ébullition sur feu doux. Laissez cuire ce sirop jusqu'au « petit boulé » (120 °C).

3 Mettez l'œuf entier et le jaune dans un saladier. Fouettez-les au batteur électrique jusqu'à ce qu'ils blanchissent et moussent.

4 Lorsque le sirop est prêt, versez-le en un mince filet sur les œufs, tout en battant à petite vitesse. Continuez jusqu'au complet refroidissement, puis incorporez le beurre sans cesser de fouetter et ajoutez le kirsch.

5 Préparez la crème pâtissière : fouettez les jaunes d'œufs et le sucre. Ajoutez la farine.

6 Faites bouillir le lait, puis ajoutez-le bouillant sur le mélange en remuant sans arrêt. Versez la crème dans une casserole et faites chauffer à feu doux pour l'épaissir. Retirez-la du feu.

7 Fouettez la crème au beurre, ajoutez-lui la moitié de la crème pâtissière et réservez le reste pour un autre usage.

Huile pour le moule • POUR LA CRÈME ANGLAISE : 1/2 gousse de vanille • 30 cl de lait • 3 jaunes d'œufs • 75 g de sucre en poudre • POUR LA CRÈME BAVAROISE : 3 feuilles de gélatine • 30 cl de crème liquide entière bien froide • 70 g de chocolat à 55 % de cacao au minimum • POUR LE DÉCOR : Chocolat noir

1 Préparez la crème anglaise : fendez la gousse de vanille et mettez-la avec le lait dans une casserole, portez à ébullition ; arrêtez le feu et laissez infuser de 15 à 20 minutes.

2 Mettez les jaunes d'œufs et le sucre dans un saladier. Fouettez-les bien. Retirez la vanille du lait et grattez l'intérieur de la gousse, puis portez à ébullition de nouveau.

3 Versez doucement le lait bouillant sur le mélange œufs-sucre, en remuant. Lorsque le mélange a épaissi, placez la casserole dans un récipient rempli d'eau froide pour arrêter la cuisson.

4 Préparez la crème bavaroise : mettez les feuilles de gélatine à ramollir dans un bol d'eau froide, puis égouttez-les.

5 Répartissez la crème chaude dans deux bols, puis ajoutez le chocolat dans l'un deux et faites-le fondre.

6 Répartissez également la gélatine dans les deux bols et remuez pour la faire fondre.

7 Fouettez la crème en chantilly et incorporez-la aux deux bols de crème.

8 Badigeonnez d'huile un moule à manqué de 22 cm de diamètre. Versez-y la crème bavaroise au chocolat. Mettez le moule au réfrigérateur pendant 30 minutes environ.

9 Recouvrez ensuite avec la crème à la vanille. Laissez prendre de nouveau en mettant le moule au réfrigérateur pendant 4 ou 5 heures.

10 Démoulez le bavarois sur un plat de service après avoir trempé le moule quelques instants dans de l'eau chaude.

11 Décorez avec des éclats de chocolat et des confiseries de votre choix. (Étalez du chocolat fondu sur un papier sulfurisé et mettez-le 15 minutes au réfrigérateur).

CHARLOTTE AU CHOCOLAT

POUR 8 PERSONNES
PRÉPARATION : 30 min (la veille)
RÉFRIGÉRATION : 12 h

- 24 biscuits à la cuillère

Pour le sirop

- 1 cuill. à soupe rase de cacao en poudre
- 100 g de sucre en poudre
- 20 cl d'eau

Pour la crème

- 300 g de chocolat noir à 70 % de cacao
- 150 g de beurre
- 4 jaunes d'œufs
- 6 blancs d'œufs
- 1 pincée de sel
- 60 g de sucre en poudre

Préparez le sirop : mélangez le cacao et le sucre en poudre dans une petite casserole, ajoutez l'eau petit à petit, puis amenez à ébullition 1 minute environ tout en fouettant. Versez le sirop dans un saladier et laissez refroidir.

Trempez-y rapidement les biscuits et tapissez-en le fond et les parois d'un moule à charlotte de 18 cm de diamètre. Mettez au réfrigérateur.

Préparez la crème : dans un saladier, faites fondre le chocolat avec le beurre au bain-marie. Retirez le saladier du bain-marie, mélangez au fouet et laissez tiédir. Incorporez ensuite les jaunes d'œufs un par un.

Battez les blancs d'œufs en neige ferme avec le sel, en ajoutant le sucre en poudre à mi-parcours, puis incorporez-les délicatement à la préparation à l'aide d'une spatule souple.

Versez la préparation dans le moule et mettez au réfrigérateur jusqu'au lendemain. Démoulez la charlotte sur un plat de service.

POUR VARIER : Remplacez le cacao dans le sirop par 2 gouttes d'essence de menthe ou d'orange.

POUR SERVIR : Servez avec des fruits rouges et de la crème Chantilly. Décorez avec des copeaux de chocolat (voir p. 481).

CHARLOTTE AUX FRAISES

POUR 6 À 8 PERSONNES
PRÉPARATION : 35 min
RÉFRIGÉRATION : 4 h

- 500 g de fraises
- 6 feuilles de gélatine
- 80 g de sucre en poudre
- 30 cl de crème liquide entière bien froide
- 24 biscuits à la cuillère
- 10 cl de sirop de fraises dilué dans 10 cl d'eau

Rincez les fraises rapidement, équeutez-les et laissez-les égoutter sur un papier absorbant.

Mettez les feuilles de gélatine à tremper dans l'eau.

Réservez quelques fraises (les plus belles) pour la décoration et mixez toutes les autres en gardant un peu de texture. Égouttez soigneusement les feuilles de gélatine. Dans une petite casserole, faites chauffer légèrement le quart de la pulpe de fraise avec le sucre en poudre jusqu'à ce qu'il fonde, puis ajoutez la gélatine et mélangez. Incorporez ensuite le restant de la pulpe.

Montez la crème en chantilly et incorporez-la délicatement à la préparation à l'aide d'une spatule souple.

Trempez légèrement les biscuits à la cuillère dans le sirop dilué, disposez-les dans un moule à charlotte de 20 cm de diamètre, puis versez-y la mousse de fraise. Recouvrez d'une couche de biscuits et faites prendre au réfrigérateur pendant 4 heures.

Pour démouler la charlotte, passez rapidement le moule sous l'eau chaude et retournez-le sur le plat de service. Décorez le dessus avec les fraises réservées.

POUR VARIER : Faites la même recette avec des pêches ou des abricots bien mûrs.

CHARLOTTE AUX POIRES

POUR 6 À 8 PERSONNES
PRÉPARATION : **1 h**
CUISSON : **30 min**
RÉFRIGÉRATION : **6 à 8 h**

- 8 feuilles de gélatine
- 3 cl d'eau-de-vie de poire
- 5 cl de crème liquide entière
- 24 biscuits à la cuillère

Pour les poires

- 500 g de sucre en poudre
- 1 l d'eau
- 1,5 kg de poires

Pour la crème anglaise

- 1/2 gousse de vanille
- 50 cl de lait
- 6 jaunes d'œufs
- 60 g de sucre en poudre

Préparez les poires : dans une grande casserole, faites bouillir le sucre en poudre avec l'eau. Pendant ce temps, coupez les poires en deux, pelez-les et retirez-en le cœur. Faites-les frémir 10 minutes à petit feu dans le sirop. Égouttez-les et gardez le sirop. Mixez-en 150 g en purée et coupez les autres en lamelles.

Faites tremper les feuilles de gélatine dans de l'eau froide,

Préparez la crème anglaise : (voir p. 471).

Égouttez les feuilles de gélatine, puis ajoutez-les dans la crème anglaise encore chaude, mais hors du feu. Quand la crème est froide, ajoutez l'eau-de-vie et la purée de poire, puis la crème liquide fouettée en Chantilly et mélangez délicatement.

Tapissez un moule à charlotte de 20 cm de diamètre avec les biscuits trempés rapidement dans le sirop de cuisson des poires. Versez une couche de crème, ajoutez une couche de lamelles de poire (gardez-en quelques-unes pour la décoration), puis remettez une couche de crème. Recommencez l'opération jusqu'à ce que le moule soit rempli. Terminez par des biscuits. Couvrez le moule d'un film alimentaire, placez au réfrigérateur 6 à 8 heures.

Passez rapidement le moule sous l'eau chaude pour démouler la charlotte sur le plat de service. Décorez le dessus avec le reste des poires coupées.

POUR VARIER : **Hors saison, utilisez une boîte de poires au sirop au lieu des poires pochées.**

DIPLOMATE AUX PRUNEAUX

POUR 6 À 8 PERSONNES
PRÉPARATION : 30 min
MACÉRATION : 12 h
RÉFRIGÉRATION : 6 h

- 25 cl de thé parfumé, Earl Grey de préférence
- 300 g de pruneaux d'Agen moelleux dénoyautés
- 3 cl de cognac ou d'armagnac
- 20 biscuits à la cuillère (ou 28 boudoirs) environ

Pour la crème pâtissière

- 4 jaunes d'œufs
- 70 g de sucre en poudre
- 50 g de farine
- 35 cl de lait

Faites le thé et mettez-y les pruneaux à macérer 2 heures avec l'alcool.

Préparez la crème : mettez les jaunes d'œufs et le sucre en poudre dans un saladier, fouettez le mélange jusqu'à ce qu'il blanchisse, puis incorporez la farine rapidement. Faites bouillir le lait dans une casserole à fond épais et versez-le doucement sur le mélange, en remuant à l'aide d'un fouet pour obtenir une crème bien lisse. Reversez-la dans la casserole et faites-la épaissir à feu très doux en remuant sans cesse avec la cuillère en bois. Retirez-la du feu dès les premiers bouillons et versez-la dans un saladier. Laissez-la refroidir.

Égouttez les pruneaux et récupérez le thé dans une assiette creuse. Trempez-y un par un le quart des biscuits et garnissez-en le fond d'un moule à cake (ou des moules individuels). Ajoutez ensuite le tiers de la crème et le tiers des pruneaux. Répétez ces opérations deux fois et terminez par une couche de biscuits.

Recouvrez le diplomate d'un film alimentaire et mettez-le au réfrigérateur pendant 6 heures. Démoulez-le et servez.

POUR VARIER : Cette recette est aussi très bonne avec des abricots secs et de l'amaretto.

BABAS AU RHUM INDIVIDUELS

POUR 6 PERSONNES
PRÉPARATION : **45 min**
REPOS : **30 min**
CUISSON : **30 min environ**

Pour le levain

- 5 g de levure de boulanger

Pour la pâte à baba

- 50 g de beurre + pour les moules
- 125 g de farine tamisée
- 1 pincée de sel
- 120 g de sucre en poudre
- 2 œufs

Pour le sirop

- 1 gousse de vanille
- 250 g de sucre en poudre
- 10 cl de rhum

Préparez le levain : délayez dans un bol la levure de boulanger avec 1 cuillerée à soupe d'eau tiède. Laissez-le reposer.

Pendant ce temps, préparez la pâte à baba : faites fondre 50 g de beurre et laissez tiédir. Dans un saladier, versez la farine, le sel, le sucre en poudre et 1 œuf. Mélangez à l'aide d'une cuillère en bois.

Ajoutez le levain, remuez et incorporez le second œuf. Travaillez la pâte jusqu'à ce qu'elle devienne molle et élastique. Versez le beurre fondu et mélangez bien.

Beurrez six moules à baba individuels. Remplissez-les de pâte aux trois quarts, couvrez-les et laissez-les gonfler 30 minutes dans un endroit tiède.

Préchauffez le four à 200 °C (therm. 6-7).

Enfournez les babas et laissez-les cuire de 15 à 20 minutes.

Pendant ce temps, préparez le sirop : fendez la gousse de vanille en deux. Dans une casserole à fond épais, faites fondre le sucre en poudre à feu doux dans 50 cl d'eau. Ajoutez la vanille, portez à ébullition, laissez cuire quelques instants et retirez du feu.

Sortez les babas du four et démoulez-les encore chauds. Lorsqu'ils sont froids, plongez-les dans le sirop tiède jusqu'à ce qu'il n'en sorte plus de bulles. Égouttez-les sur une grille en gardant le sirop, puis disposez-les dans des coupelles plates individuelles.

Au moment de servir, mélangez le rhum avec 10 cl de sirop restant et arrosez les babas dans les coupelles.

Servez avec de la chantilly ou de l'ananas frais en dés, un tartare de fraises (voir p. 206) ou une salade de kiwis aux agrumes (voir p. 210).

POUR VARIER : **Remplacez la moitié de l'eau du sirop par du jus d'orange et le rhum par du Grand Marnier®.**

ÉCLAIRS AU CHOCOLAT FACILES

POUR 12 ÉCLAIRS ENVIRON (VARIABLE SELON LE DIAMÈTRE DE LA DOUILLE)

PRÉPARATION : 45 min • CUISSON : 20 min

POUR LA CRÈME AU CHOCOLAT : 50 cl de lait • 6 jaunes d'œufs • 100 g de sucre en poudre • 40 g de farine • 300 g de chocolat noir • POUR LA PÂTE À CHOUX : 8 cl de lait frais entier • 1 petite cuill. à café de sel fin • 1 petite cuill. à café de sucre • 55 g de beurre • 75 g de farine • 2 œufs entiers • POUR LE GLAÇAGE : 100 g chocolat pâtissier • 50 g de sucre glace • 30 g de beurre

1 Préparez la crème au chocolat. Versez le lait dans une casserole. Portez à ébullition.

2 Fouettez les jaunes avec le sucre dans un saladier.

3 Ajoutez la farine et fouettez pour obtenir un mélange homogène.

4 Versez doucement le lait bouillant sur le mélange, en remuant.

5 Faites épaissir la crème en la chauffant à feu très doux. Retirez-la du feu aux premiers bouillons.

6 Incorporez le chocolat grossièrement râpé dans la crème encore chaude, en trois ou quatre fois.

7 Préparez la pâte à choux. Versez 6 cl d'eau et le lait entier dans une casserole. Ajoutez le sel, le sucre et le beurre. Portez à ébullition en remuant.

8 Ajoutez la farine en une seule fois. Tournez avec la spatule, jusqu'à ce que la pâte soit lisse et homogène.

9 Lorsque la pâte se détache des parois, continuez de remuer 2 ou 3 minutes, afin de la dessécher.

10 Placez-la dans un saladier. Ajoutez les œufs entiers un par un en mélangeant bien entre chacun. Continuez de travailler la pâte. Préchauffez le four à 190 °C (therm. 6-7).

11 Glissez la pâte à choux dans une poche munie d'une grosse douille lisse. Sur une plaque recouverte de papier sulfurisé, formez des bâtonnets de 12 cm de long.

12 Faites-les cuire pendant 20 minutes, en entrouvrant un peu la porte du four au bout des 7 premières minutes. Disposez ensuite les éclairs sur une grille et laissez-les refroidir.

13 Préparez le glaçage. Faites fondre le chocolat au bain-marie. Utilisez un récipient assez grand pour pouvoir tremper ensuite les éclairs dans le glaçage.

14 Ajoutez le sucre glace et mélangez rapidement.

15 Incorporez le beurre à l'aide d'une spatule et mélangez jusqu'à ce que la préparation soit lisse.

16 Faites trois trous sur le dessus de chaque éclair, à l'aide d'une douille de petit diamètre, par exemple.

17 Mettez la crème pâtissière dans une poche munie d'une douille lisse et garnissez les éclairs par les trous. Procédez délicatement pour ne pas briser les éclairs.

18 Raclez la crème qui déborde à l'aide d'un couteau plat.

19 Trempez un à un les éclairs dans le glaçage et laissez couler l'excédent avant de les retourner. Pour faire prendre le glaçage, placez les éclairs au réfrigérateur pour 1 heure.

GALETTE DES ROIS À LA FRANGIPANE

GRANDES OCCASIONS

POUR 6 PERSONNES
PRÉPARATION : **20 min**
REPOS : **30 min**
CUISSON : **40 min**

- 600 g de pâte feuilletée en bloc, pur beurre
- 1 œuf
- 1 fève

Pour la crème frangipane

- 80 g de beurre mou
- 1 petit œuf
- 80 g de sucre glace
- 80 g de poudre d'amandes

Préparez la crème frangipane : dans un saladier, fouettez le beurre, le sucre glace et l'œuf jusqu'à obtenir un mélange crémeux, puis incorporez la poudre d'amandes.

Divisez le bloc de pâte feuilletée en deux et étalez chaque morceau en un disque de 2,5 mm d'épaisseur environ. Posez l'un des disques de pâte sur la plaque du four recouverte d'une feuille de papier sulfurisé.

Battez l'œuf et badigeonnez-en le pourtour du disque à l'aide d'un pinceau. Étalez la crème frangipane sur celui-ci et ajoutez la fève à quelques centimètres du bord. Posez l'autre disque de pâte feuilletée par-dessus et soudez bien les bords. Avec un couteau bien aiguisé dessinez des légers sillons décoratifs sans percer la pâte. Laissez reposer au réfrigérateur pendant 30 minutes.

Préchauffez le four à 250 °C (therm. 8-9).

Badigeonnez la pâte avec le reste de l'œuf battu. Enfournez la plaque, abaissez la température du four à 200 °C (therm. 6-7) et faites cuire pendant 40 minutes. Servez tiède.

CONSEIL : N'utilisez pas de pâte préétalée, elle est trop fine pour cette recette. On trouve des blocs de pâte feuilletée pur beurre dans les magasins de surgelés (laissez-la dégeler une nuit au réfrigérateur) ou fraîche sur Internet.

POUR VARIER : Ajoutez à la crème frangipane 100 g de chocolat fondu dans 50 g de crème liquide entière.

BÛCHE AUX MARRONS

POUR 8 PERSONNES
PRÉPARATION : 25 min
RÉFRIGÉRATION : 24 h

- 125 g de chocolat noir
- 125 g de beurre
- 500 g de purée de marron
- 100 g de brisures de marron glacé (facultatif)

Pour le décor

- Sucre glace ou cacao en poudre

La veille, cassez le chocolat en morceaux et faites-le fondre avec le beurre et le sucre glace dans un saladier au bain-marie. L'eau doit juste frémir et ne pas toucher le fond du saladier. Mélangez au fouet, puis retirez le saladier du bain-marie. Incorporez la purée de marrons, puis les brisures de marron à la spatule.

Préparez deux grands rectangles de film alimentaire l'un sur l'autre et versez-y la pâte. Façonnez-la en boudin à l'aide du film, puis enroulez-la de nouveau de 5 ou 6 tours de film plastique dans l'autre sens. Nouez les extrémités bien serrées. Mettez au réfrigérateur pendant au moins 24 heures.

Le lendemain, déballez le rouleau et déposez-le sur un plat de service. Striez le dessus à la fourchette et remettez-le au réfrigérateur jusqu'au moment de servir. Décorez-le et parsemez de sucre glace au dernier moment.

POUR VARIER : Vous pouvez parfumer la pâte avec du Grand Marnier® ou de la liqueur de châtaignes.

CONSEIL : N'hésitez pas à faire preuve d'imagination pour décorer la bûche : feuilles de houx, personnages, confiseries, éclats de chocolat… Servez ce dessert avec une crème anglaise à la vanille (voir p. 471).

MILLEFEUILLE AUX FRUITS ROUGES

POUR 6 PERSONNES

PRÉPARATION : 35 min (hors pâte feuilletée) • CUISSON : 40 min

Un bloc de pâte feuilletée de 400 g environ, pur beurre, fraîche ou surgelée (ou voir p. 462) • 30 g de sucre glace • 500 g de fruits rouges de votre choix • 25 cl de crème liquide entière bien froide • 100 g de gelée de fruits rouges • POUR LA CRÈME PÂTISSIÈRE : 3 jaunes d'œufs • 50 g de sucre en poudre • 1 sachet de sucre vanillé • 35 g de farine • 25 cl de lait

1 Préparez la crème pâtissière : dans un saladier, fouettez les jaunes d'œufs et les sucres, puis incorporez la farine. Faites bouillir le lait, puis ajoutez-le bouillant sur le mélange en remuant sans arrêt.

2 Versez la crème dans une casserole et faites chauffer à feu doux pour l'épaissir sans cesser de remuer à l'aide d'un fouet 5 minutes environ. Retirez-la du feu et versez-la dans un saladier.

3 Préchauffez le four à 210 °C (therm. 7). Étalez la pâte feuilletée pour former un grand rectangle de 3 mm d'épaisseur. Déposez-la sur la plaque de cuisson et enfournez-la.

4 Au bout de 10 minutes, baissez le four à 180 °C (therm. 6) et saupoudrez la pâte de sucre glace. Déposez une feuille de papier sulfurisé, puis une deuxième plaque de cuisson pour empêcher la pâte de se boursoufler. Laissez cuire 20 à 25 minutes.

5 Sortez la pâte du four et laissez-la refroidir. Découpez un rectangle ou 1 carré de carton et utilisez-le comme guide pour découper trois rectangles dans la pâte à l'aide d'un couteau à pain.

6 Triez les fruits rouges. Si nécessaire, rincez-les délicatement et égouttez-les sur du papier absorbant.

7 Fouettez la crème liquide en chantilly.

8 Incorporez-la délicatement à la crème, gardez au frais jusqu'au dernier moment.

9 Montez le gâteau au dernier moment : déposez un rectangle de pâte sur une planche, tartinez-le de gelée, puis recouvrez-le avec la moitié de la crème. Déposez la moitié des fruits sur le dessus.

10 Répétez ces mêmes opérations, puis finissez par le dernier rectangle de pâte.

11 Décorez de fruits et de sucre glace. Servez aussitôt avec un coulis de fruits rouges (voir p. 483).

SAVARIN AUX FRUITS ROUGES ET À LA CHANTILLY

POUR 4 À 6 PERSONNES
PRÉPARATION : **25 min**
REPOS DE LA PÂTE : **30 min**
CUISSON : **20 à 25 min**

Pour la pâte à savarin

- 15 g de levure de boulanger
- 160 g de farine (type 45)
- 1/2 cuill. à café d'extrait naturel de vanille
- 1 cuill. à soupe de miel d'acacia
- 1 cuill. à café de sel fin
- 1/4 de zeste de citron râpé
- 5 œufs
- 60 g de beurre à température ambiante

Pour le sirop

- 150 g de sucre en poudre
- 15 cl d'eau
- 1 gousse de vanille
- 10 cl de rhum

Pour la crème Chantilly

- 25 cl de crème liquide entière bien froide
- 15 g de sucre glace
- 1 sachet de sucre vanillé

Pour la garniture

- 200 g de fraises
- 20 g de sucre en poudre
- Le jus de 1/2 citron
- 250 g de framboises
- 125 g de groseilles

Préparez la pâte à savarin : émiettez la levure dans un saladier. Ajoutez la farine, la vanille, le miel, le sel, le zeste et un œuf. Mélangez avec une cuillère en bois, puis ajoutez les autres œufs un par un. Travaillez la pâte jusqu'à ce qu'elle se détache des parois du saladier. Incorporez le beurre et travaillez de nouveau, jusqu'à ce que la pâte se détache et soit élastique, lisse et brillante. Beurrez un moule à savarin de 20 à 22 cm de diamètre, versez-y la pâte et laissez-la lever pendant 30 minutes dans un endroit tiède.

Préchauffez le four à 200 °C (therm. 6-7).

Enfournez pour 20 à 25 minutes. Démoulez ensuite le savarin sur une grille et laissez refroidir. Déposez-le sur un plat de service creux.

Préparez le sirop : dans une casserole, mettez le sucre en poudre avec 15 cl d'eau et la gousse de vanille, fendue en deux et grattée, avec ses graines ; portez à ébullition 2 minutes. Lorsque le sirop est tiède, versez-le sur le savarin. Laissez-le refroidir, puis arrosez-le de rhum.

Préparez la crème Chantilly : fouettez la crème en incorporant les deux sucres à mi-parcours.

Préparez la garniture : lavez et équeutez les fraises, mixez-les avec le sucre en poudre et le jus de citron, ajoutez un peu d'eau froide pour obtenir la consistance d'un coulis. Triez les framboises et les groseilles.

Au moment de servir, mélangez délicatement les fruits avec la chantilly et garnissez-en le centre du savarin. Arrosez avec le coulis de fraise ou servez-le à part.

CONSEIL : **Vous pouvez aussi faire la pâte à l'aide d'un robot équipé d'un crochet (à vitesse moyenne).**

PAVLOVA AUX FRAMBOISES

POUR 4 PERSONNES

PRÉPARATION : 20 min • CUISSON : 1 h

400 g de framboises • POUR LA MERINGUE : 3 blancs d'œufs • 1 pincée de sel • 120 g de sucre en poudre • 1 cuill. à café de fécule de maïs • 1 cuill. à café de vinaigre de framboise

1 Lavez les framboises, égouttez-les bien et réservez-les au réfrigérateur.

2 Préchauffez le four à 150 °C (therm. 5) et tapissez une plaque de cuisson de papier sulfurisé.

3 Préparez la meringue : fouettez les blancs d'œufs en neige très ferme avec 1 pincée de sel jusqu'à ce qu'ils adhèrent aux fils du fouet.

4 Ajoutez le sucre, la fécule de maïs et le vinaigre de framboise.

5 Fouettez encore pendant 30 secondes.

6 Humectez légèrement le papier sulfurisé d'eau à l'aide d'un pinceau.

7 Étalez les blancs en neige sur le papier sulfurisé en disques de 4 ou 5 cm de diamètre.

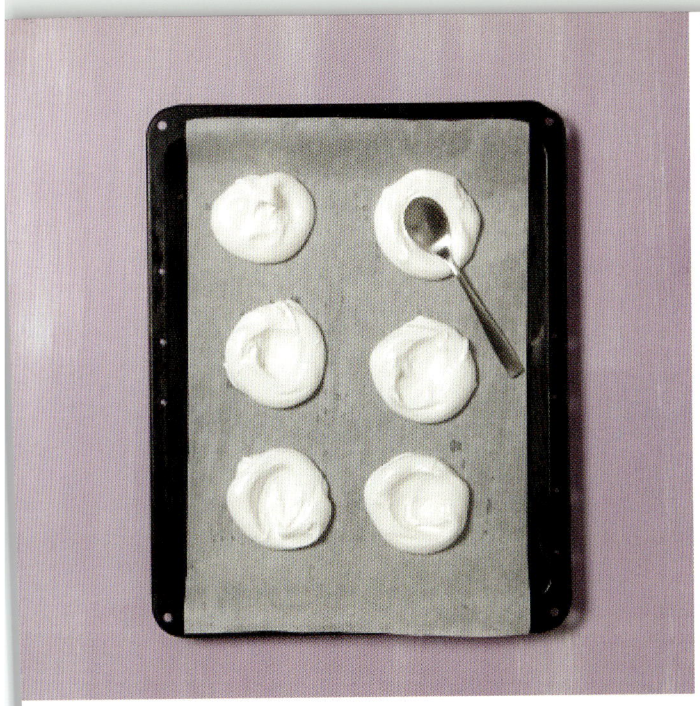

8 Formez un creux au milieu de chaque disque avec le dos d'une cuillère humide. Enfournez et faites cuire 1 heure.

9 Sortez les meringues du four et attendez qu'elles tiédissent un peu.

10 Retournez les disques de meringue, retirez délicatement le papier sulfurisé et laissez refroidir complètement.

11 Au dernier moment, disposez les framboises fraîches dans le creux de la meringue.

MONT-BLANC

POUR 4 PERSONNES
PRÉPARATION : **1 h**
CUISSON : **2 h 45**

Pour la meringue

- 2 blancs d'œufs
- 120 g de sucre en poudre

Pour la crème aux marrons

- 40 g de beurre mou
- 150 g de purée de marron nature
- 200 g de crème de marron
- 5 cl de rhum

Pour la crème Chantilly

- 20 cl de crème fraîche liquide
- 1 sachet de sucre vanillé

Pour le décor

- Débris de marrons glacés
- Sucre glace

Préchauffez le four à 100 °C (therm. 3-4).

Préparez la meringue : dans un grand bol, fouettez les blancs en neige en incorporant le sucre en poudre petit à petit à mi-parcours jusqu'à ce qu'ils deviennent fermes et satinés. Mettez-la dans une poche à douille de 1 cm de diamètre.

Recouvrez une plaque de cuisson d'une feuille de papier sulfurisé et dessinez quatre disques de meringue de 8 cm de diamètre en forme de spirale, en partant du bord vers le centre. Mettez les meringues au four 1 heure à 100 °C (therm. 3-4) avec la ventilation, si possible en gardant la porte entrouverte.

Préparez la crème aux marrons : dans un bol, mélangez à l'aide d'un fouet le beurre avec la crème, puis la purée de marrons et enfin le rhum jusqu'à obtenir un mélange bien lisse. Mettez-le dans une poche munie d'une toute petite douille lisse.

Préparez la crème Chantilly : battez la crème fraîche bien froide en chantilly en incorporant le sucre vanillé à mi-parcours.

Décollez les meringues du papier. Déposez un dôme de crème Chantilly sur chaque meringue et recouvrez-le de vermicelles de crème aux marrons.

Parsemez de débris de marrons glacés et saupoudrez de sucre glace.

POUR VARIER : **Utilisez de la liqueur de châtaignes à la place du rhum.**

SOUFFLÉ
À LA FRAMBOISE

POUR 4 PERSONNES
PRÉPARATION : **30 min**
CUISSON : **25 min**

- 200 g de framboises
- 4 blancs d'œufs
- 2 pincées de sel
- 25 g de sucre en poudre
- Beurre et sucre pour le moule

Pour la crème pâtissière

- 3 jaunes d'œufs
- 50 g de sucre en poudre
- 40 g de farine (ou de fécule de maïs)
- 25 cl de lait

Préparez la crème pâtissière : dans un bol, fouettez les jaunes d'œufs et le sucre en poudre, puis ajoutez la farine. Dans une casserole à fond épais, amenez le lait à ébullition. Délayez le contenu du bol avec un peu de lait bouillant et reversez le tout dans la casserole. Faites cuire en remuant sans cesse jusqu'à ce que la crème épaississe. Retirez-la du feu.

Triez les framboises et passez-les au mixeur, puis passez la pulpe dans un tamis pour retirer les graines. Ajoutez-la à la crème pâtissière et mélangez bien.

Battez les blancs d'œufs en neige très ferme avec le sel et le sucre en poudre, puis, incorporez-les délicatement à la préparation à l'aide d'une spatule souple.

Préchauffez le four à 200 °C (therm. 6-7).

Beurrez et saupoudrez de sucre en poudre un moule à soufflé de 18 cm de diamètre. Versez-y la préparation. Mettez au four pendant 5 minutes, puis 20 minutes à 180 °C (therm. 6). Servez aussitôt.

POUR VARIER : Vous pouvez remplacer les framboises par des fraises.

SOUFFLÉ À LA LIQUEUR GRAND MARNIER®

POUR 6 PERSONNES
PRÉPARATION : 15 min
CUISSON : 25 min

- 70 g de beurre
- 50 g de farine
- 25 cl de lait
- 3 œufs
- 1 verre à liqueur (3 cl) de Grand Marnier®
- 60 g de sucre en poudre
- 1 sachet de sucre vanillé (soit 7,5 g)
- 30 g de beurre + 30 g de sucre en poudre pour le moule

Faites fondre le beurre dans une grande casserole. Quand il commence à mousser, ajoutez la farine. Mélangez à l'aide d'un fouet, puis versez le lait bouillant d'un seul coup. Portez à ébullition, puis baissez le feu et faites cuire 5 minutes en remuant pour dessécher la pâte.

Cassez les œufs en séparant les blancs des jaunes. Hors du feu, incorporez les jaunes à la précédente préparation, ainsi que la liqueur.

Préchauffez le four à 200 °C (therm. 6-7).

Battez les blancs en neige en incorporant les deux sucres petit à petit à mi-parcours, continuez à fouetter jusqu'à obtenir un mélange satiné. Ajoutez-les délicatement à la pâte à l'aide d'une spatule souple.

Beurrez et saupoudrez de sucre en poudre un moule à soufflé de 18 cm de diamètre et versez-y la pâte. Faites cuire pendant 20 minutes. Servez immédiatement.

POUR VARIER : **Réalisez des soufflés individuels dans des verrines. Dans ce cas faites-les cuire 12 minutes environ.**

SOUFFLÉS AU CHOCOLAT

POUR 6 PERSONNES

PRÉPARATION : 20 min • CUISSON : 30 min

150 g de chocolat noir à 70 % de cacao • 5 œufs
• 15 g de fécule de maïs • 50 g de sucre en poudre
• 25 g de beurre pour le moule • 1 pincée de sel
• 1 cuill. à soupe de cacao en poudre

1 Coupez le chocolat en petits morceaux.

2 Cassez les œufs en séparant les blancs des jaunes.

3 Mettez le chocolat dans une casserole, placez celle-ci dans un bain-marie pas trop chaud et faites fondre le chocolat doucement en remuant de temps en temps.

4 Sortez la casserole de chocolat fondu du bain-marie. Laissez tiédir et incorporez les jaunes d'œufs l'un après l'autre, en mélangeant bien à chaque fois avant d'en ajouter un autre.

5 Saupoudrez la fécule à la surface et mélangez rapidement.

6 Préchauffez le four à 200 °C (therm. 6-7). Beurrez un grand moule à soufflé.

7 Fouettez les blancs d'œufs en neige très ferme avec la pincée de sel en incorporant le sucre à mi-parcours jusqu'à obtenir un mélange satiné.

8 Prélevez-en 2 cuillerées à soupe et mélangez-les vivement à la crème au chocolat pour l'alléger.

9 Incorporez ensuite le reste avec précaution, en soulevant délicatement la masse de bas en haut.

10 Versez la préparation dans le moule et enfournez. Faites cuire 25 minutes. Vérifiez la cuisson en piquant la lame d'un couteau dans le soufflé : celle-ci doit ressortir à peine humide.

11 Saupoudrez légèrement la surface de cacao et servez sans attendre.

Pour varier : Utilisez des petits pots pour réaliser des mini-soufflés.

À L'HEURE DU THÉ : BISCUITS ET PETITS GÂTEAUX

BROWNIES AUX NOIX DE PÉCAN

POUR 30 BROWNIES
PRÉPARATION : 30 min
CUISSON : 15 à 20 min

- 100 g de chocolat noir
- 185 g de beurre + pour le moule
- 225 g de sucre en poudre
- 3 œufs
- 90 g de farine tamisée
- 150 g de noix de pécan hachées grossièrement

Préchauffez le four à 180 °C (therm. 6).

Cassez le chocolat en morceaux et faites-le fondre avec le beurre et le sucre en poudre dans un grand saladier placé au bain-marie. L'eau doit juste frémir et ne pas toucher le fond du saladier.

Mélangez au fouet, puis retirez le saladier du bain-marie. Ajoutez les œufs en fouettant vigoureusement à l'aide d'un fouet à main, puis la farine. Incorporez enfin les noix de pécan à l'aide d'une spatule.

Beurrez un moule carré de 30 cm de côté et versez-y la préparation. Lissez bien le dessus avec une spatule et enfournez pour 15 à 20 minutes. La pâte doit rester moelleuse : vérifiez la cuisson avec la pointe d'un couteau, elle doit ressortir avec de la pâte collée.

Laissez tiédir avant de démouler, puis retournez le moule sur un plat et laissez refroidir. Découpez d'abord des bandes, puis des carrés de 4 cm de côté environ et mettez-les sur le plat de service.

CONSEIL : Vous pouvez très bien conserver ces brownies pendant quelques jours dans une boîte hermétique.

CAKES À LA PISTACHE, AU MIEL ET AUX AMANDES

POUR 8 À 10 MINI-CAKES
PRÉPARATION : **15 min**
CUISSON : **20 min**

- 50 g de beurre salé
- 50 g de pistaches mondées
- 2 œufs
- 50 g de sucre en poudre blond
- 10 cl de lait fermenté (ou de yaourt liquide)
- 150 g de farine semi-complète (ou de farine de châtaigne)
- 2 cuill. à café de levure chimique
- 2 cuill. à soupe de miel de châtaigne liquide
- 1 pincée de sel
- 50 g de poudre d'amandes

Préchauffez le four à 180 °C (therm. 6).

Dans une petite casserole à feu moyen, faites fondre le beurre salé. À l'aide d'un blender, réduisez les pistaches en poudre.

Dans un grand saladier, fouettez les œufs avec le sucre blond, le beurre fondu, le lait fermenté, la farine tamisée et la levure.

Versez le miel de châtaigne, le sel, ainsi que les poudres d'amandes et de pistaches, puis mélangez le tout énergiquement.

Beurrez et farinez des moules à mini-cakes, sauf s'ils sont en silicone. Répartissez-y la pâte, puis enfournez pour 20 minutes.

CUPCAKES

POUR 12 CUPCAKES ENVIRON
PRÉPARATION : 30 min • CUISSON : 20 min

150 g de beurre • 150 g de sucre en poudre • 2 œufs • 220 g de farine • 2 pincées de sel • 1/2 sachet de levure chimique • 15 cl de lait • POUR LE GLAÇAGE : 120 g de beurre mou • 1 cuill. à café de vanille liquide • 150 g de sucre glace • Quelques gouttes de colorant alimentaire (facultatif) • POUR DÉCORER : Confiseries, fleurs comestibles, etc.

1 Préchauffez le four à 180 °C (therm. 6). Dans un saladier, fouettez le beurre avec le sucre en poudre et les œufs à l'aide d'un batteur électrique, 3 minutes environ.

2 Tamisez ensemble la farine, le sel et la levure.

3 Ajoutez ce mélange en deux fois dans le saladier en alternant avec le lait sans cesser de battre.

4 Disposez des caissettes en papier dans un moule à muffins.

5 Remplissez-les de pâte aux trois quarts.

6 Enfournez pour 20 minutes environ ; un cure-dents piqué au milieu d'un cupcake doit ressortir propre. Laissez les cupcakes refroidir sur une grille.

7 Préparez le glaçage : fouettez le beurre avec la vanille à l'aide d'un batteur électrique à vitesse moyenne jusqu'à ce que le mélange soit crémeux.

8 Incorporez le sucre glace petit à petit et continuez à battre 3 minutes environ jusqu'à avoir un glaçage bien satiné.

9 Incorporez le colorant : comptez 10 gouttes environ pour une couleur pastel. Utilisez le glaçage tout de suite ou gardez-le au frais. Dans ce cas, laissez-le à température ambiante 30 minutes et fouettez-le de nouveau au moment de l'utiliser.

10 Appliquez le glaçage sur les cupcakes à l'aide d'un couteau à beurre ou d'une poche à douille.

11 Décorez de confiseries ou de fleurs selon votre inspiration.

MUFFINS DOUBLE CHOCOLAT

POUR 8 À 10 MUFFINS
PRÉPARATION : **10 min**
CUISSON : **12 min**

- 85 g de beurre mou
- 125 g de sucre en poudre
- 1 œuf
- 17 cl de lait
- 200 g de farine
- 1 cuill. à soupe de cacao en poudre
- 1/2 sachet de levure chimique
- 1 pincée de sel
- 100 g de pépites de chocolat noir (ou de chocolat concassé au couteau)

Préchauffez le four à 180 °C (therm. 6).

Dans un saladier, fouettez le beurre avec le sucre en poudre jusqu'à ce que le mélange blanchisse. Incorporez l'œuf et le lait.

Tamisez la farine avec le cacao et la levure, ajoutez 1 pincée de sel. Incorporez ce mélange à la préparation ainsi que les pépites de chocolat.

Disposez des moules en papier dans un moule à muffins. Versez la pâte et faites cuire pendant 12 minutes.

Servez les muffins tièdes.

CONSEIL : Pour fabriquer vos moules à muffins maison, découpez des carrés de papier sulfurisé ou de papier kraft de 12 cm de côté. Choisissez un verre à eau solide ou un petit ramequin dont le fond rentre juste dans les alvéoles du moule à muffin. Mettez un carré de papier centré au-dessus d'un alvéole et appuyer avec le verre pour former le moule. Vous pouvez remplir les moules ou les préparer à l'avance pour un prochain usage.

MUFFINS AUX MYRTILLES ET AU CITRON

POUR 10 À 12 MUFFINS **(selon les moules)**
PRÉPARATION : **20 min**
CUISSON : **20 min**

- 260 g de farine
- 1 sachet de levure chimique
- 1/2 cuill. à café de bicarbonate de soude (facultatif)
- 1 pincée de sel
- 20 cl de lait
- 2 œufs
- 120 g de sucre en poudre
- 125 g de beurre fondu + 40 g pour les moules
- 1 cuill. à café d'extrait naturel de vanille
- le zeste finement râpé de 1 citron non traité
- 150 g de myrtilles

Préchauffez le four à 180 °C (therm. 6).

Versez la farine dans un saladier. Ajoutez la levure chimique, le bicarbonate de soude et le sel. Mélangez. Faites tiédir le lait.

Dans un autre saladier, fouettez les œufs avec le sucre en poudre jusqu'à ce que le mélange blanchisse, puis incorporez le beurre fondu, l'extrait de vanille et le zeste de citron râpé. Versez cette préparation dans la farine, mélangez sans trop travailler tout en versant peu à peu le lait tiédi. Incorporez délicatement les myrtilles.

Versez la pâte dans des moules beurrés (sauf s'ils sont en silicone) et enfournez pour environ 20 minutes en surveillant la cuisson : les muffins doivent être bien gonflés et dorés.

MACARONS AU CHOCOLAT

POUR 20 MACARONS ENVIRON

PRÉPARATION : 25 min • RÉFRIGÉRATION : 12 h • CUISSON : 20 à 25 min

4 blancs d'œufs • 220 g de sucre glace • 120 g de poudre d'amandes • 50 g de sucre en poudre • 30 g de cacao en poudre • POUR LA GANACHE : 175 g de chocolat noir • 30 cl de crème liquide

1 La veille, placez les blancs d'œufs au frais.

2 Préparez la ganache : faites fondre le chocolat au bain-marie.

3 Ajoutez la crème liquide et lissez à l'aide d'une spatule. Réservez au frais.

4 Le lendemain, préchauffez le four à 160 °C (therm. 5-6). Mélangez le sucre glace et la poudre d'amandes. Étalez ce mélange sur une plaque de cuisson. Enfournez pour 5 à 10 min afin de bien le sécher.

5 Battez les blancs d'œufs en neige très ferme dans un saladier, puis ajoutez petit à petit le sucre en poudre sans cesser de fouetter.

6 Ajoutez le cacao en poudre au mélange sucre-amandes.

7 Incorporez délicatement le mélange cacao-sucre-amandes dans les œufs en neige sucrés à l'aide d'une spatule.

8 Versez cette pâte dans une poche à douille munie d'une douille lisse.

9 Formez des ronds de pâte réguliers sur la plaque de cuisson recouverte de papier sulfurisé.

10 Réservez 20 minutes, puis enfournez de 12 à 15 minutes. Laissez un peu reposer, puis faites couler un filet d'eau sous le papier sulfurisé pour les décoller plus facilement.

11 Mélangez la ganache à l'aide d'une spatule, puis garnissez-en la moitié des coques de macaron. Recouvrez avec l'autre moitié des coques. Conservez les macarons au réfrigérateur.

PALETS AU CHOCOLAT ET À L'ORANGE

POUR 50 PALETS ENVIRON
PRÉPARATION : 15 min
CUISSON : 10 à 15 min par fournée

- 170 g de farine
- 1/2 cuill. à café de levure chimique
- 85 g de beurre mou
- 85 g de sucre glace
- 1 œuf + 1 blanc d'œuf
- Le zeste de 1/4 d'orange non traitée
- 85 g de chocolat noir à 70 % de cacao

Préchauffez le four à 190 °C (therm. 6-7).

Tamisez la farine avec la levure.

Dans un saladier, fouettez le beurre avec le sucre glace jusqu'à obtenir un mélange crémeux. Incorporez-y ensuite l'œuf entier, le blanc d'œuf et le zeste d'orange, puis enfin le mélange tamisé.

Hachez le chocolat au couteau et faites-le fondre dans une casserole au bain-marie. Mélangez-le à la pâte. Versez celle-ci dans une poche munie d'une douille à bout lisse n° 10.

Tapissez une plaque à pâtisserie d'une feuille de papier sulfurisé. Disposez dessus des noix de pâte. Enfournez et laissez cuire de 10 à 15 minutes. Laissez les palets refroidir sur une grille à pâtisserie.

MENDIANTS AUX FRUITS SECS

POUR 20 MENDIANTS ENVIRON
PRÉPARATION : 10 min
CUISSON : 5 min
RÉFRIGÉRATION : 2 h

- 200 g de chocolat noir (ou au lait)
- 20 noisettes grillées (ou amandes, ou noix de pécan)
- 20 pistaches non salées
- 20 gros raisins secs
- 10 bâtonnets d'orange confite

Cassez le chocolat en morceaux et faites-le fondre au bain-marie. Lissez-le à la spatule (il doit rester fluide).

À l'aide d'une cuillère, déposez des petits tas de chocolat sur une feuille de papier sulfurisé posée sur une plaque. Tapotez chaque palet avec le dos de la cuillère.

Après avoir disposé cinq palets, déposez sur chacun d'eux 1 noisette, 1 grain de raisin et 1/2 bâtonnet d'orange confite. Recommencez l'opération jusqu'à épuisement des ingrédients. Laissez refroidir dans un endroit frais (environ 18 °C) avant de décoller les mendiants à l'aide d'une spatule.

CONSEIL : Vous obtiendrez des mendiants bien croquants et brillants en utilisant un thermomètre de cuisson : lorsque le chocolat a fondu, sa température doit atteindre environ 50 °C. Faites-le refroidir à 29 °C dans un bain-marie froid avant de le chauffer de nouveau pour qu'il atteigne les 31 °C. Formez ensuite les palets.

WHOOPIES CLASSIQUES

POUR 12 WOOPIES ENVIRON
PRÉPARATION : 20 min • CUISSON : 10 min

120 g de beurre mou • 200 g de cassonade • 1 œuf • 240 g de farine • 50 g de cacao noir en poudre • 2 pincées de sel • 1/2 sachet de levure chimique • 12 cl de lait • POUR LA CRÈME : 2 blancs d'œuf • 160 g de sucre en poudre • 1 cuill. à café d'extrait de vanille

1 Préchauffez le four à 180 °C (therm. 6). Recouvrez la plaque du four d'une feuille de papier sulfurisé.

2 Dans un saladier, fouettez le beurre avec la cassonade et l'œuf à l'aide d'un batteur électrique, 3 minutes environ.

3 Tamisez ensemble la farine, le cacao, le sel et la levure.

4 Ajoutez ce mélange en deux fois au saladier en alternant avec le lait sans cesser de battre.

5 À l'aide d'une cuillère à glace remplie à ras, déposez la pâte sur le papier sulfurisé en formant des cercles espacés de 5 cm au moins.

6 Faites cuire les biscuits 10 minutes environ.

7 Laissez tiédir les biscuits, puis décollez-les et laissez-les refroidir.

8 Dans un saladier, montez les blancs d'œufs en neige ferme à l'aide d'un batteur électrique en incorporant le sucre en poudre petit à petit, à mi-parcours.

9 Ajoutez l'extrait de vanille et continuez à fouetter jusqu'à obtenir un mélange satiné.

10 Déposez la crème à l'aide d'une poche à douille lisse sur la moitié des biscuits et recouvrez de l'autre moitié.

11 Gardez les whoopies au frais dans une boîte hermétique jusqu'au moment de servir.

FINANCIERS DE SULLY

POUR 10 GÂTEAUX
PRÉPARATION : **20 min**
CUISSON : **10 min**

- 200 g de beurre
- 60 g de farine + 40 g pour les moules
- 100 g de poudre d'amandes
- 180 g de sucre glace
- 1 cuill. à café de sucre vanillé
- 6 blancs d'œufs
- 50 g d'amandes effilées

Préchauffez le four à 240 °C (therm. 8).

Faites fondre le beurre à feu très doux et laissez-le refroidir. Dans un saladier, mélangez la farine tamisée, la poudre d'amandes, le sucre glace et le sucre vanillé.

Battez les blancs d'œufs de façon qu'ils soient légèrement mousseux, puis incorporez-les à la pâte en remuant énergiquement. Enfin, ajoutez le beurre fondu.

Beurrez une dizaine de petits moules ronds ou rectangulaires. Saupoudrez leur fond d'amandes effilées. Versez la préparation aux trois quarts des moules. Faites cuire au four pendant 10 minutes. Démoulez quand les gâteaux sont encore chauds. Servez-les froids.

MADELEINES

POUR 12 MADELEINES
PRÉPARATION : **10 min**
CUISSON : **15 min**

- 100 g de farine
- 1 cuill. à café rase de levure chimique
- 100 g de beurre + pour la plaque
- 2 œufs
- 120 g de sucre en poudre
- 1 cuill. à café de zeste de citron non traité

Tamisez ensemble la farine et la levure au-dessus d'un bol. Faites fondre le beurre dans une petite casserole et laissez-le refroidir.

Dans un saladier, fouettez les œufs entiers avec le sucre en poudre pendant 5 minutes pour bien les faire mousser ; ajoutez le mélange farine-levure en pluie, puis le beurre et le zeste, sans cesser de tourner.

Préchauffez le four à 220 °C (therm. 7-8).

Beurrez légèrement la plaque à madeleines et remplissez-la de pâte seulement aux deux tiers. Mettez au four pendant 5 minutes à 220 °C, puis baissez la température à 200 °C (therm. 6-7) et laissez cuire encore 10 minutes.

Démoulez les madeleines tièdes et laissez-les refroidir.

POUR VARIER : Remplacez le zeste par 1 cuillerée à soupe d'eau de fleur d'oranger.

PETIT BUDGET

ROCHERS CONGOLAIS

POUR 20 ROCHERS ENVIRON
PRÉPARATION : 20 min
CUISSON : 10 min

- 300 g de sucre en poudre
- 1 pincée de sel
- 5 blancs d'œufs
- 250 g de noix de coco râpée
- 1 cuill. à café rase de vanille en poudre

Placez une terrine au bain-marie dans une casserole d'eau sur le feu, versez-y le sucre en poudre, le sel et les blancs d'œufs.

Fouettez régulièrement jusqu'à ce que le sucre soit fondu et le mélange, chaud. Versez la noix de coco râpée et la vanille, puis remuez. Retirez du feu.

Préchauffez le four à 250 °C (therm. 8-9). Tapissez une plaque à pâtisserie de papier sulfurisé.

Avec une petite cuillère, disposez sur la plaque des petites pyramides de pâte, à intervalles réguliers, pas trop rapprochées. Faites cuire pendant 10 minutes environ.

Sortez les biscuits du four, laissez-les refroidir avant de les décoller du papier.

CANNELÉS

POUR 12 CANNELÉS ENVIRON
PRÉPARATION : 25 min
CUISSON : 1 h

- 1 gousse de vanille
- 50 cl de lait
- 50 g de beurre
- 2 œufs + 2 jaunes d'œufs
- 250 g de sucre glace
- 1 cuill. à soupe de rhum vieux (ou d'eau de fleur d'oranger)
- 100 g de farine

Fendez la gousse de vanille en deux et grattez les graines qui se trouvent à l'intérieur. Mettez le lait dans une casserole avec la gousse de vanille et ses graines. Portez à ébullition, éteignez le feu et laissez infuser 15 minutes à couvert.

Préchauffez le four à 200 °C (therm. 6-7).

Faites fondre le beurre ; fouettez les œufs entiers et les jaunes avec le sucre glace, jusqu'à ce que le mélange blanchisse. Ajoutez alors le beurre juste fondu et le rhum. Incorporez la farine et enfin délayez avec le lait vanillé.

Beurrez largement des petits moules à dariole cannelés. Remplissez-les aux trois quarts. Enfournez et faites cuire pendant 45 minutes environ.

Démoulez les cannelés juste au sortir du four et servez froid.

CONSEIL : Ne tardez pas à déguster ces petits gâteaux bordelais : c'est le jour même qu'ils sont les meilleurs.

Essuyez les gousses de vanille grattées qui ont servi à parfumer vos desserts et mettez-les dans un bocal de sucre, elles ont encore beaucoup de parfum.

BISCUITS AUX NOIX

POUR 30 À 40 BISCUITS
PRÉPARATION : 15 min
CUISSON : 30 min environ

- 60 g de noix décortiquées
- 20 g de fécule de maïs
- 50 g de sucre glace
- 2 blancs d'œufs
- 1 pincée de sel

Broyez les noix au mixeur avec la fécule et le sucre glace. Battez les blancs d'œufs en neige ferme avec 1 pincée de sel. Incorporez-les délicatement au mélange aux noix à l'aide d'une spatule souple.

Préchauffez le four à 120 °C (therm. 4) et recouvrez une plaque à pâtisserie de papier sulfurisé.

Mettez la préparation dans une poche à douille munie d'un embout lisse et déposez des petits ronds de pâte en les espaçant bien. Enfournez aussitôt et faites cuire pendant environ 20 à 30 minutes : les biscuits doivent être secs au toucher, mais encore moelleux au cœur. Sortez-les du four et laissez-les refroidir sur une grille.

POUR VARIER : Vous pouvez remplacer les noix par la même quantité de noisettes ou de noix de pécan en poudre.

VISITANDINES

POUR 40 VISITANDINES
PRÉPARATION : **20 min**
RÉFRIGÉRATION : **1 h**
CUISSON : **8 à 10 min par fournée**

- 4 blancs d'œufs
- 40 g de farine
- 185 g de beurre + pour le moule
- 125 g de sucre en poudre
- 125 g de poudre d'amandes

Tamisez la farine. Faites fondre le beurre doucement au bain-marie ou au micro-ondes.

Mélangez le sucre et la poudre d'amandes. Ajoutez la farine, puis incorporez peu à peu 3 des blancs, en travaillant bien le mélange, et enfin le beurre fondu, à peine tiède. Battez le dernier blanc en neige et incorporez-le délicatement au mélange.

Beurrez des petits moules à navette ou ovale et déposez-y la préparation en les remplissant aux deux tiers.

Mettez le moule au réfrigérateur pour au moins 1 heure.

Préchauffez le four à 220 °C (therm. 7-8).

Enfournez les visitandines pendant 8 à 10 minutes ; elles doivent être dorées à l'extérieur et moelleuses à l'intérieur. Démoulez-les quand elles sont tièdes.

CONSEIL : Plusieurs fournées peuvent être nécessaires pour cette recette, selon la taille de votre four et le nombre de petits moules dont vous disposez.

Pour démouler plus facilement, tapez légèrement le moule sur la table avant de le retourner.

LANGUES-DE-CHAT

POUR 45 LANGUES-DE-CHAT
PRÉPARATION : 20 min
CUISSON : 5 min environ

- 125 g de beurre mou
- 1 sachet de sucre vanillé (soit 7,5 g)
- 75 à 100 g de sucre en poudre
- 2 œufs
- 125 g de farine

Dans un saladier, malaxez bien le beurre mou avec les sucres à l'aide d'une spatule en bois. Ajoutez le sucre vanillé et le sucre en poudre, puis mélangez bien. Ajoutez les œufs, un par un. Tamisez la farine, versez-la en pluie et incorporez-la avec un fouet.

Préchauffez le four à 200 °C (therm. 6-7). Mettez une feuille de papier sulfurisé sur la plaque à pâtisserie.

Mettez la pâte dans une poche à douille unie de 6 mm et déposez de petites languettes de pâte de 5 cm de long, espacées les unes des autres de 2 cm.

CONSEIL : Les langues-de-chat ne tiendront pas sur une seule plaque à pâtisserie. Faites cuire chaque fournée pendant 4 ou 5 minutes. Quand les langues-de-chat sont refroidies, conservez-les dans une boîte hermétique.

AMANDINS

POUR 6 À 8 PERSONNES
PRÉPARATION : **20 min**
CUISSON : **40 min**

- 2 oranges non traitées
- 4 œufs
- 1 pincée de sel
- 200 g de sucre en poudre
- 200 g de poudre d'amandes
- 40 g de farine
- 25 g de beurre
- 6 cuill. à soupe de marmelade d'orange
- 50 g d'amandes

Râpez le zeste de 1 orange. Pressez les 2.

Cassez les œufs et séparez les blancs des jaunes. Fouettez les blancs en neige ferme avec le sel.

Préchauffez le four à 180 °C (therm. 6).

Dans un saladier, fouettez les jaunes d'œufs et le sucre en poudre jusqu'à ce que le mélange blanchisse, puis ajoutez la poudre d'amandes, le jus et le zeste. Incorporez la farine, puis les blancs en neige à l'aide d'une spatule souple.

Découpez un rond de papier sulfurisé de la taille d'un moule à manqué (22 à 24 cm). Beurrez-le et placez-le au fond du moule.

Versez la pâte et faites cuire d'abord 20 minutes à 180 °C, puis 20 minutes à 160 °C.

Laissez tiédir l'amandin, démoulez-le, puis badigeonnez-le de marmelade d'orange sur le dessus et décorez avec les amandes.

POUR VARIER : Vous pouvez faire ces gâteaux dans des petits moules individuels en silicone.

GALETTES NANTAISES

POUR 25 GALETTES ENVIRON
PRÉPARATION : 15 min
CUISSON : 10 min

- 50 g de beurre mou
- 1/2 cuill. à café de fleur de sel
- 75 g de sucre en poudre
- 2 œufs + 1 œuf pour la dorure
- 125 g de farine
- 25 g de poudre d'amandes

Travaillez le beurre, la fleur de sel et le sucre en poudre ensemble à la spatule en bois. Incorporez ensuite les 2 œufs, l'un après l'autre. Quand la préparation est bien homogène, ajoutez la farine en une seule fois et mélangez très rapidement.

Préchauffez le four à 180 °C (therm. 6). Recouvrez une plaque de papier sulfurisé.

Abaissez la pâte sur 3 mm d'épaisseur environ, sur le plan de travail légèrement fariné, puis découpez des biscuits ronds ou rectangulaires.

Posez-les sur le papier et dorez leur surface à l'œuf battu à l'aide d'un pinceau. Tracez des rayures en biais avec une fourchette et saupoudrez chaque petit gâteau de poudre d'amandes. Enfournez et faites cuire 10 minutes.

Laissez refroidir et conservez dans une boîte hermétique.

TUILES

POUR 25 TUILES
PRÉPARATION : **20 min**
CUISSON : **4 min par fournée**

- 75 g de beurre
- 75 g de farine
- 100 g de sucre en poudre
- 1/2 sachet de sucre vanillé (soit 3,5 g)
- 2 œufs
- 1 pincée de sel
- 75 g d'amandes effilées

Faites fondre le beurre, tamisez la farine. Préchauffez le four à 200 °C (therm. 6-7).

Dans un saladier, mélangez avec une cuillère en bois le sucre en poudre, le sucre vanillé, la farine tamisée, les œufs, en les ajoutant un à un, et la petite pincée de sel. Incorporez le beurre fondu et les amandes effilées (malaxez-les doucement afin de ne pas les briser).

Mettez une feuille de papier sulfurisé sur la plaque à pâtisserie.

Disposez avec une petite cuillère des petits tas de pâte bien distants les uns des autres et étalez-les légèrement avec le dos d'une fourchette mouillée chaque fois à l'eau froide. Faites cuire 4 minutes environ.

Sortez la plaque du four et décollez rapidement les tuiles encore souples avec une palette métallique et placez-les par 3 ou 4 à cheval sur un rouleau à pâtisserie (ou une bouteille vide). Dès qu'elles sont raidies, enlevez les tuiles du rouleau et rangez-les dans une boîte hermétique.

CONSEIL : Faites cuire ces tuiles par petites fournées pour faciliter l'opération de moulage sur le rouleau, car elles sont très fragiles.

CIGARETTES RUSSES

POUR 25 À 30 CIGARETTES
PRÉPARATION : **30 min**
CUISSON : **10 min**

- 100 g de beurre
- 90 g de farine
- 160 g de sucre en poudre
- 1 sachet de sucre vanillé (soit 7,5 g)
- 4 blancs d'œufs

Préchauffez le four à 180 °C (therm. 6). Tapissez une plaque à pâtisserie de papier sulfurisé.

Faites fondre le beurre au bain-marie. Dans un grand saladier, mélangez la farine, le sucre en poudre, le sucre vanillé, les blancs d'œufs et le beurre fondu.

À l'aide d'une poche à douille ou d'une cuillère, étalez la pâte en ronds de 8 cm de diamètre. Faites-les cuire 8 à 10 minutes au four. Dès qu'ils blondissent sur le pourtour, sortez la plaque du four, décollez rapidement les disques encore mous à l'aide d'une spatule souple. Roulez-les aussitôt sur eux-mêmes ou sur une tige en bois. Laissez-les refroidir complètement et conservez-les dans une boîte hermétique.

COMTESSES

POUR 25 COMTESSES
PRÉPARATION : 30 min
CUISSON : 30 min environ

- 225 g de beurre
- 250 g de farine
- 1/2 cuill. à café de sel
- 40 g de sucre en poudre

Divisez le beurre en morceaux et faites-le ramollir.

Tamisez la farine sur le plan de travail, ajoutez le sel et le beurre. Pétrissez jusqu'à ce que la pâte soit homogène.

Préchauffez le four à 150 °C (therm. 5-6).

Étalez la pâte sur 1 cm d'épaisseur et coupez-la en rondelles avec un emporte-pièce. Disposez-les sur du papier sulfurisé et saupoudrez-les de sucre. Enfournez et laissez cuire pendant 30 minutes environ. Les comtesses doivent cuire sans dorer. Gardez-les dans une boîte hermétique.

POUR SERVIR : Ces sablés volontairement peu sucrés accompagnent glaces, sorbets et salades de fruits.

POUR VARIER : Ajoutez 30 g d'écorces de clémentine hachées à la pâte et remplacez le sucre en poudre par de la cassonade.

PALETS DE DAMES

POUR 25 PALETS
PRÉPARATION : 15 min
MACÉRATION : 1 h
CUISSON : 10 min

- 80 g de raisins de Corinthe
- 8 cl de rhum
- 125 g de beurre mou
- 125 g de sucre en poudre
- 2 œufs
- 150 g de farine
- 1 pincée de sel

Lavez les raisins de Corinthe et faites-les macérer dans le rhum pendant environ 1 heure.

Préchauffez le four à 200 °C (therm. 6-7).

Dans un saladier, fouettez le beurre avec le sucre en poudre, puis ajoutez les œufs un par un, et mélangez bien. Versez ensuite la farine, les raisins avec le rhum et 1 pincée de sel. Malaxez bien entre chaque ingrédient ajouté.

Sur la plaque à pâtisserie recouverte de papier sulfurisé, déposez avec une petite cuillère des petits tas de pâte bien séparés les uns des autres et faites cuire pendant 10 minutes.

Quand les palets sont froids, conservez-les dans une boîte hermétique.

MERINGUES AU CAFÉ

POUR 50 MERINGUES ENVIRON
PRÉPARATION : 15 min
CUISSON : 1 h

- 3 blancs d'œufs
- 1 pincée de sel
- 180 g de sucre en poudre
- 1 cuill. à café d'extrait de café
- 1 cuill. à café de fécule de maïs

Laissez les blancs d'œufs pendant 1 heure à température ambiante. Battez-les en neige très ferme avec la pincée de sel. Incorporez le sucre en poudre peu à peu, puis l'extrait de café et la fécule, et continuez à fouetter quelques instants.

Préchauffez le four à 100 °C (therm. 3) et tapissez une plaque à pâtisserie de papier sulfurisé.

Mettez les blancs en neige dans une poche à douille munie d'un embout lisse assez large et posez des boules de meringue sur le papier, suffisamment espacées les unes des autres pour ne pas se toucher. Enfournez et faites cuire pendant au moins 1 heure avec la ventilation si possible et en laissant la porte du four entrouverte avec une cuillère en bois, jusqu'à ce que les meringues soient sèches au toucher sans se colorer.

Sortez les meringues du four, laissez-les refroidir, puis décollez-les délicatement de la feuille de papier sulfurisé.

POUR SERVIR : Servez ces meringues seules ou avec un sorbet au chocolat, par exemple.

BISCUITS AU CITRON

POUR 40 BISCUITS
PRÉPARATION : 25 min
CUISSON : 10 min

Pour le lemon curd
(voir p. 454)

Pour la pâte

- 175 g de farine
- 1 citron non traité
- 80 g de beurre
- 150 g de sucre en poudre
- 1 œuf

Préchauffez le four à 180 °C (therm. 6). Garnissez une plaque à pâtisserie de papier sulfurisé.

Préparez la pâte : tamisez la farine. Râpez le zeste du citron. Dans un saladier, travaillez le beurre en pommade avec le sucre en poudre. Lorsque le mélange est bien crémeux, incorporez l'œuf entier et le zeste de citron. Ajoutez progressivement la farine sans cesser de remuer, puis finissez de pétrir à la main.

Étalez la pâte au rouleau sur 8 mm d'épaisseur. Découpez-y des cœurs, des ronds ou des losanges à l'emporte-pièce. Rangez-les sur la plaque et faites cuire pendant 10 minutes.

Décollez les biscuits, mettez-les sur une grille à pâtisserie et laissez-les refroidir.

Tartinez la moitié des biscuits avec du lemon curd. Collez-les deux par deux et servez-les aussitôt.

SABLÉS AU BEURRE

POUR 40 À 50 SABLES
PRÉPARATION : 15 min
CUISSON : 20 min

- 1/2 gousse de vanille
- 190 g de beurre mou
- 75 g de sucre glace
- 1 cuill. à café rase de fleur de sel (facultatif)
- 1 blanc d'œuf
- 225 g de farine

Ouvrez la demi-gousse de vanille en deux et grattez les graines.

Dans un saladier, travaillez à la spatule le beurre mou avec le sucre glace, la fleur de sel, les graines de vanille, le blanc d'œuf et enfin la farine, en veillant à bien incorporer chaque nouvel ingrédient.

Quand la pâte est homogène, cessez aussitôt de la travailler, pour qu'elle garde sa texture sablée.

Préchauffez le four à 170 °C (therm. 5-6). Recouvrez une plaque de papier sulfurisé.

Mettez la pâte dans une poche à douille cannelée. Disposez sur la plaque de petites portions de pâte en forme de W ou de diverses lettres ou languettes. Faites cuire pendant 20 minutes environ.

SAB
LÉS

SABLÉS DE SABLÉ-SUR-SARTHE

POUR 50 SABLÉS
PRÉPARATION : **20 min**
REPOS DE LA PÂTE : **30 min**
CUISSON : **10 à 12 min par fournée**

- 200 g de beurre + pour la plaque
- 100 g de sucre en poudre
- 4 jaunes d'œufs
- 1 pincée de sel fin
- 320 g de farine
- 10 cl de lait

Dans un saladier, travaillez le beurre en pommade avec le sucre en poudre, 3 jaunes d'œufs et 1 pincée de sel. Incorporez alors la farine peu à peu, avec la moitié du lait, jusqu'à ce que la pâte soit souple sans être molle. Roulez-la en boule et laissez-la reposer 30 minutes au frais.

Préchauffez le four à 220 °C (therm. 7-8). Beurrez la plaque du four.

Étalez la pâte au rouleau sur 4 mm d'épaisseur. À l'aide d'un emporte-pièce, découpez les sablés et déposez-les sur la plaque beurrée.

Dorez les sablés au pinceau avec le dernier jaune d'œuf battu avec le reste du lait.

Mettez au four et faites cuire pendant 10 à 12 minutes, jusqu'à ce que les sablés soient juste dorés.

Retirez les sablés du four et laissez-les refroidir sur une grille. Conservez-les dans une boîte hermétique.

ARLETTES AUX ÉPICES

POUR 60 ARLETTES
PRÉPARATION : **30 min**
REPOS DE LA PÂTE : **4 h + 10 min**
CUISSON : **8 min environ par fournée**

Pour le sucre aux épices

- 7 g de quatre-épices
- 5 g de vanille en poudre
- 50 g de sucre glace

Pour la pâte

- 50 g de beurre
- 300 g de pâte feuilletée pur beurre en bloc, bien réfrigérée

Préparez le sucre aux épices : mélangez le quatre-épices et la vanille en poudre avec le sucre glace.

Préparez la pâte : faites fondre le beurre ; étalez la pâte feuilletée pour former un carré de 30 cm de côté environ et passez du beurre fondu sur toute sa surface avec un pinceau. Enroulez la pâte sur elle-même, emballez-la dans du film alimentaire et mettez-la au réfrigérateur pendant 4 heures environ, puis 10 minutes au congélateur.

Préchauffez le four à 200 °C (therm. 6-7).

Coupez le rouleau de pâte en tranches de 4 mm d'épaisseur avec un couteau long et très bien aiguisé.

Saupoudrez le plan de travail avec le sucre aux épices. Posez dessus les disques de pâte deux par deux, recouvrez-les de sucre, puis étalez-les très finement au rouleau à pâtisserie.

Mettez tous les disques sur une plaque recouverte de papier sulfurisé et enfournez pendant 8 minutes environ, le temps qu'ils caramélisent.

POUR VARIER : Remplacez le quatre-épices par de la cardamome en poudre.

À NOTER

Ces arlettes aux épices se conservent très bien une quinzaine de jours dans une boîte en fer et dans un endroit sec, ou une dizaine de jours dans une boîte plastique hermétique.

PETITS GÂTEAUX AUX NOIX DE PÉCAN

POUR 25
PETITS GÂTEAUX
PRÉPARATION : **30 min**
CUISSON : **15 min**

- 200 g de noix de pécan
- 4 œufs
- 100 g de sucre en poudre
- 150 g de beurre mou
- 400 g de farine

Pilez les noix de pécan en les écrasant dans un torchon avec le rouleau à pâtisserie, ou en utilisant un robot.

Cassez les œufs dans un grand saladier, battez-les en omelette, puis ajoutez le sucre en poudre et le beurre, en mélangeant bien avec un fouet. Incorporez ensuite peu à peu la farine, sans cesser de remuer. Ajoutez les noix de pécan et mélangez bien.

Préchauffez le four à 200 °C (therm. 6-7). Recouvrez une plaque à pâtisserie de papier sulfurisé.

Versez la pâte sur le plan de travail, roulez-la en boudin, puis découpez-la en rondelles de 1 cm d'épaisseur.

Posez celles-ci sur la plaque à pâtisserie recouverte de papier sulfurisé, en les espaçant de 4 cm environ pour qu'elles ne collent pas les unes aux autres et faites cuire pendant 15 minutes.

Laissez refroidir. Conservez ces petits gâteaux dans une boîte hermétique, dans un endroit sec.

BISCUITS DE CORDOBA

POUR 20 À 25 BISCUITS
PRÉPARATION : 15 min
REPOS DE LA PÂTE : 1 h
CUISSON : 10 min

- 200 g de beurre
- 400 g de farine
- 15 g de sucre en poudre
- 1 sachet de sucre vanillé (soit 7,5 g)
- 2 jaunes d'œufs
- 10 cl de lait
- Confiture de lait, de goyave ou de papaye

Coupez le beurre en petits morceaux. Tamisez la farine dans un saladier et mélangez-la avec le sucre en poudre et le sucre vanillé. Ajoutez le beurre peu à peu, puis les jaunes d'œufs, un à un.

Versez ensuite le lait et mélangez sans trop pétrir, jusqu'à ce que la pâte soit bien ferme. Laissez reposer 1 heure au réfrigérateur.

Préchauffez le four à 180 °C (therm. 6).

Étalez la pâte au rouleau sur 3 mm d'épaisseur. Découpez-y des ronds, un verre ou un emporte-pièce. Posez-les sur la plaque recouverte de papier sulfurisé, en les espaçant bien. Enfournez pendant 10 minutes.

Décollez les biscuits à l'aide d'une spatule. Laissez-les refroidir sur un plan de travail. Enduisez-les de confiture de lait, de goyave ou de papaye, et réunissez-les par deux. Servez aussitôt.

FAIT MAISON : La confiture de lait est très simple à réaliser, préparez-en une vous-même (voir p. 440).

CROQUETS

POUR 35 CROQUETS
PRÉPARATION : 15 min
CUISSON : 10 min

- 250 g de sucre en poudre
- 1/2 sachet de sucre vanillé (soit 3,5 g)
- 125 g d'amandes en poudre
- 4 blancs d'œufs
- 135 g de farine tamisée

Mélangez dans un grand saladier le sucre en poudre, le sucre vanillé et les amandes en poudre, puis ajoutez les blancs d'œufs, un par un, et peu à peu la farine. Préchauffez le four à 180 °C (therm 6).

Déposez la pâte sur le plan de travail et étalez-la au rouleau sur une épaisseur de 1 cm.

Découpez-la en languettes et disposez celles-ci sur la plaque recouverte de papier sulfurisé. Enfournez pendant 10 minutes.

Décollez les croquets à chaud avec une spatule métallique et laissez-les refroidir sur la plaque. Rangez-les ensuite dans une boîte hermétique.

POUR SERVIR : Les croquets peuvent être servis avec le thé.

GALETTES BRETONNES

POUR 20 GALETTES ENVIRON
PRÉPARATION : **10 min**
RÉFRIGÉRATION : **1 h**
CUISSON : **10 min**

- 130 g de beurre demi-sel mou
- 135 g de sucre en poudre
- 1 œuf + 1 œuf pour dorer
- 230 g de farine
- 7 g de levure chimique

Dans un saladier, malaxez bien le beurre avec le sucre en poudre et le jaune d'œuf à l'aide d'une spatule. Versez ensuite la farine et la levure et pétrissez à la main jusqu'à ce que la pâte soit homogène.

Déposez la pâte sur un film alimentaire et façonnez-la pour obtenir un boudin de 3 cm de diamètre. Mettez-la au réfrigérateur au moins 1 heure.

Préchauffez le four à 200 °C (therm. 6-7).

Déballez la pâte et coupez des rondelles de 4 mm d'épaisseur environ. Déposez-les sur une tôle à biscuits ou du papier sulfurisé et enfournez la plaque pendant 10 minutes.

Laissez les galettes refroidir et conservez-les dans une boîte hermétique.

POUR SERVIR : Servez ces galettes avec une crème anglaise (voir p. 471), une mousse au chocolat (voir p. 162), une salade de fruits, une compote, une glace ou un sorbet.

GALETTES PASCALES MOYEN-ORIENTALES

POUR 40 GALETTES
PRÉPARATION : 45 min
REPOS DE LA PÂTE : 2 h
CUISSON : 35 min

Pour la pâte

- 250 g de beurre
- 500 g de farine
- 5 cl de d'eau de fleur d'oranger
- 5 cl d'eau de rose

Pour la garniture

- 200 g de noix, d'amandes (ou de pistaches mondées)
- 200 g de sucre en poudre (ou de miel épais)
- 5 cl d'eau de fleur d'oranger (ou d'eau de rose)

Préparez la pâte : faites fondre le beurre dans une casserole. Mettez la farine dans un grand saladier et versez le beurre dessus avec l'eau de fleur d'oranger et l'eau de rose. Pétrissez bien, en ajoutant éventuellement un peu d'eau. Laissez reposer pendant 2 heures : la pâte doit être consistante.

Préparez la garniture : hachez les noix, les amandes mondées ou les pistaches, puis mélangez-les avec le sucre en poudre et l'eau de fleur d'oranger.

Préchauffez le four à 160 °C (therm. 5-6).

Prélevez des boules de pâte de la taille d'un petit œuf. Creusez-les avec vos doigts, pour leur donner une forme de cône. Remplissez chaque cône avec un peu de garniture et refermez-le.

Déposez les galettes sur la plaque à pâtisserie recouverte de papier sulfurisé et mettez au four pendant 35 minutes. Sortez les galettes pascales et saupoudrez-les éventuellement de sucre glace.

COOKIES AU CHOCOLAT

POUR 20 COOKIES ENVIRON
PRÉPARATION : 10 min
CONGÉLATION : 1 h
CUISSON : 10 min

- 100 g de chocolat noir, au lait ou blanc (ou mélangé), de préférence en pépites
- 200 g de farine
- 1 cuill. à café de levure chimique
- 1/2 cuill. à café de sel
- 150 g de beurre mou
- 100 g de sucre en poudre
- 75 g de cassonade
- 1 œuf

Si vous n'avez pas de pépites, hachez le chocolat en petits morceaux sur une planche à l'aide d'un grand couteau.

Tamisez la farine avec la levure et le sel.

Dans un saladier, mélangez le beurre et les sucres au fouet jusqu'à ce que le mélange blanchisse. Rajoutez l'œuf et battez de nouveau. Incorporez ensuite la farine, puis le chocolat à l'aide d'une spatule.

Déposez la pâte sur un grand rectangle de film alimentaire et façonnez-la pour obtenir un boudin de 5 cm de diamètre. Mettez-la au congélateur au moins 1 heure.

Préchauffez le four à 200 °C (therm. 6-7).

Déballez la pâte et coupez des rondelles de 8 mm d'épaisseur environ. Déposez-les sur une tôle à biscuits ou du papier cuisson. Faites-les cuire 8 à 10 minutes maximum. Retirez les cookies du four lorsqu'ils paraissent cuits seulement sur les bords, ils vont durcir en refroidissant, mais doivent rester moelleux au centre.

POUR VARIER : Tamisez 1 cuillerée à soupe de cacao ou de café lyophilisé avec la farine.
Remplacez tout ou partie des pépites par des noix, noisettes ou noix de pécan.

CONSEIL : Vous pouvez doubler ou tripler la recette, garder la pâte au congélateur et cuire les cookies à la demande.

PALMIERS

POUR 30 PALMIERS ENVIRON
PRÉPARATION : **40 min**
REPOS DE LA PÂTE : **1 h**
CUISSON : **15 à 20 min**

- **500 g de pâte feuilletée pur beurre en bloc prête à étaler**
- **150 g de sucre glace**

Abaissez la pâte feuilletée en un rectangle trois fois plus long que large. Saupoudrez-la de sucre glace sur toute la surface. Repliez-la en trois, comme pour former une enveloppe rectangulaire et laissez-la reposer 30 minutes au réfrigérateur. Renouvelez cette opération une seconde fois.

Préchauffez le four à 210 °C (therm. 7).

Étalez la pâte en un rectangle de 1 cm d'épaisseur. Saupoudrez de sucre glace. Rabattez chaque côté vers le centre, dans le sens de la longueur une première fois, puis encore une deuxième fois pour obtenir une sorte de boudin.

Divisez ce boudin en tronçons de 7 mm d'épaisseur, puis déposez ceux-ci sur une plaque recouverte de papier sulfurisé, en les espaçant pour qu'ils ne collent pas les uns aux autres, car la pâte va s'étaler à la cuisson.

Faites cuire les palmiers de 15 à 20 minutes en les retournant à mi-cuisson pour qu'ils caramélisent sur les deux faces.

Laissez-les refroidir et conservez-les dans une boîte hermétique pour qu'ils ne ramollissent pas.

FAIT MAISON : **Lancez-vous dans la préparation de la pâte feuilletée (voir p. 462) !**

POUR SERVIR : **Les palmiers peuvent accompagner des glaces et des entremets.**

CORNES DE GAZELLE AUX AMANDES

POUR 15 GÂTEAUX
PRÉPARATION : **45 min**
REPOS DE LA PÂTE : **1 h**
CUISSON : **10 à 15 min**

Pour la pâte

- 250 g de farine
- 1 pincée de sel
- 2 cuill. à soupe de beurre fondu
- 1 cuill. à soupe de miel

Pour la farce

- 250 g de poudre d'amandes
- 100 g de sucre en poudre
- 1 pincée de sel
- 2 cuill. à soupe de beurre fondu
- 2 cuill. à soupe d'eau de fleur d'oranger

Pour la décoration

- 1 jaune d'œuf
- amandes effilées

Préparez la pâte. Dans un saladier, mélangez la farine et le sel, puis creusez un puits au centre. Versez-y le beurre, le miel et 1 cuillerée à soupe d'eau. Mélangez en ramenant la farine au fur et à mesure vers le centre. Pétrissez longuement, en rajoutant un peu d'eau au besoin. Laissez reposer la pâte 1 heure à température ambiante.

Préparez la farce : mélangez la poudre d'amandes, le sucre et le sel. Ajoutez le beurre, l'eau de fleur d'oranger ; mélangez jusqu'à ce que la farce soit souple. Façonnez des boudins de la taille d'un doigt.

Préchauffez le four à 150 °C (therm. 5). Partagez la pâte en deux ou trois portions. Étalez-la très finement (sur 2 mm d'épaisseur environ) sur le plan de travail fariné. Posez un boudin de farce à 5 cm du bord et repliez la pâte par-dessus. Appuyez autour de la farce pour bien souder la pâte, puis coupez celle-ci à l'aide d'une roulette dentelée. Recourbez le chausson obtenu en demi-lune. Répétez l'opération jusqu'à épuisement des ingrédients.

Dorez les cornes de gazelle avec le jaune d'œuf dilué dans 1 cuillerée à soupe d'eau, puis passez-les dans les amandes effilées. Déposez-les sur la plaque du four recouverte de papier sulfurisé. Piquez-les de part en part en trois endroits. Enfournez pour 10 à 15 minutes.

DOIGTS DE FÉE

POUR 20 GÂTEAUX
PRÉPARATION : **40 min**
CUISSON : **20 min**

- 250 g de farine
- 75 g de beurre fondu
- 2 œufs
- colorant alimentaire vert (pour les doigts à la pistache)
- 200 g de miel
- 1 cuill. à soupe d'eau de fleur d'oranger

Pour la farce

- 150 g d'amandes mondées (ou de pistaches non salées) + pour le décor
- 50 g de sucre en poudre
- 25 g de beurre fondu
- 1 cuill. à soupe d'eau de fleur d'oranger
- 1 œuf

Versez la farine dans un saladier et formez un puits au centre. Ajoutez le beurre fondu, les œufs battus, mélangez et, si vous préparez les doigts à la pistache, mettez quelques gouttes de colorant vert. Couvrez le saladier et laissez reposer 10 minutes.

Pendant ce temps, préparez la farce. Mixez les amandes avec le sucre en poudre. Ajoutez le beurre fondu, l'eau de fleur d'oranger et l'œuf battu ; mélangez.

Préchauffez le four à 180 °C (therm. 6). Étalez la pâte très finement sur un plan de travail fariné. À l'aide d'un verre ou d'un emporte-pièce, découpez-y des ronds de 8 cm de diamètre. Roulez la farce en petits boudins et posez ceux-ci sur les ronds. Rabattez les bords sur la farce et soudez-les en humectant légèrement la pâte. Posez une pistache ou une amande sur la jointure en appuyant légèrement.

Déposez les doigts de fée sur la plaque du four recouverte de papier sulfurisé et enfournez pour 20 minutes environ.
Dès la sortie du four, plongez-les dans le miel tiédi que vous aurez mélangé avec l'eau de fleur d'oranger, puis laissez-les s'égoutter et refroidir sur une grille.

Si vous aimez le clou de girofle, utilisez-le comme « fermeture » des doigts de fée.

BAKLAVAS AUX NOIX

POUR 20 PARTS
PRÉPARATION : 30 min
CUISSON : 40 min

- 20 feuilles de pâte filo
- 150 g de beurre fondu
- 300 g de miel

Pour la farce

- 200 g d'amandes (non mondées)
- 200 g de noix
- 100 g de sucre en poudre
- 1 pincée de sel
- 20 g de beurre fondu
- 2 cuill. à soupe d'eau de fleur d'oranger

Préparez la farce : hachez grossièrement les amandes et les noix. Dans un saladier, mélangez-les avec le sucre en poudre et la pincée de sel. Ajoutez le beurre fondu et l'eau de fleur d'oranger pour lier la farce.

Préchauffez le four à 180 °C (therm. 6). Montez le baklava. Beurrez un moule correspondant à la taille des feuilles de pâte filo. Disposez dedans 10 feuilles de pâte filo en les badigeonnant à chaque fois de beurre fondu. Recouvrez-les de toute la farce aux noix en égalisant bien, et en veillant à ne pas trop appuyer pour ne pas percer les feuilles du dessous. Posez sur la farce 10 autres feuilles de pâte filo en badigeonnant chacune de beurre.

Découpez délicatement le baklava dans le moule en losanges et badigeonnez généreusement la surface de beurre. Enfournez pour 40 minutes environ, jusqu'à ce que la pâte soit bien dorée.

Faites chauffer très doucement le miel dans une casserole pour le rendre liquide. Sortez le plat du four et arrosez aussitôt les baklavas de miel. Laissez refroidir dans le moule avant de déguster.

Pour une jolie finition, collez une amande sur chaque baklava avant la cuisson au four.

MLABES

POUR 20 GÂTEAUX
PRÉPARATION : 30 min
CUISSON : 15 min
SÉCHAGE : 5 h

- 500 g d'amandes mondées
- 500 g de sucre en poudre
- 4 blancs d'œufs
- 4 cuill. à soupe d'eau de rose (ou d'eau de fleur d'oranger)
- 2 cuill. à soupe de chapelure
- feuille d'or ou d'argent

Pour le glaçage

- 2 blancs d'œufs
- 200 g de sucre glace
- colorant alimentaire (facultatif)

Mixez finement les amandes et le sucre en poudre. Versez la poudre obtenue dans un saladier, puis ajoutez les blancs d'œufs, un par un, en mélangeant bien à chaque fois. Versez l'eau de rose, puis ajoutez la chapelure pour obtenir une pâte suffisamment compacte pour la rassembler en boule. Couvrez le saladier d'un torchon et laissez reposer pendant 15 minutes environ.

Préchauffez le four à 150 °C (therm. 5). Formez de petites boules de pâte de la taille d'une noix et déposez-les sur une plaque recouverte de papier sulfurisé. Enfournez pour 15 minutes.

Pendant ce temps, préparez le glaçage : battez légèrement les blancs d'œufs et mélangez-les peu à peu avec le sucre glace tamisé ; le glaçage doit être assez épais. Ajoutez éventuellement une goutte de colorant.

Saisissez les gâteaux un à un entre le pouce et l'index, et plongez-les dans le glaçage, puis retournez-les sur une grille. À l'aide d'une petite pince, déposez sur chacun un petit losange découpé dans la feuille d'or ou d'argent. Laissez sécher les gâteaux 5 heures à température ambiante sans les couvrir.

CONSEIL : Si les gâteaux ne sont pas consommés le jour même, le glaçage peut devenir cassant. Pour l'éviter, ajoutez à ce glaçage 1 cuillerée à café d'une huile neutre.

À NOTER

Les mlabes proviennent de la ville d'Alger, où ils sont souvent décorés de glaçages colorés et vendus dans de jolies caissettes en papier.

BOULES AUX NOISETTES

POUR 20 BOULES ENVIRON
PRÉPARATION : **20 min**
CUISSON : **15 min**

- 250 g de noisettes en poudre
- 100 g de sucre en poudre
- 1/2 sachet de levure chimique (soit 6 g)
- 2 œufs
- 1 cuill. à café d'extrait de vanille
- 1 blanc d'œuf
- 100 g de noisettes concassées

Dans un saladier, mélangez les noisettes en poudre, le sucre et la levure. Formez un puits au centre, mettez-y les œufs et l'extrait de vanille, et mélangez ; ajoutez un peu d'eau si la pâte paraît trop sèche.

Préchauffez le four à 180 °C (therm. 6). Huilez vos mains. Prélevez de petites portions de pâte et roulez-les en boules.

Battez légèrement le blanc d'œuf à la fourchette. Enduisez-en les boules à l'aide d'un pinceau, puis roulez-les dans les noisettes concassées.

Déposez les boules sur la plaque du four recouverte de papier sulfurisé et enfournez pour 15 minutes environ. Laissez refroidir les boules avant de servir.

Pour garder le croquant des noisettes, conservez les boules dans un sachet en Cellophane.

KEFTAS AUX AMANDES

POUR 20 GÂTEAUX
PRÉPARATION : 30 min

- 200 g de poudre d'amandes
- 100 g de sucre en poudre
- 2 ou 3 cuill. à soupe d'eau de fleur d'oranger
- 250 g de pâte d'amandes blanche, rose et verte, bien souple
- sucre glace

Dans un saladier, mélangez la poudre d'amandes et le sucre. Ajoutez de l'eau de fleur d'oranger, petit à petit, jusqu'à obtenir une farce homogène.

Saupoudrez le plan de travail d'un peu de sucre glace. Étalez-y chaque pâte d'amandes sur 5 mm d'épaisseur pour obtenir un rectangle de 10 cm de large environ.

Déposez la farce en une bande au milieu de chaque rectangle, sur toute la longueur. Rabattez la pâte d'amandes sur la farce pour former un boudin. Roulez celui-ci pour bien le refermer, puis aplatissez-le légèrement.

Découpez les rouleaux en biais pour former des losanges. Badigeonnez ceux-ci d'eau de fleur d'oranger et saupoudrez-les de sucre glace.

À NOTER

Ces keftas sont originaires de la ville d'Alger. La farce peut être préparée avec des biscuits secs écrasés et de la poudre d'amandes en proportions égales, à la place des amandes seules.

CHAUSSONS AUX POMMES

POUR 10 À 12
PETITS CHAUSSONS
PRÉPARATION : 30 min
CUISSON : 35 à 40 min

- Le jus de 1/2 citron
- 30 g de beurre fondu
- 5 pommes reinettes
- 150 g de sucre en poudre
- 20 g de crème épaisse
- 500 g de pâte feuilletée pur beurre de préférence (ou 2 rouleaux de pâte préétalés)
- 1 œuf

Pressez le jus de citron. Coupez le beurre en petits morceaux.

Pelez les pommes en enlevant les pépins ; coupez-les en petits dés et mélangez-les tout de suite avec un peu de jus de citron pour éviter qu'elles ne noircissent. Égouttez-les et mélangez-les dans un saladier avec le sucre en poudre et la crème.

Préchauffez le four à 250 °C (therm. 8-9).

Déroulez la pâte feuilletée et découpez-y 10 à 12 disques de 12 cm de diamètre environ.

Battez l'œuf et badigeonnez le pourtour des disques à l'aide d'un pinceau.

Déposez des morceaux de pomme et de beurre sur une moitié de chaque disque.

Repliez l'autre moitié sur celle qui est garnie pour former des chaussons. Soudez bien les bords en pressant avec les doigts. Dorez le dessus de la pâte avec le reste de l'œuf. Laissez sécher, puis, avec la pointe d'un couteau, tracez des croisillons en prenant soin de ne pas percer les chaussons.

Enfournez pour 10 min, puis continuez la cuisson à 200 °C (therm. 6-7) pendant 25 à 30 minutes. Servez tiède.

CONSEIL : Comme les pros, pour faire briller les chaussons, badigeonnez-les dès qu'ils sortent du four avec 2 cuillerées à soupe de sucre glace diluées dans 2 cuillerées à soupe d'eau.

POUR VARIER : Remplacez une des pommes par 250 g de pruneaux trempés, dénoyautés et coupés en dés.

PAINS AUX RAISINS

POUR 12 PAINS
PRÉPARATION : **30 min**
REPOS : **2 h**
CUISSON : **20 min**

- 15 g de levure de boulanger
- 10 cl de lait
- 530 g de farine
- 100 g de raisins de Corinthe
- 150 g de beurre
- 30 g de sucre en poudre
- 4 œufs
- 6 pincées de sel fin
- sucre en grains

Préparez le levain. Pour cela, délayez la levure de boulanger avec 6 cl de lait et 30 g de farine et mélangez. Poudrez avec 30 g de farine et laissez lever pendant 30 minutes dans un endroit tiède.

Mettez les raisins dans un bol d'eau tiède et laissez-les gonfler.

Faites ramollir le beurre. Tamisez la farine restante dans un saladier, ajoutez le levain, puis le sucre en poudre, 3 œufs et le sel. Pétrissez pendant 5 minutes en frappant la pâte sur la table pour la rendre élastique.

Ajoutez le reste du lait (4 cl) et mélangez. Incorporez ensuite le beurre ramolli à la pâte, puis les raisins de Corinthe égouttés. Pétrissez encore un peu et laissez reposer 1 heure dans un endroit tiède.

Partagez la pâte en 12 morceaux, façonnez-les en fins boudins, enroulez-les en spirale et laissez lever 30 minutes sur la plaque recouverte de papier sulfurisé.

Préchauffez le four à 210 °C (therm. 7). Battez le dernier œuf avec une fourchette.

Dorez les pains à l'œuf, poudrez-les de sucre en grains, et faites-les cuire 20 minutes. Servez les pains aux raisins tièdes ou froids.

BUNS

POUR 10 BUNS ENVIRON
PRÉPARATION : 20 min
REPOS DE LA PÂTE : 3 h
CUISSON : 20 min

Pour la pâte
- 12 g de levure de boulanger
- 20 cl de lait + 3 ou 4 cuill. à soupe pour délayer la levure
- 450 g de farine
- 1 œuf
- 1 cuill. à café de sel fin
- 60 g de sucre en poudre
- 75 g de beurre mou + 20 g pour le plat

Pour badigeonner
- 2 cuill. à soupe de lait
- 2 cuill. à soupe de sucre glace

À NOTER
Le bun est traditionnellement servi au petit-déjeuner ou à l'heure du thé en Grande-Bretagne.

Diluez la levure dans un bol avec le lait tiède et laissez reposer 10 minutes.

Sur le plan de travail, mettez la farine en puits, puis ajoutez la levure diluée, l'œuf, le sel, le sucre en poudre et le beurre.

Pétrissez le tout au moins 10 minutes jusqu'à ce que la pâte soit bien lisse et élastique (vous pouvez pétrir la pâte avec un robot muni d'un crochet ou une machine à pain).

Déposez-la dans un saladier, recouvrez celui-ci d'un torchon et laissez-la lever pendant 1 heure 30 environ dans un endroit chaud (près d'un radiateur l'hiver) jusqu'à ce qu'elle double de volume.

Faites redescendre la pâte en la pétrissant légèrement. Beurrez un plat à gratin. Farinez vos mains et formez des petites boules de la taille d'une mandarine. Déposez-les sur le plat en les espaçant légèrement. Laissez-les lever de nouveau 1 heure 30.

Préchauffez le four à 200 °C (therm. 6-7). Badigeonnez les buns avec le lait dilué dans le sucre glace, incisez-les en croix à l'aide de ciseaux et enfournez pour 20 minutes.

Servez ces buns tièdes au goûter.

POUR VARIER : Cette recette convient très bien pour faire des pains à hamburger : réduisez le sucre en poudre à 20 g, déposez-les sur une plaque, ne les fendez pas et saupoudrez-les de sésame avant de les enfourner.

GÂTEAU MOLLET

POUR 6 PERSONNES
PRÉPARATION : **30 min**
REPOS DE LA PÂTE : **1 h**
CUISSON : **30 min**

- 15 g de levure de boulanger
- 10 cl de lait
- 300 g de beurre à température ambiante + pour le moule
- 300 g de farine
- 4 œufs
- 1 pincée de sel
- 20 g de sucre en poudre

Délayez la levure dans le lait tiédi. Coupez le beurre en petits morceaux.

Tamisez la farine en fontaine dans un saladier. Mettez les œufs, le sel et le sucre en poudre au centre, puis commencez à mélanger. Ajoutez le beurre et la levure et pétrissez la pâte énergiquement.

Beurrez largement un moule de forme spéciale ou un moule haut et rond et versez-y la pâte. Laissez lever pendant environ 1 heure dans un endroit tiède.

Préchauffez le four à 180 °C (therm. 6).

Enfournez et faites cuire 30 minutes. Sortez le gâteau du four, laissez refroidir un peu et servez tiède.

POUR SERVIR : **Cette brioche moelleuse est une spécialité des Ardennes. Accompagnez-la d'une mousse au chocolat ou d'une compote de fruits.**

PETIT BUDGET

PAIN D'ÉPICE

POUR 6 PERSONNES
PRÉPARATION : 20 min (sur 2 jours)
CUISSON : 1 h

- 10 cl de lait
- 200 g de miel très parfumé
- 80 g de sucre en poudre
- 2 jaunes d'œufs
- 1 cuill. à café de bicarbonate de soude
- 300 g de farine
- 2 cuill. à soupe de jus de citron
- 100 g de fruits confits hachés
- 1 cuill. à café de cannelle en poudre
- 20 g de beurre pour le moule

Versez le lait, le miel et le sucre en poudre dans une petite casserole. Faites chauffer sur feu doux en remuant.

Battez les jaunes d'œufs dans un bol et mélangez-y la moitié du lait au miel. Ajoutez le bicarbonate de soude, puis le reste du lait au miel et mélangez.

Préchauffez le four à 180 °C (therm. 6).

Tamisez la farine dans un grand saladier. Ajoutez, peu à peu et en alternant les ingrédients, la préparation précédente ainsi que 2 cuillerées à soupe de jus de citron, les fruits confits et la cannelle. Fouettez cette pâte pendant 10 minutes environ.

Beurrez un moule à cake et chemisez-le de papier sulfurisé. Versez-y la pâte et faites cuire 1 heure au four.

Démoulez et laissez refroidir sur une grille. Attendez au moins 24 heures avant de consommer.

À NOTER

Tamiser la farine consiste à la passer à travers un tamis, afin d'en éliminer les grumeaux.

BRIOCHE AUX PRALINES

POUR 4 À 6 PERSONNES
PRÉPARATION : 30 min
REPOS DE LA PÂTE : 4 h
CUISSON : 45 min

> 130 g de pralines roses

Pour la pâte à brioche

> 5 g de levure de boulanger
> 190 g de farine
> 20 g de sucre en poudre
> 1 petite cuill. à café de sel fin
> 3 œufs entiers
> 150 g de beurre à température ambiante

Préparez la pâte à brioche : émiettez la levure dans un saladier. Avec une cuillère en bois, mélangez-la avec la farine, le sucre en poudre et le sel. Ajoutez ensuite un à un les œufs, en les incorporant soigneusement. Coupez le beurre en petits morceaux et mélangez-le à la pâte. Malaxez bien (la pâte doit se détacher des parois du saladier).

Concassez grossièrement 100 g de pralines et broyez les 30 g restants soit au robot, soit en les mettant dans un torchon plié en deux et en les écrasant avec le rouleau à pâtisserie. Ajoutez les 100 g de pralines concassées à la pâte à brioche.

Couvrez la pâte d'un linge humide et laissez-la doubler de volume pendant 3 heures, dans un endroit chaud.

Pétrissez rapidement la boule et roulez-la sur le reste des pralines pour les répartir sur toute sa surface. Déposez cette boule pralinée sur une plaque recouverte de papier sulfurisé ou dans un moule et mettez à lever pendant 1 heure.

Préchauffez le four à 230 °C (therm. 7-8).

Enfournez la plaque pour 15 minutes, puis baissez la température à 180 °C (therm. 6) et poursuivez la cuisson 30 minutes.

Démoulez la brioche et servez-la tiède.

POUR VARIER : Sur le même principe, vous pouvez aussi faire une brioche de Saint-Genix. Préparez la pâte à brioche et mélangez-y 130 g de pralines de Saint-Genix entières (ce sont des pralines particulières, très rouges). Faites-la cuire dans un moule ou sur la plaque.

SCONES

POUR 6 PERSONNES
PRÉPARATION : **25 min**
CUISSON : **20 min**

- 30 g de beurre + pour le moule
- 250 g de farine
- 1 petite pincée de sel
- 1 pincée de bicarbonate de soude
- 20 g de sucre en poudre
- 10 cl de lait aigre

Coupez le beurre en petits morceaux. Versez la farine et le sel dans un saladier. Ajoutez le beurre et travaillez-le du bout des doigts.

Mélangez le bicarbonate de soude au sucre en poudre et versez ce mélange dans le saladier. Mélangez. Versez ensuite le lait et travaillez la pâte qui doit être bien épaisse. Posez la pâte sur un plan de travail fariné et travaillez-la jusqu'à ce qu'elle soit souple.

Préchauffez le four à 220 °C (therm. 7-8).

Abaissez la pâte à l'aide d'un rouleau à pâtisserie sur une épaisseur de 1,5 cm environ. Divisez-la pâte en huit, puis coupez chaque part en formant des triangles.

Beurrez la plaque du four et déposez-y les triangles de pâte.

Enfournez et laissez cuire pendant 20 minutes environ jusqu'à ce que les scones soient bien dorés. Sortez-les du four et disposez-les sur un plat de service. Servez tiède.

POUR SERVIR : Ces scones sont typiques de l'Irlande. Servez-les avec le thé, accompagnés de beurre et de marmelade. Vous pouvez également les servir au petit-déjeuner.

CONSEIL : Si vous ne trouvez pas de lait aigre, conservez 10 cl de lait pasteurisé dans un endroit tiède pendant 48 heures pour qu'il tourne.

GALETTES SAINT-AMOUR

POUR 4 GALETTES
PRÉPARATION : **30 min**
CUISSON : **35 min**

- 100 g de beurre mou
- 1 pincée de sel
- 2 œufs
- 150 g de farine
- 150 g de confiture aux fruits rouges
- 5 cl de crème fraîche liquide

Préchauffez le four à 200 °C (therm. 6-7).

Dans un saladier mis au bain-marie ou au micro-ondes, faites fondre le beurre avec 2 cuillerées à soupe d'eau, ajoutez 1 œuf en fouettant, puis incorporez petit à petit la farine tout en continuant à battre.

Roulez cette pâte en boule, puis séparez-la en quatre boules et étalez chacune d'elle en lui donnant la forme d'un disque de 1 cm d'épaisseur.

Beurrez une plaque à four et disposez dessus les quatre disques de pâte. Piquez-les à la fourchette et faites-les cuire 15 minutes.

Abaissez la température du four à 180 °C (therm. 6).

Étalez une épaisse couche de confiture sur chaque galette. Fouettez vivement le dernier œuf avec la crème fraîche liquide, versez ce mélange sur la confiture en larges taches et enfournez pour 20 minutes. Servez tiède.

PAIN PERDU

POUR 12 TRANCHES DE PAIN
PRÉPARATION : 15 min
CUISSON : 15 min

- 100 g de beurre
- 2 cuill. à soupe d'huile de tournesol
- 75 g de cassonade blonde
- 5 œufs moyens
- 25 cl de lait
- 1 sachet de sucre vanillé (soit 7,5 g)
- 12 tranches de pain rassis (au moins de la veille)

Faites fondre le beurre avec l'huile dans une grande poêle, reversez-en les deux tiers dans un bol.

Versez la cassonade dans une assiette plate. Battez les œufs avec le lait et le sucre vanillé dans un saladier.

Trempez le pain quelques secondes de chaque côté dans ce mélange, puis passez une face dans la cassonade.

Faites dorer les tranches de pain à la poêle à feu moyen pendant 4 ou 5 minutes, en les retournant à mi-cuisson à l'aide d'une spatule. Le pain perdu est ainsi légèrement caramélisé.

Renouvelez l'opération jusqu'à épuisement des ingrédients en rajoutant du mélange beurre-huile quand nécessaire. Réservez les tranches de pain au chaud au fur et à mesure

CONSEIL : Servez pour un brunch avec des fruits frais et du coulis de fruits, de la sauce chocolat (voir p. 478) ou de la confiture de lait (voir p. 440).

POUR VARIER : Utilisez de la brioche, du pain de seigle ou aux céréales.

PANCAKES ÉCOSSAIS

POUR 8 À 12 PANCAKES
PRÉPARATION : **15 min**
CUISSON : **4 ou 5 min par fournée**

- 30 g de beurre
- 120 g de farine tamisée
- 3 cuill. à café de levure chimique
- 30 g de sucre en poudre
- 1 œuf
- 20 cl de lait
- 3 cuill. à soupe d'huile de tournesol

Faites fondre le beurre dans une casserole ou au micro-ondes.

Dans un saladier, versez la farine, la levure et le sucre en poudre. Mélangez intimement. Cassez l'œuf par-dessus, mouillez avec le lait et mélangez de nouveau. Incorporez le beurre fondu.

Graissez une poêle bien chaude avec l'huile à l'aide d'un morceau de papier absorbant. Versez-y des grosses cuillerées de pâte espacées. Laissez-les cuire à feu moyen jusqu'à ce que le dessus des pancakes soit mat et retournez-les avec une spatule pour qu'elles dorent de l'autre côté (environ 2 minutes par côté). Sortez-les au fur et à mesure à l'aide d'une écumoire et égouttez-les sur du papier absorbant.

Renouvelez l'opération jusqu'à épuisement de la pâte en regraissant la poêle entre chaque fournée.

POUR SERVIR : **Servez ces pancakes tièdes accompagnés de beurre, de confiture ou de sirop d'érable.**

CRÊPES SUZETTE

POUR 6 CRÊPES
PRÉPARATION : **30 min**
REPOS DE LA PÂTE : **2 h**
CUISSON : **30 min**

- 2 mandarines
- 50 g de beurre mou
- 50 g de sucre en poudre
- 5 cl de liqueur Grand Marnier®

Pour la pâte à crêpes

- 12 g de beurre
- 125 g de farine
- 1 cuill. à café de sel fin
- 2 œufs
- 25 cl de lait
- 2 cuill. à soupe d'huile de tournesol

Râpez le zeste d'une mandarine et pressez le jus des 2 fruits.

Préparez la pâte à crêpes : faites fondre le beurre à feu doux dans une petite casserole ou au micro-ondes. Mettez la farine et le sel dans un saladier et creusez un puits au centre. Cassez-y les œufs, puis ajoutez le beurre fondu. Mélangez vigoureusement au fouet en ajoutant le lait petit à petit. Couvrez la pâte et laissez reposer pendant 2 heures.

Dans un saladier, malaxez le beurre avec le jus de mandarine, le zeste râpé et le sucre en poudre.

Graissez une poêle bien chaude (idéalement une crêpière antiadhésive) avec l'huile à l'aide d'un morceau de papier absorbant. Versez-y une petite louche de pâte. Inclinez la poêle dans tous les sens pour bien répartir la pâte. Remettez sur le feu. Quand la pâte est mate, décollez les bords avec une spatule et retournez la crêpe. Faites cuire l'autre face pendant 1 minute environ : la crêpe doit devenir blonde. Procédez de la même façon jusqu'à épuisement de la pâte.

Déposez un peu de beurre parfumé sur chaque crêpe, pliez-les en quatre, disposez-les dans un plat de service allant au four et gardez-les au chaud.

Amenez le plat sur la table, faites chauffer l'alcool dans une petite casserole, versez-le sur les crêpes et flambez devant les convives.

CONSEIL : La finesse des crêpes dépend du temps de repos de la pâte et de sa consistance. Pour apprécier cette dernière, trempez une louche dans la pâte, retournez-la et passez-y le doigt : si la pâte n'est pas trop liquide, il doit rester une trace bien nette. Une pâte trop épaisse peut être délayée avec un peu d'eau ou de lait (jusqu'à 10 cl) juste avant la cuisson.

BEIGNETS AUX POMMES

POUR 20 BEIGNETS
PRÉPARATION : 30 min
REPOS DE LA PÂTE : 1 h
CUISSON : 4 min par fournée

- 4 pommes belle de Boskoop (ou reine des reinettes)
- Huile pour la friture

Pour la pâte à beignets

- 125 g de farine
- 1/2 cuill. à café de sel fin
- 1 œuf entier
- 1 cuill. à soupe d'huile d'arachide
- 15 cl de bière

Pour le sucre à la cannelle

- 45 g de sucre en poudre
- 1 cuill. à café de cannelle en poudre

À NOTER

Ne fouettez jamais une pâte à beignets : elle adhérerait moins bien aux aliments ; remuez toujours avec une spatule.

Préparez la pâte à beignets : mettez la farine et le sel dans un saladier et creusez un puits au centre. Cassez-y l'œuf, puis ajoutez l'huile. Mélangez vigoureusement au fouet en ajoutant la bière petit à petit. Laissez reposer pendant au moins 1 heure au réfrigérateur.

Épluchez les pommes et, avec un vide-pomme, ôtez-en le cœur, puis coupez chacune d'elles en cinq tranches épaisses.

Préparez le sucre à la cannelle : mélangez le sucre en poudre avec la cannelle dans une assiette. Plongez chaque rondelle de pomme dans ce sucre parfumé à la cannelle, en insistant pour que le sucre y adhère bien.

Faites chauffer l'huile de friture à 175 °C.

Piquez ensuite chaque rondelle sur une longue fourchette, trempez-les dans la pâte à beignets et plongez-les dans la friture chaude. Faites-les cuire environ 4 minutes en les retournant avec une écumoire à mi-cuisson. Lorsqu'ils sont bien dorés, sortez-les de la friture et déposez-les sur du papier absorbant. Mettez-les sur le plat de service et servez-les aussitôt.

POUR VARIER : Le beignet se prête à de nombreuses interprétations : à partir de la pâte à beignets, préparez-en aux bananes, à la brioche, aux cerises...

PETS-DE-NONNE

POUR 30
PETS-DE-NONNE
PRÉPARATION : **30 min**
CUISSON : **25 à 30 min**

- Huile pour la friture
- Sucre glace

Pour la pâte à choux

- 5 cl d'eau
- 6 cl de lait frais entier
- 1 petite cuill. à café de sel fin
- 1 petite cuill. à café de sucre en poudre
- 45 g de beurre
- 60 g de farine
- 2 œufs entiers

Préparez la pâte à choux : mettez l'eau, le lait, le sel, le sucre en poudre et le beurre dans une grande casserole à fond épais. Portez le tout à ébullition. Ajoutez toute la farine d'un coup et mélangez vivement en remuant à l'aide d'une spatule en bois, jusqu'à ce que la pâte soit bien lisse et homogène. Lorsqu'elle se détache des parois, baissez le feu et continuez de remuer 2 ou 3 minutes, afin de la dessécher un peu. Retirez la casserole du feu et laissez un peu tiédir la pâte. Ajoutez les œufs un par un en continuant de travailler la pâte jusqu'à ce qu'elle soit bien lisse.

Faites chauffer l'huile à 170-180 °C.

À l'aide de deux cuillères à café, formez une dizaine de boules de pâte de la taille d'une noix et déposez-les dans l'huile. Faites-les cuire 2 ou 3 minutes en les retournant avec une écumoire à mi-cuisson. Lorsqu'elles sont bien dorées, sortez-les à l'écumoire et déposez-les sur du papier absorbant.

Continuez ainsi jusqu'à ce qu'il n'y ait plus de pâte.

Déposez les pets-de-nonne sur un plat de service et saupoudrez-les de sucre glace. Servez-les aussitôt sinon ils se dégonflent et ne peuvent être réchauffés.

POUR VARIER : **Préparez des petits choux amandines en beignets : ajoutez à la pâte à choux 50 g d'amandes effilées et réalisez la recette de la même façon. Servez les choux tièdes avec un coulis de fruit de votre choix.**

CHURROS

POUR 45 CHURROS
PRÉPARATION : **10 min**
REPOS DE LA PÂTE : **1 h**
CUISSON : **10 min**

> 25 cl d'eau
> 60 g de beurre
> 1 pincée de sel
> 60 g de sucre en poudre
> 225 g de farine
> 2 œufs
> Huile de tournesol (ou de pépins de raisin) pour la friture

Dans une casserole, faites bouillir l'eau avec le beurre, le sel et 2 pincées de sucre en poudre. Ajoutez la farine d'un coup et remuez bien à l'aide d'une cuillère en bois jusqu'à obtenir une pâte épaisse et lisse.

Hors du feu, incorporez les œufs battus, mélangez et laissez la pâte reposer 1 heure au frais.

Faites chauffer l'huile de friture à 180 °C.

Mettez la pâte dans une presse à churros ou dans une poche à douille cannelée. Faites tomber dans la friture des bandes de pâte de 10 cm de long en les coupant à l'aide de ciseaux au ras de la douille. Opérez en plusieurs fois, pour que les beignets ne collent pas les uns aux autres.

Laissez-les dorer, retournez-les dans la friture avec l'écumoire. Retirez-les et égouttez-les sur du papier absorbant.

Saupoudrez les churros de sucre en poudre et servez-les tièdes.

CONSEIL : On trouve des presses à churros spéciales sur Internet.

À NOTER

Les churros sont des beignets que l'on déguste en Espagne au petit-déjeuner, accompagnés de chocolat chaud très épais.

GAUFRES AU SUCRE GLACE

POUR 5 À 10 GAUFRES
PRÉPARATION : 15 min
REPOS : 1 h
CUISSON : 10 min

- Huile pour le moule
- Sucre glace

Pour la pâte à gaufres

- 5 cl de crème fraîche liquide
- 20 cl de lait entier
- 3 g de sel fin
- 75 g de farine
- 30 g de beurre
- 3 œufs entiers
- 1 cuill. à café d'eau de fleur d'oranger

Préparez la pâte à gaufre : dans une casserole, faites bouillir la crème et la moitié du lait. Laissez-les refroidir. Dans une autre casserole, portez à ébullition le reste du lait avec le sel ; ajoutez la farine en pluie et le beurre. Faites cuire et dessécher pendant 2 ou 3 minutes en remuant avec une spatule, comme pour une pâte à choux. Versez ce mélange dans un grand saladier, incorporez-y les œufs, un par un, puis la crème et le lait bouillis, et enfin l'eau de fleur d'oranger. Mélangez et laissez refroidir complètement. Laissez reposer la pâte à gaufres au moins 1 heure.

Graissez le moule à gaufre avec un pinceau trempé dans l'huile et faites-le chauffer. Versez une petite louche de pâte dans une moitié du gaufrier ouvert, de façon à la remplir, mais sans en faire déborder.

Fermez le gaufrier, puis retournez-le pour que la pâte se répartisse également dans les deux parties du moule. Faites cuire chaque côté pendant 2 minutes. Ouvrez le gaufrier, démoulez la gaufre et saupoudrez-la de sucre glace.

POUR VARIER : Si les gaufres sont délicieuses à déguster telles quelles, vous pouvez aussi les recouvrir de confiture, de crème fraîche ou même de crème Chantilly.

BUGNES

POUR ENVIRON 50 BUGNES
PRÉPARATION : 45 min
REPOS : 12 h
CUISSON : 2 à 3 min par fournée

- 80 g de beurre mou
- 250 g de farine
- 2 œufs
- 40 g de sucre en poudre
- 5 g de sel fin
- 2 cuill. à soupe d'huile
- Le zeste de 1/2 citron très finement râpé
- 5 cl de rhum brun
- Huile pour la friture
- Sucre glace

La veille, tamisez la farine en fontaine sur le plan de travail, cassez les œufs au milieu, ajoutez le sucre en poudre, le sel, l'huile et le beurre mou, puis mélangez à la main en ramenant peu à peu la farine vers le centre. Pétrissez longuement jusqu'à obtention d'une pâte bien lisse qui se décolle des doigts. Incorporez le zeste de citron et le rhum et travaillez la pâte encore quelques instants. Mettez-la dans un saladier et laissez reposer au frais jusqu'au lendemain.

Le lendemain, faites chauffer l'huile de friture à 180 °C.

Abaissez la pâte au rouleau aussi finement que possible sur le plan de travail légèrement fariné. Découpez-la à la roulette crantée ou au couteau en formes libres selon votre inspiration.

Plongez au fur et à mesure ces petits morceaux de pâte dans l'huile bien chaude, sans les serrer pour leur permettre de gonfler, et laissez-les dorer en les retournant une fois.

Égouttez les bugnes sur un papier absorbant et saupoudrez-les de sucre glace. Servez-les chaudes ou tièdes.

CONSEIL : **Époussetez bien la farine avec un gros pinceau sec sur les beignets avant de les cuire, car la farine brûle et noircit l'huile.**

GRANDES OCCASIONS

À NOTER

Les bugnes sont des beignets du Lyonnais, à déguster traditionnellement les jours de fête, surtout le Mardi Gras, pour le carnaval.

PETITS PLUS TRÈS GOURMANDS

TRUFFES AU CHOCOLAT NOIR

POUR 20 TRUFFES ENVIRON

PRÉPARATION : 30 min • RÉFRIGÉRATION : 2 h • CUISSON : 3 min environ

300 g de chocolat noir • 1 cuill. à soupe de lait • 100 g de beurre • 2 jaunes d'œufs • 5 cl de crème fraîche • 125 g de sucre glace • 1 cuill. à soupe d'un alcool (facultatif) • 250 g de cacao amer

1 Mettez une petite casserole sur un bain-marie et cassez-y le chocolat en morceaux.

2 Versez le lait et mélangez jusqu'à ce que le chocolat soit bien fondu et lisse.

3 Incorporez progressivement le beurre en petits morceaux.

4 Ajoutez les jaunes d'œufs un par un.

5 Ajoutez la crème fraîche et le sucre glace.

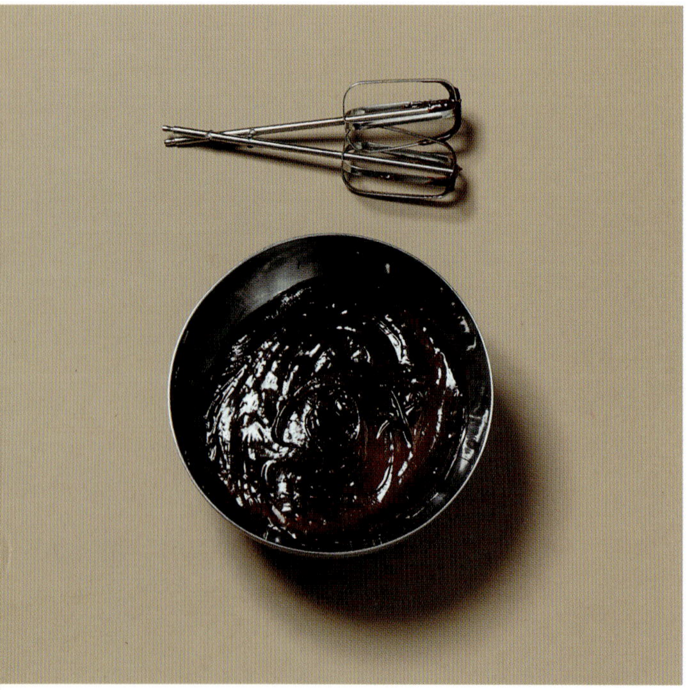

6 Vous pouvez éventuellement ajouter un parfum : rhum, cognac ou un autre alcool. Fouettez la pâte pendant 5 minutes.

7 Étalez la pâte sur une plaque recouverte de papier sulfurisé sur une épaisseur de 2 cm environ et mettez-la au réfrigérateur pendant 2 heures.

8 Étalez le cacao dans un grand plat ou sur une plaque.

9 Découpez le contenu de la plaque en petits carrés.

10 Plongez les mains dans le cacao en poudre, prenez un carré, roulez-le rapidement pour former une boule et reposez-le aussitôt dans le cacao. Agissez vite pour ne pas ramollir les truffes.

11 Quand les truffes sont toutes façonnées, retirez-les du cacao et mettez-les dans une coupe. Gardez-les dans un endroit frais (mais pas au réfrigérateur) jusqu'à la dégustation.

CARAMELS AU CHOCOLAT

POUR 50 À 60 CARAMELS
PRÉPARATION : **10 min**
CUISSON : **10 à 12 min**

- 250 g de sucre en poudre
- 100 g de crème fraîche
- 50 g de miel
- 50 g de cacao en poudre
- 1 cuill. à soupe d'huile de tournesol

Préparez le caramel : dans une casserole, mélangez le sucre, la crème fraîche, le miel et le cacao. Chauffez en remuant à la cuillère en bois jusqu'à ce que le caramel devienne d'une couleur ambre foncé.

Posez un cadre métallique rectangulaire (sinon un cercle de 22 cm de diamètre) sur une feuille de papier sulfurisé, huilez le tout légèrement au pinceau. Versez-y le caramel et laissez tiédir. Retirez le cadre et découpez le caramel en carrés. Enveloppez-les dans des carrés de papier cristal et rangez-les dans une boîte.

POUR VARIER : **Préparez des caramels mous au café : procédez de la même façon avec 250 g de sucre en poudre, 100 g de crème fraîche, 2 cuillerées à soupe d'extrait de café et 12 gouttes de jus de citron.**

CONSEIL : **On trouve du papier cristal en rouleau dans les magasins de loisirs créatifs.**

CERISES DÉGUISÉES AU CHOCOLAT

POUR 30 CERISES
PRÉPARATION : 15 min
MACÉRATION : 15 jours

- 30 cerises à chair ferme
- 20 cl de cognac
- 250 g de chocolat noir à 70 % de cacao

Choisissez des fruits parfaitement sains. Rincez-les à l'eau fraîche en laissant la queue et séchez-les avec soin. Mettez-les dans un récipient haut, arrosez-les avec le cognac, couvrez de film alimentaire et laissez macérer au réfrigérateur pendant 15 jours.

Égouttez les cerises, étalez-les sur une épaisse couche de papier absorbant et laissez-les bien sécher.

Avec un grand couteau, coupez le chocolat en très petits morceaux sur une planche ou râpez-le. Mettez-le dans une casserole et faites-le fondre à feu très doux ou au bain-marie sans cesser de remuer.

Saisissez les cerises l'une après l'autre par la queue et plongez-les rapidement dans le chocolat fondu. Posez-les aussitôt sur une grille ou sur une plaque recouverte de papier sulfurisé (ou, à défaut, de film alimentaire) et laissez-les sécher. Renouvelez l'opération si vous souhaitez une couche de chocolat plus épaisse.

Mettez les cerises dans des caissettes en papier plissé avant de les disposer sur un plat ou rangez-les dans une boîte hermétique si vous désirez les conserver quelques jours.

POUR VARIER : Vous pouvez aussi utiliser des cerises à l'eau-de-vie déjà préparées, ou encore, selon votre goût, ne pas les faire macérer.

CHOCOLAT CHAUD À L'ANCIENNE

POUR 4 PERSONNES
PRÉPARATION : 10 min
CUISSON : 4 à 6 min

- 60 cl d'eau
- 50 g de sucre en poudre
- 125 g de chocolat noir à 70 % de cacao
- 25 g de cacao en poudre

Portez l'eau à ébullition avec le sucre en poudre. Hachez le chocolat. Ajoutez le chocolat haché et le cacao dans l'eau bouillante en fouettant vivement au fouet à main. Retirez du feu et mixez le mélange pendant 3 minutes à l'aide d'un mixeur plongeant. Versez le chocolat chaud dans quatre tasses et servez aussitôt.

PETIT BUDGET

FONDUE AU CHOCOLAT

POUR 4 À 6 PERSONNES
PRÉPARATION : 20 min
CUISSON : 5 min

Pour la fondue

- 350 g de chocolat noir
- 15 cl de crème fraîche liquide
- 2 cuill. à soupe de rhum ou d'un autre alcool (facultatif)

Pour les accompagnements

- 250 g de pain de mie brioché (ou de brioche) de la veille
- 2 poires
- 2 bananes
- Le jus de 1/2 citron
- 250 g de fraises (en saison)
- 1/4 d'ananas

Préparez la fondue : cassez le chocolat en morceaux ou râpez-le grossièrement dans une casserole. Ajoutez la crème liquide et chauffez 5 minutes à feu très doux en remuant avec une spatule en bois jusqu'à l'obtention d'une crème lisse et homogène. Incorporez éventuellement l'alcool choisi et mélangez bien.

Préparez les accompagnements : coupez le pain de mie en bouchées. épluchez les poires et les bananes, coupez-les en gros cubes, mettez-les dans un saladier et arrosez-les avec le jus de citron. Rincez les fraises, équeutez-les et séchez-les bien sur du papier absorbant. Épluchez l'ananas, retirez le cœur fibreux et coupez-le en gros dés. Répartissez-les dans des coupelles ainsi que les bouchées de pain de mie et disposez-les sur la table.

Au moment de servir, posez le réchaud à fondue sur la table et allumez-le en réglant la température au minimum. Versez le mélange au chocolat très chaud dans le caquelon.

Chacun piquera l'aliment de son choix avec une fourchette à fondue, puis le trempera dans la sauce au chocolat pour bien l'en enrober.

CONSEIL : Au lieu du réchaud, vous pouvez utiliser une petite casserole, en fonte de préférence, que vous posez sur un dessous de plat en la remettant sur le feu de temps en temps quand la sauce au chocolat commence à trop épaissir.

POUR VARIER : Vous pouvez utiliser tous les fruits de saison fermes : pomme, mangue, raisin, abricot… et remplacer le pain brioché par de la brioche, des madeleines, du quatre-quarts ou des biscuits à la cuillère.

ÉCORCES D'ORANGE CONFITES

POUR 400 G
PRÉPARATION : 20 min
CUISSON : 1 h 30
MACÉRATION : 1 nuit
SÉCHAGE : 24 h

- 6 oranges non traitées à peau épaisse
- 500 g de sucre en poudre
- 10 cl de jus d'orange

Faites bouillir une casserole d'eau. Coupez les deux extrémités des oranges. Incisez la peau en quatre endroits avec un petit couteau et prélevez-la en quatre quarts réguliers. Plongez-les dans l'eau bouillante, laissez-les bouillir 1 minute, égouttez-les dans une passoire et rincez-les à l'eau froide.

Mettez dans une grande casserole 50 cl d'eau, le sucre en poudre et le jus d'orange ; portez à ébullition. Ajoutez-y les écorces d'orange, couvrez et faites cuire à feu doux 1 h 30. Laissez refroidir les écorces une nuit dans le sirop, puis égouttez-les sur une grille. Laissez-les sécher 24 heures avant de les ranger dans une boîte hermétique.

CONSEIL : Transvasez le sirop restant dans une petite bouteille pour aromatiser des desserts ou pour mélanger à de l'eau gazeuse.

POUR VARIER : Ces écorces confites vous serviront pour de nombreux desserts et gâteaux. Pour en faire des friandises, coupez-les en lanières que vous roulerez dans du sucre cristallisé.

CARAMEL AU BEURRE SALÉ

POUR 280 G ENVIRON
PRÉPARATION : 5 min
CUISSON : 15 à 20 min

- 25 g de beurre demi-sel (ou salé), bien froid
- Le jus de 1/2 citron
- 150 g de sucre en poudre
- 10 cl de crème fraîche liquide

Coupez le beurre en morceaux et entreposez-le dans un bol au réfrigérateur en attendant de l'utiliser. Pressez le demi-citron et filtrez le jus.

Dans une casserole à fond épais, faites fondre le sucre avec le jus du citron. Faites cuire ce mélange à feu doux, pour éviter la formation de paquets. N'ajoutez pas d'eau et, surtout, ne remuez pas. À l'aide d'un pinceau imbibé d'eau, nettoyez régulièrement la paroi interne de la casserole pour éliminer les projections.

Pendant ce temps, faites chauffer doucement la crème fraîche liquide dans une petite casserole à fond épais.

Lorsque le caramel est blond, arrêtez la cuisson. Versez dessus la crème chaude, en filet, tout en remuant. Une fois la crème incorporée, ajoutez les morceaux de beurre et mélangez à la spatule en bois, jusqu'à obtenir une préparation bien homogène.

À NOTER

Conservé à température ambiante, ce caramel reste mou. Vous pouvez l'étaler sur une pâte brisée, comme sous-couche d'une ganache au chocolat, d'une tarte au citron, à l'orange, aux poires ou aux pommes, à l'ananas. Il se conserve pendant 3 jours au réfrigérateur, mais, attention, car dans ce cas il durcit.

CONFITURE DE LAIT

POUR ENVIRON 3 POTS DE 375 G
PRÉPARATION : **5 min**
CUISSON : **4 à 5 h**

- 1 l de lait frais entier
- 1,25 kg de sucre cristallisé
- 1 gousse de vanille

Versez le lait et le sucre dans une casserole. Faites chauffer à feu très doux et remuez jusqu'à ce que le sucre soit complètement dissous.

Placez la casserole dans un bain-marie n'atteignant pas l'ébullition et laissez cuire à feu doux pendant 4 ou 5 heures, en remuant régulièrement avec une cuillère en bois, et jusqu'à ce que la préparation se concentre et épaississe.

Quand la confiture a la consistance d'un miel épais et la couleur du caramel blond, retirez du bain-marie. Mélangez une dernière fois, mettez en pots, couvrez à chaud et stérilisez.

CONSEIL : **Cette confiture atypique est pourtant une recette classique, originaire du nord de la France. Si vous ne la stérilisez pas, conservez-la au réfrigérateur et n'en préparez que de petites quantités à la fois.**

CONFITURE D'ABRICOTS À LA VANILLE

POUR ENVIRON 5 POTS DE 375 G

PRÉPARATION : 30 min (sur 2 jours)

MACÉRATION : 12 h

CUISSON : 20 min environ

- 1,1 kg d'abricots mûrs mais fermes (soit 1 kg net)
- 800 g de sucre cristallisé
- 2 gousses de vanille
- Le jus de 1 citron

Pour fermer les pots

- 1 bloc de paraffine

La veille, rincez les abricots à l'eau fraîche, essuyez-les, puis ouvrez-les en deux et dénoyautez-les. Mettez les abricots dans un saladier en alternant les couches avec le sucre et en répartissant les gousses de vanille fendues et le jus de citron. Couvrez et laissez macérer au moins 12 heures, jusqu'à ce que le sucre soit bien dissous.

Le lendemain, transvasez le mélange dans la bassine à confiture et portez à ébullition à feu moyen. Écumez, baissez le feu et laissez cuire à petits frémissements 20 minutes, en remuant souvent avec une cuillère en bois.

Quand le jus a bien réduit, vérifiez la cuisson avec une assiette (versez une goutte de confiture sur une assiette bien froide : elle doit prendre la forme d'une goutte bombée et ne pas couler) ou le thermomètre à sucre (105 °C). Retirez la bassine du feu, puis mettez dans les pots.

Fermez les pots : faites fondre très doucement le bloc de paraffine, retirez du feu et laissez tiédir ; versez-la sur la confiture froide, sur 3 ou 4 mm d'épaisseur et laissez-la durcir.

CONFITURE DE MANDARINES

POUR ENVIRON 4 POTS DE 375 G
PRÉPARATION : 40 min
CUISSON : 20 min environ

- 1 kg de mandarines à peau fine adhérant bien à la chair
- 800 g de sucre cristallisé
- Le jus de 1 petit citron

Pour fermer les pots

- 1 bloc de paraffine

Brossez les mandarines, épluchez-les, puis réservez l'écorce. Séparez les quartiers et retirez les filaments blancs. Enlevez les pépins et enfermez-les dans un carré de mousseline attaché par une ficelle. Hachez les écorces, faites-les cuire 5 minutes dans de l'eau bouillante. Égouttez-les.

Versez 25 cl d'eau et le sucre dans la bassine à confiture, et chauffez doucement en remuant, jusqu'à ce qu'il soit fondu. Ajoutez les écorces, et les pépins, portez à ébullition, écumez et laissez cuire à feu vif jusqu'au « petit perlé » (110 °C). Ajoutez les mandarines et le jus de citron, faites reprendre l'ébullition, écumez et laissez cuire à feu vif 10 minutes, pour que les fruits soient translucides et restent enfoncés dans le sirop. Vérifiez la cuisson avec le thermomètre à sucre (105 °C) ou une assiette (versez une goutte de confiture sur une assiette bien froide : elle doit se figer), et retirez du feu. Ôtez le paquet de pépins. Mettez en pots.

Fermez les pots : faites fondre très doucement le bloc de paraffine, retirez du feu et laissez tiédir. Versez-la sur la confiture froide, sur 3 ou 4 mm d'épaisseur et laissez-la durcir.

CONFITURE DE MYRTILLES AU CARAMEL

POUR 4 POTS DE 375 G
PRÉPARATION : **20 min**
CUISSON : **20 min environ**
MACÉRATION : **24 h**

- 1 kg de myrtilles
- 1,4 kg de sucre en poudre
- Le jus de 1 citron

Pour fermer les pots

- 1 bloc de paraffine

La veille, triez les myrtilles, rincez-les rapidement et séchez-les. Mettez-les dans la bassine à confiture avec 800 g de sucre en poudre, 25 cl d'eau et le jus de citron, portez doucement à ébullition en remuant, et laissez cuire 2 minutes. Transvasez dans un saladier, couvrez avec un film alimentaire ou un papier sulfurisé, et laissez macérer au frais pendant 24 heures.

Le lendemain, préparez un caramel avec 600 g de sucre en poudre et 30 cl d'eau. Passez les myrtilles dans un tamis. Faites-les cuire dans la bassine à confiture avec le jus de citron pendant 15 minutes. Versez le caramel sur les myrtilles chaudes, mélangez, mettez en pots.

Fermez les pots : faites fondre très doucement le bloc de paraffine, retirez du feu et laissez tiédir. Versez-la sur la confiture froide, sur 3 ou 4 mm d'épaisseur et laissez-la durcir.

À NOTER

Retrouvez d'autres méthodes pour fermer les pots (voir p. 487)

CONFITURE DE FIGUES AU MIEL

POUR ENVIRON 4 POTS DE 375 G

PRÉPARATION : 15 min

MACÉRATION : 12 h

CUISSON : 10 min environ

- 1 kg de petites figues blanches
- 1 pincée de cannelle en poudre
- 1/2 gousse de vanille
- 500 g de sucre cristallisé
- Le jus de 1 petit citron
- 250 g de miel crémeux

Pour fermer les pots

- 1 bloc de paraffine

La veille, rincez les figues et ôtez les queues. Coupez-les en six, mélangez-les avec la cannelle, la gousse de vanille fendue en deux, le sucre et le jus de citron. Couvrez et laissez macérer au frais 12 heures.

Le lendemain, transvasez le tout dans la bassine à confiture. Ajoutez le miel et mélangez délicatement. Portez doucement à ébullition, écumez et laissez cuire à feu vif 10 minutes environ, jusqu'à ce que la confiture épaississe et que les figues restent enfoncées dans le sirop.

Vérifiez la cuisson avec le thermomètre à sucre (105 °C) ou une assiette (versez une goutte de confiture sur une assiette bien froide : elle doit se figer), et retirez du feu. Mettez en pots.

Fermez les pots : faites fondre très doucement le bloc de paraffine, retirez du feu et laissez tiédir. Versez-la sur la confiture froide, sur 3 ou 4 mm d'épaisseur et laissez-la durcir.

CONFITURE DE GRIOTTES

POUR ENVIRON 4 POTS DE 375 G
PRÉPARATION : **20 min**
CUISSON : **15 min environ**

- 1,25 kg de griottes (soit 1 kg net)
- 1 kg de sucre cristallisé
- Le jus de 1 citron
- 15 cl de jus de pomme riche en pectine

Pour fermer les pots

- 1 bloc de paraffine

Rincez les griottes, essuyez-les délicatement, équeutez-les, puis dénoyautez-les. Versez le sucre en poudre, 25 cl d'eau et le jus de citron dans la bassine à confiture et chauffez doucement, en remuant, jusqu'à ce que le sucre soit complètement fondu. Portez à ébullition, écumez et faites cuire jusqu'au petit perlé (110 °C au thermomètre à sucre).

Ajoutez les griottes et le jus de pomme, mélangez et faites reprendre l'ébullition. Écumez et laissez cuire à feu vif, 10 minutes, jusqu'à ce que les fruits soient translucides et s'enfoncent dans le sirop. Vérifiez la cuisson avec un thermomètre (105 °C) ou une assiette (versez une goutte de confiture sur une assiette bien froide : elle doit se figer), et retirez du feu.

Mettez en pots et fermez-les : si vous utilisez des couvercles à vis, posez le couvercle sur le pot de confiture (encore chaude), vissez-le puis retournez-le jusqu'à complet refroidissement. Si vous utilisez des pots sans couvercle à vis, faites fondre très doucement le bloc de paraffine, retirez du feu et laissez tiédir. Versez-la sur la confiture bien froide, sur 3 ou 4 mm d'épaisseur et laissez-la durcir.

CONFITURE DE RHUBARBE AU GINGEMBRE

POUR ENVIRON 4 POTS DE 375 G
PRÉPARATION : **30 min**
CUISSON : **20 min environ**

- 1,2 kg de rhubarbe
- 30 g de racine de gingembre frais
- 75 g de gingembre confit
- 1 kg de sucre cristallisé
- Le jus de 1 petit citron
- 20 cl de jus de pomme riche en pectine

Pour fermer les pots

- 1 bloc de paraffine

Lavez les tiges de rhubarbe et coupez-les en tronçons de 2 cm. Pelez le gingembre frais et hachez finement le gingembre confit.

Mettez le sucre, 30 cl d'eau et le gingembre frais dans la bassine à confiture et chauffez doucement pour bien faire fondre le sucre. Portez à ébullition, écumez et faites cuire jusqu'au petit perlé (110 °C au thermomètre à sucre). Ajoutez la rhubarbe, le gingembre confit, le jus de pomme et de citron, faites reprendre l'ébullition, écumez et laissez cuire à feu vif 15 min environ, en remuant jusqu'au moment de la prise.

Vérifiez la cuisson avec un thermomètre (105 °C) ou une assiette (versez une goutte de confiture sur une assiette bien froide : elle doit se figer), et retirez du feu. Ôtez le morceau de gingembre frais.

Mettez en pots et fermez-les : faites fondre très doucement le bloc de paraffine, retirez du feu et laissez tiédir. Versez-la sur la confiture bien froide, sur 3 ou 4 mm d'épaisseur et laissez-la durcir.

CONFITURE DE ROSE

POUR ENVIRON 3 POTS DE 375 G
PRÉPARATION : **30 min** (sur 2 jours)
MACÉRATION : **12 h**
CUISSON : **15 min environ**

- 500 g de pétales de roses non traitées
- 1 kg de sucre cristallisé spécial confitures
- 5 cl d'eau de rose
- 125 g d'amandes effilées

Pour fermer les pots

- 1 bloc de paraffine

La veille, effeuillez les pétales de rose jusqu'à en obtenir 500 g. Coupez la base blanche des pétales avec des ciseaux. Mettez les pétales dans un saladier avec 30 cl d'eau froide, et laissez macérer toute la nuit jusqu'à coloration de l'eau (c'est avec des roses rouge foncé qu'elle sera le plus intense).

Le lendemain, égouttez les pétales et versez l'eau de macération avec le sucre dans la bassine à confiture. Chauffez en remuant, portez au frémissement, écumez et jetez les pétales dans ce sirop. Faites reprendre l'ébullition 1 minute.

Ajoutez l'eau de rose et laissez cuire encore 5 minutes à petite ébullition jusqu'à ce que la confiture épaississe.

Retirez la bassine du feu, ajoutez les amandes et laissez reposer pendant 10 minutes. Portez à nouveau à ébullition, mélangez une dernière fois et mettez en pots.

Fermez les pots : faites fondre très doucement le bloc de paraffine, retirez du feu et laissez tiédir. Versez-la sur la confiture bien froide, sur 3 ou 4 mm d'épaisseur et laissez-la durcir.

CONSEIL : La fermeture des pots avec la paraffine a l'avantage d'être complètement hermétique. Lavez soigneusement les disques de paraffine une fois utilisés et conservez-les pour les réutiliser. Vous pouvez essayer d'autres méthodes pour fermer les pots de confiture (voir p. 487).

MARMELADE DE KIWIS

POUR ENVIRON 4 POTS DE 375 G

PRÉPARATION : **30 min (sur 2 jours)**

MACÉRATION : **12 h**

CUISSON : **15 min environ**

- 1,2 kg de kiwis (soit 1 kg net)
- 900 g de sucre cristallisé
- Le jus de 4 citrons verts
- 10 cl de jus de pomme riche en pectine

Pour fermer les pots

- 1 bloc de paraffine

La veille, pelez les kiwis et détaillez-les en dés. Mélangez-les avec le sucre en poudre et le jus des citrons, laissez macérer pour humidifier le sucre. Transvasez le mélange dans la bassine à confiture, portez à ébullition et retirez aussitôt du feu. Versez de nouveau dans le saladier, couvrez avec un film alimentaire et laissez macérer pendant 12 heures.

Le lendemain, remettez l'ensemble dans la bassine à confiture. Ajoutez le jus de pomme, portez à ébullition, écumez et faites cuire à feu vif, sans cesser de remuer, pendant 10 minutes environ, jusqu'à ce que les fruits s'écrasent en purée et que le mélange épaississe.

Vérifiez la cuisson avec un thermomètre (105 °C) ou une assiette (versez une goutte de confiture sur une assiette bien froide : elle doit se figer), et retirez du feu.

Mettez en pots et fermez-les : faites fondre très doucement le bloc de paraffine, retirez du feu et laissez tiédir. Versez-la sur la confiture bien froide, sur 3 ou 4 mm d'épaisseur et laissez-la durcir.

MARMELADE DE FRAMBOISES « VITE FAITE »

POUR 4 OU 5 POTS DE 375 G
PRÉPARATION : **10 min**
CUISSON : **5 min environ**

- 1 kg de framboises
- 1 kg de sucre cristallisé
- le jus de 1 petit citron

Pour fermer les pots

- 1 bloc de paraffine

Triez les framboises sans les laver. Passez-les rapidement au mixeur pour les réduire en purée. Versez la pulpe de framboises et le jus de citron dans la bassine à confiture, et portez à ébullition. Aux premiers bouillons, ajoutez le sucre. Faites repartir l'ébullition en mélangeant bien, écumez et laissez cuire pendant 5 minutes environ.

Vérifiez la cuisson avec un thermomètre (105 °C) ou une assiette (versez une goutte de confiture sur une assiette bien froide : elle doit se figer), et retirez du feu.

Mettez en pots et fermez-les : faites fondre très doucement le bloc de paraffine, retirez du feu et laissez tiédir. Versez-la sur la confiture bien froide, sur 3 ou 4 mm d'épaisseur et laissez-la durcir.

CONSEIL : Le remplissage des pots se fait toujours à chaud, tout de suite après la cuisson, pour que la confiture soit bien liquide. Les pots doivent être propres.

GELÉE DE COING

POUR ENVIRON 5 POTS DE 375 G
PRÉPARATION : **15 min**
CUISSON : **50 min environ**
FILTRAGE : **3 ou 4 h**

- 1 kg de coings
- Même poids de sucre cristallisé que de jus obtenu
- Le jus de 1 citron

Frottez les coings pour retirer le duvet, puis rincez-les. Coupez-les en morceaux, en laissant le cœur et les pépins. Mettez les fruits dans un petit faitout avec 2 l d'eau et faites cuire à feu doux pendant 30 à 40 minutes, jusqu'à ce qu'ils s'écrasent sous la pression du doigt. Transvasez l'ensemble dans un tamis fin et recueillez le jus en le laissant s'écouler lentement, sans presser les fruits, dans un récipient placé en dessous.

Pesez le jus et préparez le même poids de sucre en poudre. Mélangez le jus des coings, le sucre et le jus de citron dans la bassine à confiture et chauffez doucement en tournant, jusqu'à ce que le sucre soit totalement dissous. Portez à ébullition, écumez et laissez cuire à feu vif, pendant environ 10 minutes, jusqu'à ce que la gelée prenne. Vérifiez la cuisson avec un thermomètre (105 °C) ou une assiette (versez une goutte de confiture sur une assiette bien froide : elle doit se figer), et retirez du feu.

Mettez en pots et fermez-les à chaud avec des carrés de film alimentaire : humectez avec une éponge humide les carrés, posez-les sur le pot, face humide vers l'extérieur, tendez-les bien puis fermez avec un élastique.

GELÉE DE CASSIS

POUR 4 OU 5 POTS DE 375 G
PRÉPARATION : 10 min
CUISSON : 5 min environ

> 1 kg de framboises
> 1 kg de sucre cristallisé
> le jus de 1 petit citron

Pour fermer les pots

> 1 bloc de paraffine

Rincez les cassis à l'eau fraîche, puis égrappez-les. Mettez les fruits et 25 cl d'eau dans une casserole et portez à ébullition. Laissez cuire à feu vif jusqu'à ce que les grains éclatent. Versez dans un tamis fin et laissez le jus s'écouler lentement. Recueillez-le dans un récipient placé en dessous. Pesez-le et préparez le même poids de sucre.

Mélangez le sucre, le jus de citron et 25 cl d'eau dans la bassine à confiture et chauffez doucement en remuant pour faire fondre le sucre. Portez à ébullition, écumez et laissez cuire jusqu'au petit perlé (110 °C au thermomètre à sucre). Ajoutez le jus de cassis en remuant vivement, écumez et faites cuire à feu vif, environ 5 minutes, jusqu'à ce que la gelée prenne. Vérifiez la cuisson avec un thermomètre (105 °C) ou une assiette (versez une goutte de confiture sur une assiette bien froide : elle doit se figer), et retirez du feu.

Mettez en pots et fermez-les à chaud avec des carrés de film alimentaire : humectez avec une éponge humide les carrés, posez-les sur le pot, face humide vers l'extérieur, tendez-les bien puis fermez avec un élastique.

LEMON CURD

POUR 300 G ENVIRON
PRÉPARATION : **15 min**
CUISSON : **10 min**

- 50 g de beurre mou
- 2 citrons non traités
- 2 œufs entiers
- 100 g de sucre en poudre
- 1 cuill. à café de fécule de maïs

Coupez le beurre ramolli en petits dés. Rincez les citrons, séchez-les et, à l'aide d'un couteau zesteur, prélevez-en le zeste au-dessus d'un bol. Pressez les citrons. Dans une casserole, mettez les zestes puis versez le jus des citrons.

Dans un saladier, battez les œufs. Ajoutez le sucre et le beurre tout en fouettant. Délayez la fécule de maïs dans une cuillerée à soupe de ce mélange et versez le tout dans la casserole.

Faites cuire à feu très doux sans cesser de fouetter, jusqu'à épaississement de la préparation. Lorsque celle-ci est bien crémeuse, filtrez-la à travers une passoire à grille fine ou un chinois et versez-la aussitôt dans un pot en verre. Laissez refroidir puis fermez le pot.

CONSEIL : **La cuisson peut s'effectuer au bain-marie. Le lemon curd se conserve 15 jours dans le réfrigérateur.**

À NOTER

Le lemon curd, ou « crème de citron », est d'origine anglaise. Il s'emploie étalé sur un fond de tarte puis recouvert de fruits, mais aussi sur une pâte briochée, sur du pain grillé ou une génoise.

ATELIER PÂTISSERIE

Foncer un moule à tarte

1 Disposez en rangées les moules à tartelette beurrés. Étalez la pâte au rouleau à pâtisserie. Enroulez le morceau de pâte autour du rouleau, puis déroulez-le en veillant à ce qu'il recouvre tous les moules.

2 Passez le rouleau à pâtisserie sur l'ensemble des moules pour faire tomber l'excédent de pâte.

3 Appliquez la pâte au fond des moules en tapotant avec une boulette de pâte farinée. Procédez de la même façon pour tout type de moule.

Cuire une pâte à blanc

1 Découpez un rond de papier sulfurisé pour chaque moule. Après avoir piqué le fond de pâte avec une fourchette, ajustez le rond de papier sulfurisé dans chaque moule, sur le fond de pâte.

2 Garnissez les fonds de pâte sur toute la surface de légumes secs (ou de billes de céramique). Enfournez à la température indiquée dans la recette.

3 Retirez les légumes secs, puis le papier. À l'aide d'un pinceau, badigeonnez le fond de pâte avec du jaune d'œuf battu. Enfournez de nouveau les moules de 3 à 5 minutes.

Pâte brisée

POUR 300 G DE PÂTE

PRÉPARATION : **10 min**
REPOS : **30 min minimum**

- **100 g de beurre froid**
- **200 g de farine tamisée**
- **1 pincée de sel fin**
- **2 cuill. à soupe de sucre en poudre (facultatif)**
- **5 cuill. à soupe d'eau froide**

1 Coupez le beurre en très petits morceaux. Dans un saladier, versez la farine et creusez un puits au milieu. Ajoutez le sel, puis les morceaux de beurre.

2 Assemblez rapidement les ingrédients en effritant le mélange du bout des doigts. Versez juste assez d'eau (1 cuillerée à soupe à la fois) pour amalgamer l'ensemble, puis travaillez rapidement la pâte jusqu'à ce qu'elle soit bien souple. Elle ne doit être ni trop molle ni collante.

3 Farinez très légèrement le plan de travail, posez-y la pâte, puis étalez-la en l'écrasant et en la repoussant avec la paume de la main, mais sans trop la pétrir.

4 Rassemblez la pâte, formez une boule et aplatissez-la entre vos mains. Enveloppez-la d'un film alimentaire et laissez-la reposer au moins 30 minutes au réfrigérateur.

Bon à savoir

La cuisson à blanc de la pâte se fait à 180 °C (therm. 6) pendant 10 à 15 minutes.

Pâte sablée

POUR 500 G DE PÂTE

PRÉPARATION : **10 min**
REPOS : **30 min minimum**

- **70 g de sucre en poudre**
- **250 g de farine**
- **160 g de beurre mou**
- **1 œuf entier**

1 Tamisez la farine au-dessus du plan de travail. Coupez le beurre en petits morceaux et travaillez-le du bout des doigts avec la farine jusqu'à ce que la préparation soit sableuse et qu'il ne reste plus de morceaux de beurre.

2 Creusez un puits dans le sablage obtenu. Cassez-y l'œuf et versez le sucre en poudre. Mélangez du bout des doigts tous les ingrédients, mais sans trop les malaxer.

3 Écrasez la pâte sous votre paume, en poussant devant vous, pour la rendre bien homogène.

4 Roulez-la en boule, aplatissez-la entre vos mains. Enveloppez-la d'un film alimentaire et laissez-la reposer au moins 30 minutes au réfrigérateur.

Tour de main

N'hésitez pas à parfumer la pâte en fonction de sa garniture : ajoutez en même temps que la farine un zeste de citron, un peu de rhum, de l'extrait d'amande ou de vanille ou bien du cacao en poudre.

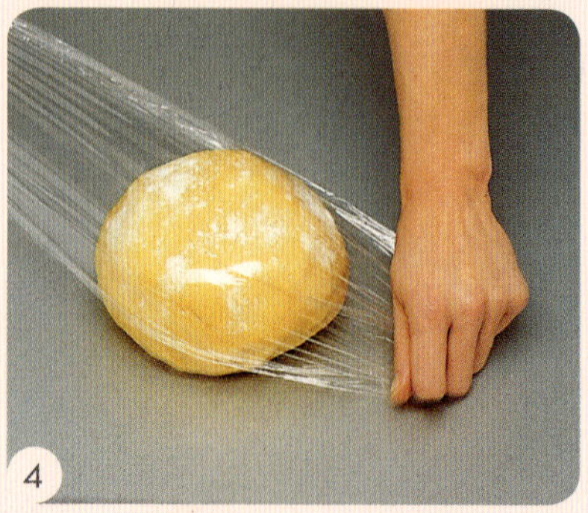

Pâte sucrée

POUR 250 G DE PÂTE

PRÉPARATION : **10 min**
REPOS : **30 min minimum**

- **1 œuf**
- **40 g de sucre glace**
- **2 cuill. à soupe de poudre d'amandes**
- **1 pincée de sel fin**
- **60 g de beurre mou**
- **110 g de farine tamisée**

1 Dans un saladier, cassez l'œuf, battez-le à la fourchette, puis ajoutez le sucre en poudre, la poudre d'amandes et le sel. Travaillez vivement le mélange avec une spatule en bois, jusqu'à ce qu'il blanchisse et devienne mousseux. Coupez le beurre en très petits morceaux.

2 Versez la farine tamisée d'un seul coup et mélangez rapidement avec la spatule.

3 Prenez la pâte par petites quantités dans les mains et écrasez-la entre les doigts. Elle ne doit pas faire corps, mais s'effriter en petits grains comme du sable.

4 Versez le contenu du saladier sur le plan de travail fariné. Répartissez le beurre en petits morceaux sur la pâte, puis pétrissez le tout à la main pour incorporer le beurre à la pâte.
Formez une boule. Enveloppez-la d'un film alimentaire et laissez-la reposer au moins 30 minutes au réfrigérateur.

1

2

3

4

Pour changer

La poudre d'amandes peut être remplacée par la même quantité de noisettes en poudre.

Pâte feuilletée

POUR 500 G DE PÂTE

PRÉPARATION : **30 min**
REPOS : **9 h**

- **10 cl d'eau froide environ**
- **1 pincée de sel fin**
- **200 g de beurre mou**
- **250 g de farine tamisée**

1 Préparez la détrempe. Dans un verre, versez l'eau froide, ajoutez du sel et laissez-le se dissoudre. Dans une petite casserole, faites fondre 30 g de beurre. Dans un saladier, mettez la farine tamisée et creusez un puits au milieu. Versez d'abord l'eau salée, puis le beurre. Délayez progressivement avec une spatule en bois, puis à la main. Travaillez cette pâte rapidement.

2 Rassemblez la détrempe en boule et aplatissez-la entre vos mains. Enveloppez-la dans un film alimentaire et laissez-la reposer pendant 2 heures au réfrigérateur.

3 Placez le reste du beurre entre deux feuilles de film alimentaire. Étalez-le au rouleau à pâtisserie de façon à obtenir un carré de 1 cm d'épaisseur.

4 Farinez légèrement le plan de travail et étalez la détrempe au rouleau à pâtisserie sur une épaisseur de 2 cm environ, en veillant à laisser au centre plus d'épaisseur que sur les bords. Étalez la détrempe pour former un grand carré aux angles bien droits. Posez le carré de beurre en travers au centre du carré de détrempe.

1

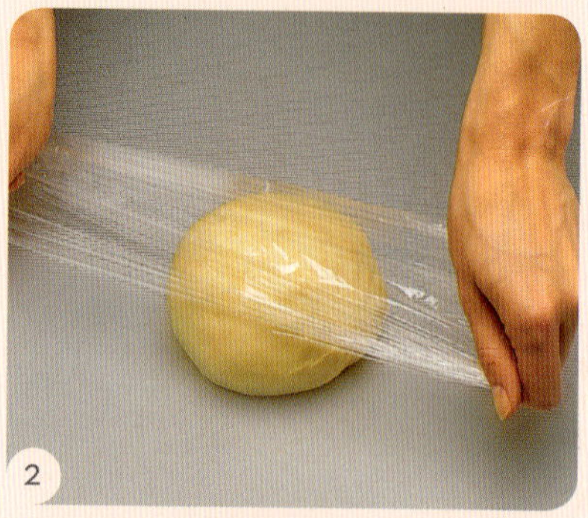
2

3

4

5 Repliez chaque coin de la détrempe sur le beurre, comme une enveloppe, de façon à obtenir un « pâton » de forme carrée.

5

6 Étalez ce pâton en un rectangle trois fois plus long que large.

6

7 Repliez la pâte en trois, pour former un carré : vous avez donné le premier « tour ». Laissez reposer la pâte pendant 2 heures au réfrigérateur. Faites ensuite pivoter la pâte d'un quart de tour et étalez-la en un rectangle de même taille que le précédent ; repliez de nouveau en trois : vous avez donné le deuxième tour. Laissez de nouveau reposer la pâte pendant au moins 1 heure au réfrigérateur.

7

8 Procédez ensuite de la même façon, en faisant deux tours à la suite, mais en laissant à chaque fois la pâte reposer 2 heures au réfrigérateur, jusqu'à avoir fait six tours. À chaque « tourage », faites, d'une pression du doigt, des marques sur le dessus de la pâte pour repérer le nombre de tours effectués.

8

Bon à savoir

La détrempe est un mélange de farine et d'eau : c'est le premier état d'une pâte avant d'y incorporer le beurre, les œufs ou le lait...

Pâte levée

POUR 400 G DE PÂTE

PRÉPARATION : **20 min**
REPOS : 3 h

- **5 g de levure de boulanger**
- **2 cuill à soupe de lait**
- **175 g de farine**
- **2 œufs**
- **1/2 cuill. à café de sel**
- **1 cuill. à soupe de sucre en poudre**
- **70 g de beurre mou**

1 Diluez la levure dans un bol avec le lait tiède et laissez reposer 10 minutes. Sur le plan de travail, mettez la farine en puits, puis ajoutez la levure diluée, les œufs, le sel, le sucre en poudre et le beurre mou.

2 Pétrissez le tout au moins 10 minutes jusqu'à ce que la pâte soit bien lisse et élastique (vous pouvez utiliser un robot muni d'un crochet ou une machine à pain).

3 Déposez la pâte dans un saladier, recouvrez celui-ci d'un torchon et laissez-la lever pendant 1 heure 30 environ dans un endroit chaud (près d'un radiateur l'hiver) jusqu'à ce qu'elle double de volume.

4 Faites redescendre la pâte en la pétrissant légèrement. Façonnez-la selon la forme et la taille désirée. Laissez-la lever de nouveau jusqu'à ce qu'elle double de volume avant de la cuire.

1

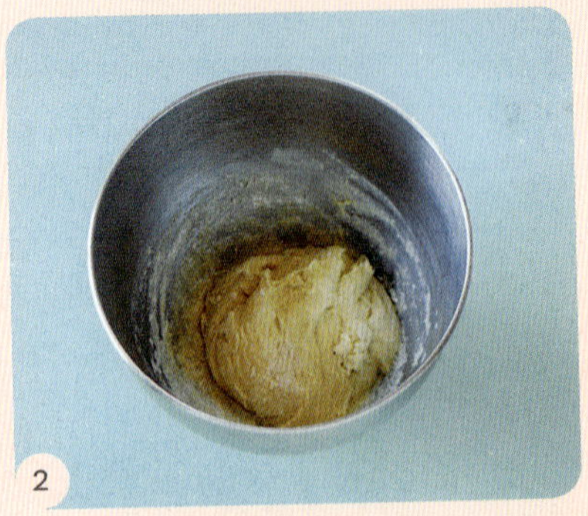
2

3

Bon à savoir

Cette pâte convient pour les brioches, babas, savarins, kouglofs. Elle est plus ou moins riche en beurre et œufs selon les recettes. Vous pouvez l'enrichir de raisins secs ou de fruits confits.

4

Pâte à choux

POUR 500 G DE PÂTE

PRÉPARATION : 15 min

- 8 cl d'eau
- 10 cl de lait frais entier
- 1 petite cuill. à café de sel fin
- 1 cuill. à soupe de sucre en poudre
- 75 g de beurre
- 100 g de farine
- 3 œufs entiers

1 Versez l'eau et le lait dans une casserole ; ajoutez le sel, le sucre en poudre et le beurre. Portez à ébullition en remuant avec une spatule.

2 Ajoutez toute la farine en une seule fois. Tournez énergiquement avec la spatule jusqu'à ce que la pâte soit lisse et homogène. Lorsqu'elle se détache des parois et du fond de la casserole, continuez de remuer la pâte pendant 2 ou 3 minutes, afin de la dessécher un peu.

3 Placez-la dans un saladier ; mettez les œufs entiers, un par un, en veillant à ce que le premier soit parfaitement incorporé avant d'ajouter le suivant. Continuez de travailler ainsi la pâte. Soulevez-la de temps en temps : quand elle retombe en formant un ruban, cela signifie qu'elle est prête.

4 Mettez-la dans une poche à douille et déposez-la sur une plaque à pâtisserie selon la forme que vous souhaitez, en forme de boudin, par exemple, pour les éclairs.

1

2

3

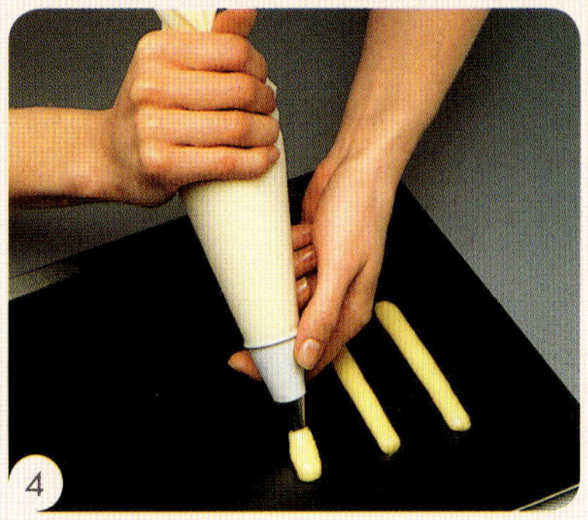
4

Tour de main

Travaillez vivement la masse sur feu vif avec une spatule en bois, jusqu'à ce qu'elle se décolle des parois du récipient : l'eau peut ainsi s'évaporer avant l'incorporation des œufs.

Pâte à crêpes

POUR 1 KG DE PÂTE (ENVIRON 15 CRÊPES DE 22 CM DE DIAMÈTRE)

PRÉPARATION : **10 min**
REPOS : **2 h**

- **250 g de farine**
- **50 cl de lait**
- **50 g de beurre**
- **3 œufs**
- **1 cuill. à café de sel fin**
- **2 cuill. à soupe de sucre en poudre (facultatif)**

1 Mettez la farine dans un saladier et creusez un puits au centre. Versez la moitié du lait dans ce creux et mélangez avec une spatule en bois en ramenant peu à peu la farine des bords vers le milieu.

2 Faites fondre le beurre à feu doux dans une petite casserole. Cassez les œufs dans un autre saladier et battez-les en omelette. Versez-les petit à petit sur la farine en remuant sans arrêt, puis ajoutez le beurre fondu, le sel et éventuellement le sucre en poudre. Continuez à remuer jusqu'à ce que le mélange soit parfaitement homogène.

3 Versez progressivement le reste du lait sans cesser de remuer afin d'éviter la formation de grumeaux. La pâte doit être lisse et fluide, mais non liquide. Couvrez-la et laissez-la reposer à température ambiante pendant 2 heures.

4 Faites cuire les crêpes à feu vif, l'une après l'autre, dans une crêpière ou une poêle très plate pendant environ 1 minute de chaque côté en ne les retournant qu'une seule fois.

Conseil pratique

Utilisez de préférence une poêle à revêtement antiadhésif : le beurre contenu dans la pâte suffira sans qu'il soit nécessaire de rajouter de matière grasse.

Pâte à beignets

POUR 350 G DE PÂTE (ENVIRON 12 BEIGNETS MOYENS)

PRÉPARATION : **10 min**
REPOS : **1 h au moins**

- **125 g de farine**
- **1/2 cuill. à café de sel fin**
- **1 œuf**
- **1 cuill. à soupe d'huile d'arachide**
- **15 cl de bière**

1 Versez la farine dans un saladier et creusez un puits au centre.

2 Mettez le sel sur le bord de la farine et cassez l'œuf dans le creux. Versez l'huile.

3 Mélangez l'œuf et l'huile à la spatule en incorporant en même temps un peu de farine. Continuez à remuer, mais sans fouetter, puis commencez à verser la bière.

4 Ajoutez peu à peu toute la bière sans cesser de tourner, en incorporant la farine au fur et à mesure jusqu'à ce que la pâte soit parfaitement lisse. Laissez reposer pendant au moins 1 heure au réfrigérateur.

1

2

3

4

Tour de main

Ne fouettez jamais une pâte à beignets : elle adhérerait moins bien aux aliments ; remuez toujours à la spatule.

Pâte à génoise

POUR 500 G DE PÂTE

PRÉPARATION : **30 min**

- **140 g de farine**
- **4 œufs entiers**
- **140 g de sucre en poudre**
- **40 g de beurre**

1 Tamisez la farine. Cassez les œufs dans un cul-de-poule (ou un autre récipient pouvant être placé dans un bain-marie). Versez par-dessus le sucre en poudre en pluie, en remuant. Mettez le cul-de-poule dans un bain-marie frémissant et commencez à fouetter.

1

2 Continuez jusqu'à ce que le mélange ait épaissi (55-60 °C, température encore supportable au doigt). Retirez ensuite cette préparation du bain-marie et fouettez-la au batteur électrique jusqu'à complet refroidissement.

2

3 Faites fondre le beurre. Mettez 2 cuillerées du précédent mélange dans un petit bol et incorporez-y le beurre fondu et tiède.

3

4 Versez ensuite la farine en pluie dans le cul-de-poule, en soulevant la pâte avec une spatule, puis ajoutez le contenu du petit bol, en mélangeant très délicatement.

4

Bon à savoir

Cette pâte à génoise, particulièrement légère, se conserve au congélateur une fois cuite, enveloppée dans du film alimentaire.

Pâte à dacquoise à l'amande

POUR 500 G DE PÂTE

PRÉPARATION : **25 min**

- **150 g de sucre glace**
- **135 g de poudre d'amandes**
- **5 blancs d'œufs**
- **50 g de sucre en poudre**

1 Mélangez le sucre glace et la poudre d'amandes et tamisez-les dans une passoire au-dessus d'une feuille de papier sulfurisé.

2 Dans un saladier, fouettez les blancs d'œufs au batteur électrique. Incorporez-leur le sucre en poudre en trois fois, pour qu'ils ne se défassent pas en formant de petits grains. Continuez de battre jusqu'à obtenir une meringue souple.

3 Ajoutez-y la poudre d'amandes sucrée en la versant en pluie et en soulevant délicatement la préparation avec une spatule, sans fouetter.

4 Mettez la pâte dans une poche munie d'une douille lisse n° 9 ou 10 et disposez-la en spirale, en partant du centre, en 2 cercles de 22 cm de diamètre sur une plaque tapissée de papier sulfurisé.

1

2

3

4

Tour de main

Pour réaliser des biscuits ou des meringues, les pâtissiers préfèrent utiliser des blancs d'œufs « cassés », c'est-à-dire conservés au réfrigérateur pendant 3 jours, car ils tiennent mieux.

Crème pâtissière

POUR 700 G DE CRÈME

PRÉPARATION : **10 min**
CUISSON : **10 min**

- **6 jaunes d'œufs**
- **100 g de sucre en poudre**
- **40 g de farine (ou de fécule de maïs)**
- **50 cl de lait**

1 Mettez les jaunes d'œufs et le sucre en poudre dans un saladier et fouettez vivement le mélange jusqu'à ce qu'il blanchisse et devienne mousseux. Saupoudrez la farine en surface, puis incorporez-la rapidement sans la travailler. En même temps, faites bouillir le lait dans une casserole.

2 Versez doucement le lait bouillant sur le mélange en remuant sans arrêt avec une cuillère en bois pour obtenir une crème bien lisse.

3 Versez la crème dans une casserole à fond épais. Faites-la épaissir en la chauffant à feu très doux jusqu'au premier bouillon tout en remuant sans cesse avec la cuillère en bois.

4 Retirez la casserole du feu aux premiers bouillons et versez la crème dans un saladier. Frottez-en la surface avec un morceau de beurre pour éviter la formation d'une peau et laissez refroidir.

1

2

3

4

Tour de main

La cuisson à feu doux doit suffire pour faire épaissir la crème. Si la crème est encore fluide aux premiers bouillons, portez à ébullition pendant 1 ou 2 minutes en fouettant sans cesse contre le fond de la casserole pour qu'elle n'attache pas.

Crème anglaise

POUR 650 G DE CRÈME ENVIRON

PRÉPARATION : **25 min environ**
CUISSON : **10 à 15 min**

- **1/2 gousse de vanille**
- **50 cl de lait**
- **6 jaunes d'œufs**
- **60 g de sucre en poudre**

1 Fendez la gousse de vanille en deux, dans le sens de la longueur. Gardez une des moitiés et mettez-la avec le lait dans une casserole à fond épais. Portez à ébullition, puis arrêtez le feu et laissez infuser pendant 20 minutes environ.

2 Mettez les jaunes d'œufs et le sucre en poudre dans un saladier et travaillez vivement le mélange au fouet jusqu'à ce qu'il blanchisse et devienne mousseux.

3 Retirez la vanille du lait et grattez l'intérieur de la gousse pour faire tomber les graines dans le lait. Remettez le lait sur le feu et portez-le à ébullition, puis versez, d'abord très doucement, le lait bouillant sur le mélange œufs-sucre sans cesser de remuer.

4 Remettez le mélange dans la casserole et faites chauffer à feu très doux, sans porter à ébullition, en tournant sans arrêt avec une cuillère en bois jusqu'à épaississement. La bonne consistance est atteinte quand un doigt passé sur la spatule y laisse sa trace. Placez ensuite la casserole dans un récipient rempli d'eau glacée pour arrêter la cuisson. Laissez refroidir.

Tour de main

La crème anglaise tourne inévitablement si elle bout : elle devient alors très difficile à rattraper. Vous pouvez cependant la retirer du feu et la fouetter énergiquement, ou la passer au mixeur.

1

2

3

4

Crème au beurre

POUR 500 G DE CRÈME

PRÉPARATION : **20 min**
CUISSON : **5 min**

- **250 g de beurre très mou**
- **5 cl d'eau**
- **140 g de sucre en poudre**
- **2 œufs entiers**
- **2 jaunes d'œufs**

1 Dans un grand bol, travaillez le beurre en pommade avec une spatule en bois.

2 Versez l'eau dans une petite casserole ; ajoutez le sucre en poudre. Portez à ébullition sur feu doux, en passant un pinceau plat trempé dans l'eau sur les bords intérieurs de la casserole. Laissez cuire ce sirop jusqu'au « petit boulé » (120 °C au thermomètre à sucre).

3 Mettez les œufs entiers et les jaunes dans un saladier et fouettez-les avec un batteur électrique jusqu'à ce qu'ils blanchissent et moussent. Versez le sirop en un mince filet sur les œufs en battant toujours, à petite vitesse. Continuez ainsi jusqu'à complet refroidissement.

4 Incorporez le beurre sans cesser de fouetter. Lorsque la crème est lisse et homogène, réservez-la au réfrigérateur.

1

2

3

4

Bon à savoir

La crème au beurre est utilisée pour garnir mokas, bûches de Noël, biscuits roulés, certains petits-fours ; elle peut également servir à réaliser des décors.

Crème Chiboust

POUR 500 G DE CRÈME

PRÉPARATION : **25 min**
CUISSON : **5 min**

- **30 cl de lait frais entier**
- **50 g de sucre en poudre**
- **20 g de fécule de maïs**
- **4 jaunes d'œufs**
- **2 feuilles de gélatine**
- **5 blancs d'œufs**

1 Préparez une crème pâtissière : portez à ébullition le lait avec 10 g de sucre en poudre et la fécule. Battez à part les jaunes et 10 g de sucre en poudre, ajoutez au lait, portez à ébullition en fouettant, puis retirez du feu.

2 Mettez les feuilles de gélatine à ramollir dans beaucoup d'eau froide, rincez-les et égouttez-les. Incorporez-les à la crème pâtissière à chaud, en remuant pour bien la dissoudre. Retirez du feu.

3 Montez en neige les 5 blancs d'œufs en leur incorporant petit à petit 30 g de sucre en poudre.

4 Incorporez le quart des blancs montés en neige à la crème pâtissière.

5 Versez ce mélange sur le reste des blancs en neige, en travaillant délicatement la préparation au fouet.

1

2

3

Conseil pratique

Cette crème doit être utilisée dès que le mélange est réalisé. Les gâteaux en contenant doivent être mangés dans les 24 heures.

5

4

Pastillage

POUR 500 G DE PASTILLAGE

PRÉPARATION : **20 min**

- **2 feuilles de gélatine**
- **10 cl de vinaigre blanc**
- **400 g de sucre glace**

1 Faites ramollir les feuilles de gélatine dans de l'eau froide, puis rincez-les et égouttez-les. Faites-les fondre au bain-marie, puis ajoutez le vinaigre. Dans une terrine, incorporez la gélatine fondue au sucre glace avec un fouet ou à la main, car le mélange va être très ferme. Sur le plan de travail fariné, écrasez le pastillage sous la paume de votre main en le repoussant pour le rendre le plus homogène possible.

2 Étalez-le au rouleau à pâtisserie, par petites quantités, car il sèche vite.

3 Posez par-dessus des formes découpées dans du carton et passez tout autour la pointe d'un couteau.

4 Vous pouvez ensuite disposer les motifs en les plaçant à l'intérieur de petits moules (cercles, demi-cercles, formes en étoile, en feuille, etc.).

Tour de main

Ajoutez du colorant alimentaire à la pâte, en fin de mélange, lorsqu'elle est devenue épaisse.

Bon à savoir

Si le pastillage durcit, mettez-le quelques secondes au micro-ondes pour pouvoir le travailler de nouveau.

Crème Chantilly

POUR 500 G DE CRÈME

PRÉPARATION : **10 min**

- **50 cl de crème fraîche liquide**
- **30 g de sucre glace**
- **1 sachet de sucre vanillé (soit 7,5 g)**

1 Versez la crème fraîche dans un saladier au moins 1 heure avant de préparer la chantilly et placez-la dans la partie la plus froide du réfrigérateur. Sortez-la au dernier moment.

2 Battez la crème assez doucement au fouet à main ou avec un batteur électrique pendant environ 1 minute.

3 Accélérez le mouvement du fouet (ou du batteur) au fur et à mesure que le volume de la crème augmente et qu'elle devient mousseuse. Ajoutez le sucre glace et le sucre vanillé et continuez à fouetter en surveillant attentivement la consistance de la crème.

4 Arrêtez de battre la crème quand celle-ci a doublé de volume et adhère aux fils du fouet. Mettez la crème au réfrigérateur jusqu'au moment de la servir.

1

2

3

4

Tour de main

Pour réussir une chantilly, la crème fraîche et le récipient doivent être très froids. Placez le saladier au congélateur environ 10 minutes avant d'y verser la crème.

Meringue française

POUR 500 G
DE MERINGUE

PRÉPARATION : **5 min**

- **5 blancs d'œufs**
- **300 g de sucre en poudre**
- **1 cuill. à café d'extrait naturel de vanille (facultatif)**

1 Mettez les blancs d'œufs dans un saladier. Veillez à ce qu'il ne reste aucune trace de jaune dans les blancs : ils ne monteraient pas bien. À l'aide d'un batteur électrique, montez les blancs en neige en leur incorporant petit à petit la moitié du sucre en poudre.

2 Quand ils ont doublé de volume, versez la moitié du sucre en poudre restant et la vanille. Continuez à les fouetter jusqu'à ce qu'ils deviennent très fermes, lisses et brillants.

3 Ajoutez-leur le reste du sucre en poudre, en le versant en pluie. Lorsque celui-ci est bien incorporé, la masse doit être ferme et tenir solidement sur les branches du fouet.

4 Mettez la meringue dans une poche munie d'une douille lisse et disposez-la sur une plaque beurrée et farinée selon la forme souhaitée.

1

2

3

Tour de main

Faites cuire les meringues au four à 110-120 °C (therm. 3-4), la porte entrouverte. Comptez 40 minutes pour les petites meringues et 1 h 30 pour les grands disques.

4

Meringue italienne

POUR 500 G
DE MERINGUE

PRÉPARATION : **10 min**

- **8,5 cl d'eau**
- **280 g de sucre en poudre**
- **5 blancs d'œufs**

1 Dans une casserole, faites bouillir l'eau avec le sucre en poudre, en nettoyant régulièrement les parois du récipient avec un pinceau mouillé. Faites chauffer le mélange jusqu'au « grand boulé » (126-135 °C au thermomètre à sucre).

2 À l'aide d'un batteur électrique, montez dans un grand bol les blancs d'œufs en neige, en « bec d'oiseau », c'est-à-dire pas trop fermes. Mettez l'appareil en vitesse moyenne et versez le sirop préparé avec le sucre en poudre sur les blancs. Fouettez jusqu'à léger refroidissement.

3 Mettez la meringue dans une poche à douille lisse et disposez-la sur un gâteau selon la forme souhaitée.

Bon à savoir

La meringue italienne permet d'alléger certaines mousses et de confectionner des biscuits glacés, des crèmes au beurre, des sorbets et des soufflés glacés, ou même des petits-fours.

Sauce au chocolat

POUR 50 CL DE SAUCE

PRÉPARATION : **5 min**
CUISSON : **10 min environ**

- **200 g de chocolat noir amer (au moins 70 % de cacao)**
- **30 g de beurre**
- **20 cl de lait**
- **2 cuill. à soupe de crème fraîche**
- **30 g de sucre en poudre**

1 Cassez le chocolat en morceaux dans un saladier. Placez ce dernier sur une casserole contenant de l'eau chaude. Faites fondre doucement le chocolat dans ce bain-marie en remuant avec une spatule en bois.

2 Coupez le beurre en petits morceaux. Ajoutez-le au chocolat tiède et mélangez doucement jusqu'à ce que la préparation soit bien lisse et onctueuse.

3 Versez le lait dans une petite casserole et faites-le bouillir. Retirez la casserole du feu et ajoutez la crème fraîche et le sucre en poudre au lait bouillant. Mélangez bien en fouettant et réchauffez jusqu'à ébullition.

4 Versez le contenu de la casserole sur la préparation au chocolat sans cesser de fouetter jusqu'à l'obtention d'un mélange lisse et homogène. Versez dans un bol ou une saucière. Servez chaud sur une glace ou sur des profiteroles, ou laissez refroidir pour accompagner un gâteau.

1

2

3

4

Tour de main

La réussite de cette sauce dépend de la qualité du chocolat utilisé : il doit contenir une proportion élevée de cacao et le moins de sucre possible.

Glaçage au chocolat

POUR 250 G
DE GLAÇAGE

PRÉPARATION : **15 min**

- **80 g de chocolat noir mi-amer**
- **8 cl de crème fraîche**
- **15 g de beurre ramolli**
- **80 g de sauce au chocolat**

1 Hachez ou râpez finement le chocolat dans un bol. Dans une casserole, portez la crème fraîche à ébullition. Retirez du feu et ajoutez le chocolat peu à peu.

2 À l'aide d'une spatule en bois, mélangez délicatement en petits cercles concentriques, en partant du centre du récipient.

3 Quand la température du mélange est descendue en dessous de 60 °C, coupez le beurre en petits morceaux et incorporez-le, ainsi que la sauce au chocolat que vous aurez préparée juste avant, en tournant délicatement.

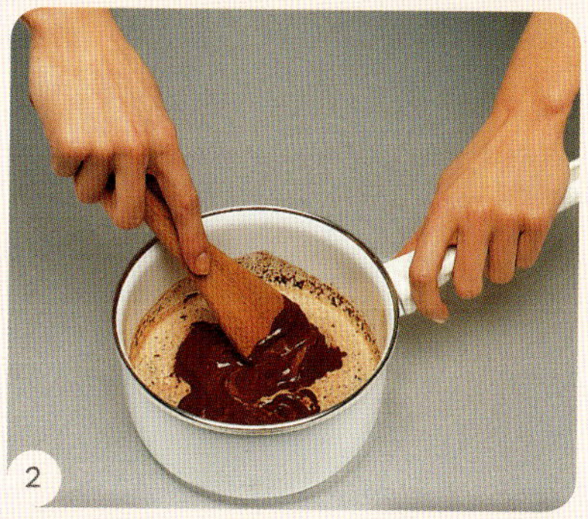

Bon à savoir

Ce glaçage fige facilement tout en restant bien brillant.

Tempérage du chocolat

POUR 300 G

PRÉPARATION : **15 min**
CUISSON : 5 OU 6 MIN

> **300 g de chocolat de couverture noir, au lait ou blanc**

Bon à savoir

Seul le chocolat de couverture, spécialement conçu pour être travaillé en pâtisserie, peut être tempéré : il est nettement plus fluide que les autres chocolats.

1 Hachez le chocolat noir. Mettez-en 200 g dans une jatte. Faites-les fondre dans une casserole au bain-marie en veillant à ce que la jatte ne touche pas le fond de la casserole. Remuez doucement avec une cuillère en bois, car il faut que le chocolat soit complètement fondu avant de mesurer la température ; le chocolat doit être à 55 °C (le contrôle se fait avec une sonde électronique).

2 Retirez aussitôt le chocolat du bain-marie. Ajoutez en pluie les 100 g de chocolat restants. Placez la jatte dans une autre jatte remplie d'eau avec 4 ou 5 glaçons. Remuez de temps à autre le chocolat fondu, car il va commencer à figer sur les côtés. Mesurez de nouveau la température du chocolat : elle doit atteindre 27 °C. Vous pouvez aussi laisser refroidir le chocolat sans plonger la jatte dans des glaçons, jusqu'à ce qu'il soit à 27 °C.

3 Dès que le chocolat fondu a atteint cette température, remettez la jatte au bain-marie. Surveillez de très près l'augmentation de la température, car elle doit rester faible. Remuez doucement le chocolat avec une cuillère en bois. Mesurez la température : elle doit être comprise entre 30 °C et 33 °C.
Le chocolat est maintenant à la bonne température, prêt à l'emploi.

1

2

3

Cigarettes et copeaux en chocolat

POUR 75 G

PRÉPARATION : **10 min**
CONGÉLATION : **30 min**

> **75 g de chocolat de noir, au lait ou blanc**

1 Hachez le chocolat au couteau-scie et faites-le tempérer. Placez une petite plaque de marbre au congélateur pendant 30 minutes. Sortez-la et posez-la sur le plan de travail recouvert d'un linge. Versez au centre de la plaque la moitié du chocolat tempéré, puis, très rapidement, étalez le chocolat en une fine couche avec une spatule métallique.

2 Sans attendre, à l'aide d'une spatule triangulaire (appelé «triangle» par les professionnels), poussez le chocolat en le faisant s'enrouler deux ou trois fois sur lui-même pour former des cigarettes plus ou moins longues. Ne les touchez pas avec les doigts, mais soulevez-les avec le bout d'une spatule pour les placer sur une feuille de papier sulfurisé.

3 Laissez refroidir les cigarettes 15 minutes au réfrigérateur. Pour obtenir des petits copeaux, brisez avec la pointe d'un triangle les cigarettes en chocolat. Gardez-les au réfrigérateur jusqu'au dernier moment.

Tour de main

Il est préférable que le chocolat soit tempéré, sinon il risque de blanchir.

1

2

3

Caramel

POUR 100 G
DE CARAMEL

PRÉPARATION : **2 min**
CUISSON : **8 à 12 min**

- **4 cuill. à soupe d'eau**
- **100 g de sucre en morceaux ou en poudre**
- **Quelques gouttes de jus de citron ou de vinaigre d'alcool blanc**

1 Mettez l'eau et le sucre dans une casserole à fond épais. Ajoutez le vinaigre ou le jus de citron et faites bouillir à feu vif.

2 Lorsque le caramel commence à colorer sur les bords, remuez doucement et régulièrement la casserole d'un mouvement du poignet pour bien le mélanger.

3 Interrompez la cuisson du caramel en fonction de son utilisation. Blond clair, il sert aux décorations ; brun ou foncé, il s'utilise pour aromatiser toutes sortes de préparations ou réaliser des décors. Si le caramel doit rester fluide, ajoutez un peu d'eau chaude avant l'arrêt de la cuisson en une seule fois en veillant à ne pas recevoir de projections.

1

2

3

Tour de main

Pour ne pas faire cristalliser le caramel, n'utilisez jamais d'ustensile pour le remuer. Aussi, la casserole doit être parfaitement lavée, sans aucune trace de graisse.

Pour arrêter la cuisson dès que le caramel a pris la couleur souhaitée, retirez la casserole du feu et trempez-la aussitôt dans un récipient d'eau glacée.

Décors simples en caramel

Bon à savoir

Ne mettez jamais le caramel au réfrigérateur, cela le rend collant.

1 Préparez un caramel brun doré. Tapissez une plaque à pâtisserie de papier sulfurisé. Plongez une cuillère à soupe dans le caramel chaud et laissez tomber celui-ci en filet sur le papier en dessinant les formes de votre choix. Quand le caramel est sec, décollez-le du papier.

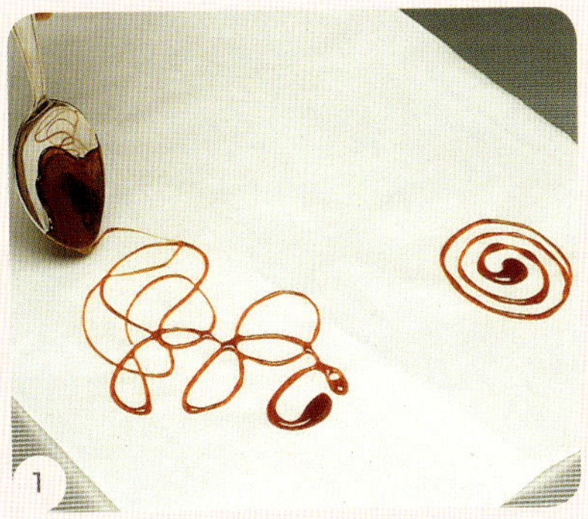

Coulis à la framboise

POUR 50 CL DE COULIS

PRÉPARATION : **10 min**

- **750 g de framboises**
- **80 g de sucre en poudre**
- **5 cl de jus de citron**
- **10 cl d'eau**

1 Triez les framboises en éliminant les fruits abîmés. Essuyez-les sans les laver. Mettez-les dans un grand saladier avec le sucre en poudre et le jus de citron. Écrasez ensuite les framboises au mixeur, d'abord par impulsions successives, puis sans interruption pendant 2 ou 3 minutes, jusqu'à l'obtention d'une purée fine et parfaitement homogène.

2 Filtrez la purée à l'aide d'une passoire qui retient les graines. Pressez bien avec une spatule contre la grille de la passoire afin de récupérer autant de pulpe que possible. Ajoutez ensuite l'eau par petites quantités en mélangeant au fur et à mesure jusqu'à ce que le coulis prenne la consistance souhaitée.

Bon à savoir

La réussite du coulis dépend de la qualité des fruits, sans défaut et à pleine maturité.

Pâte à sucre

POUR 500 G DE PÂTE À SUCRE

PRÉPARATION : **10 min**
RÉFRIGÉRATION : **2 h**

- **450 g de sucre glace + 50 g pour étaler la pâte**
- **1 blanc d'œuf**
- **50 g de glucose liquide (aussi sous le nom de sirop de glucose chez les fournisseurs en pâtisserie)**
- **Colorants alimentaires**

1 Mettez le sucre glace dans la cuve d'un robot avec le blanc d'œuf et le glucose. Pétrissez doucement avec le batteur plat du robot (n'utilisez pas le fouet) pour obtenir une pâte lisse et homogène.

2 Incorporez le colorant désiré dans la pâte à sucre, puis enveloppez-la de film alimentaire. Placez la pâte à sucre au moins 2 h au réfrigérateur.

3 Sortez la pâte du réfrigérateur, puis étalez-la avec le reste du sucre glace. Utilisez-la pour couvrir ou décorer des gâteaux.

1

2

3

Bon à savoir

N'hésitez pas à ajouter un peu de sucre glace dans la pâte si elle colle trop aux mains ou au plan de travail.

Pâte d'amandes

POUR 800 G DE PÂTE

PRÉPARATION : **25 min**
CUISSON : **15 min**

- **250 g de poudre d'amandes**
- **500 g de sucre en poudre**
- **50 g de glucose liquide (aussi sous le nom de sirop de glucose chez les fournisseurs en pâtisserie)**
- **15 cl d'eau**
- **Colorants alimentaires**
- **Sucre glace pour travailler la pâte**

1 Faites cuire le sucre en poudre avec l'eau et le glucose jusqu'au « petit boulé », une goutte de ce sirop plongée dans de l'eau froide doit former une petite perle plate (120° au thermomètre à sucre).

2 Retirez la casserole du feu, versez-y la poudre d'amandes et remuez énergiquement avec une cuillère en bois jusqu'à ce que la préparation soit granuleuse.

3 Ajoutez alors le colorant à raison de 1 goutte pour 100 g de pâte. Laissez refroidir. Saupoudrez le plan de travail de sucre glace. Travaillez la pâte à la main par petites quantités, jusqu'à ce qu'elle soit souple. Façonnez la pâte comme vous le feriez avec de la pâte à modeler.

1

2

3

Bon à savoir

On peut augmenter le poids d'amandes et baisser d'autant celui de sucre en poudre jusqu'à obtenir du « tant pour tant » (poids égal de sucre en poudre et d'amandes), moins sucré et plus savoureux.

Confitures : cuisson en un temps

1 La veille, dans une terrine, mélangez les fruits préparés avec le jus de citron. Laissez-les macérer toute la nuit afin de bien humidifier le sucre.

2 Versez le mélange dans la bassine à confiture, portez à ébullition en remuant et faites cuire. Surveillez la cuisson jusqu'au point de gélification (les fruits sont translucides et restent immergés).

3 Vérifiez la cuisson avec le thermomètre à sucre (il doit indiquer 105 °C) ou en versant un peu de confiture sur une assiette froide (la goutte doit se figer). Écumez et mettez en pots.

Confitures : cuisson en deux temps

1 La veille, rincez et préparez les fruits. Rangez-les dans une terrine en couches alternées avec le sucre en poudre et le jus de citron et laissez macérer toute la nuit afin de bien humidifier le sucre.

2 Transvasez le mélange dans la bassine à confiture et faites chauffer en remuant délicatement. Arrêtez le feu aux premiers frémissements.

3 Versez dans la terrine, couvrez avec un film posé sur les fruits, laissez macérer une nuit. Appuyez sur les fruits pour qu'ils soient bien immergés. Le lendemain, remettez tout dans la bassine, portez à ébullition et faites cuire jusqu'au point de gélification. Écumez, arrêtez le feu dès que le thermomètre atteint 105 °C et mettez en pots.

Marmelades : méthode de cuisson

1 Lavez les fruits, dénoyautez-les si nécessaire et coupez-les en petits morceaux. Mélangez les fruits, le sucre en poudre et le jus de citron dans une terrine, couvrez avec un film alimentaire ou le papier sulfurisé et laissez macérer pendant une nuit.

2 Le lendemain, transvasez le mélange dans la bassine à confiture. Portez à ébullition sans cesser de remuer vivement avec la cuillère en bois. Les fruits vont se défaire en purée. Mixez très légèrement si vous souhaitez une consistance plus lisse.

3 Laissez sur le feu en remuant jusqu'à ce que le thermomètre à sucre indique 105 °C. Écumez et mettez en pots. Pour une marmelade sans peau ni pépins, passez la préparation après macération au moulin à légumes, puis faites-la cuire.

Fermeture des pots

1 Pour fermer les pots à chaud avec des couvercles à vis : vissez les couvercles sur les pots. Retournez chaque pot, jusqu'au refroidissement pour créer un vide d'air. Utilisez du materiel stérilisé avec soin.

2 Pour fermer les pots à froid avec du papier sulfurisé : découpez des ronds de papier, badigeonnez l'une des faces avec un alcool de fruit, posez le papier sur la confiture, côté sec vers l'extérieur. Couvrez ensuite avec du film alimentaire et un élastique.

3 Pour fermer les pots à froid avec de la paraffine : faites fondre doucement la paraffine, puis laissez-la tiédir. Versez la paraffine sur la confiture froide sur 3 ou 4 mm d'épaisseur et laissez-la durcir.

LE MATÉRIEL des desserts, de la pâtisserie et des confitures

Avant de se lancer dans la réalisation d'un dessert ou la préparation d'une confiture, il est indispensable de posséder le bon matériel.

LES USTENSILES, ACCESSOIRES ET INSTRUMENTS DE MESURE

En pâtisserie, ainsi que dans la préparation des confitures, on utilise les éléments de base d'une batterie de cuisine ainsi que des ustensiles et appareils à usage bien spécifique. La pâtisserie nécessite aussi une grande précision dans le dosage des ingrédients. Certains instruments de mesure sont donc indispensables.

LES PETITS USTENSILES DE BASE

BOL MÉLANGEUR : Il doit être assez évasé et profond pour permettre de battre au fouet, de pétrir une pâte ou de la conserver pendant qu'elle lève.

CUL-DE-POULE : Existant en différents formats, ce bol en métal sert surtout à monter des blancs en neige et à chauffer au bain-marie chocolat, œufs, sauces, etc.

CUILLÈRE ET SPATULE EN BOIS : L'une pour tourner et mélanger, l'autre pour démouler et racler. Le bois n'étant pas conducteur de chaleur, on peut les utiliser sans se brûler les mains. Les cuillères et spatules qui servent à la confection des confitures doivent être réservées à cet usage unique, car le bois s'imprègne rapidement des goûts des autres aliments.

SPATULE EN CAOUTCHOUC : Appelée aussi « maryse », elle est utilisée pour lisser, mélanger ou racler les pâtes.

PALETTE MÉTALLIQUE : Lame plate et souple utilisée pour le dorage ou le glaçage des préparations.

FOUETS : Ils existent en plusieurs tailles et servent pour monter les crèmes ou battre les œufs.

CHINOIS : Passoire conique qui retient les impuretés des sauces, coulis, sirops.

TAMIS : Pour passer la farine et en éliminer les grumeaux.

MOULIN À LÉGUMES : Muni d'un jeu de grilles, il est utilisé pour les marmelades, les purées de fruits et les compotes, et sert notamment à retirer la peau et les pépins de certains fruits.

DÉNOYAUTEUR : C'est une sorte de tenaille pour ôter le noyau des cerises, des prunes, etc.

VIDE-POMME : C'est un cylindre court à bord tranchant qui permet de retirer le cœur des pommes en les laissant entières.

ZESTEUR : Instrument à lame pour prélever de fines lanières de zestes d'agrumes.

Les articles pour pâtisserie

ROULEAU À PÂTISSERIE : Il sert à étaler les pâtes. Optez plutôt pour un rouleau en bois (de hêtre) sans poignées aux extrémités pour pouvoir exercer, avec les mains, une pression uniforme.

EMPORTE-PIÈCE OU DÉCOUPOIRS : En acier inoxydable ou en plastique, de formes et de tailles extrêmement variées (figurines, animaux, cœurs, chiffres pour anniversaire, etc.), ils permettent d'obtenir des découpes de pâte personnalisées (les découpoirs munis d'un bord tranchant sont préférables, car cela évite d'écraser la pâte). À utiliser pour réaliser des biscuits ou des décors de tartes.

PLAQUE À PÂTISSERIE : Elle est destinée à aller au four. Certaines plaques sont proposées avec un revêtement antiadhésif qui facilite l'entretien.

GRILLE À PÂTISSERIE : On y dépose les gâteaux pour qu'ils refroidissent sans se ramollir après le démoulage. Choisissez une grille à pieds, qui favorise l'évacuation de la chaleur.

BILLES EN CÉRAMIQUE OU DES « NOYAUX DE CUISSON » EN MÉTAL : Ils sont recommandés pour une cuisson à blanc régulière et parfaite des fonds de pâte. À défaut, utilisez des haricots secs (plats), voire des noyaux d'abricot.

POCHES ET DOUILLES : Elles sont indispensables pour fourrer les choux, décorer les gâteaux et dresser certaines pâtes sur la plaque à pâtisserie. En plastique ou en Inox, les douilles existent dans de nombreux calibres et de multiples formes permettant de varier les décors.

PINCE À TARTE : Elle donne une jolie finition au bord des pâtes.

ROULETTE CANNELÉE : Elle permet une coupe dentelée de la pâte.

PINCEAU PLAT : Il sert à graisser les moules, à dorer les pâtes, à coller les bords des chaussons.

LE MATÉRIEL POUR LA PRÉPARATION DES CONFITURES

BASSINE À CONFITURE : Traditionnellement en cuivre non étamé, large et peu profonde, elle offre une surface importante, ce qui facilite l'évaporation de l'eau des fruits. Son volume doit être au moins deux fois supérieur à celui des fruits à cuire. Le fond doit être très épais (6 à 8 mm environ) pour diffuser correctement la chaleur et empêcher la confiture d'attacher. La bassine ne doit jamais servir à faire macérer les fruits. Pour nettoyer la bassine, il faut la rincer puis frotter, avec un linge humide, d'un mélange de gros sel et de vinaigre (1 cuillerée à soupe de chaque).

COUVERCLE POUR LA BASSINE À CONFITURE : Pour certaines recettes nécessitant une cuisson à couvert.

EXTRACTEUR À JUS : Composé de trois parties qui s'emboîtent, il sert à recueillir le jus des fruits pour les gelées. On remplit d'eau la partie inférieure et on place les fruits dans la partie supérieure. Quand l'eau est en ébullition, la vapeur fait éclater les fruits, dont le jus s'écoule alors dans la partie centrale, munie d'un robinet.

CARRÉ DE MOUSSELINE OU DE GAZE : Il sert à faire un nouet rempli de pépins et de noyaux des fruits que l'on suspend à l'aide d'une ficelle à la poignée de la bassine pour favoriser la prise de certaines gelées ou confitures.

ÉCUMOIRE : En acier inoxydable ou en cuivre, elle sert à remuer, à retirer les fruits ou les épices du sirop et à écumer la surface de la confiture.

PASSOIRE ET ÉTAMINE : Pour filtrer le jus des fruits. On peut aussi poser l'étamine dans un chinois fin ou utiliser un sac à gelée en Nylon.

ENTONNOIR À CONFITURE : Son embout très large facilite la mise en pots.

POTS À CONFITURE : On en trouve de différentes formes, mais les plus classiques, à facettes extérieures plates et à large ouverture, sont les plus pratiques. Certains sont munis d'un pas de vis simple pour recevoir un couvercle plat métallique à joint intégré. Ceux à simple rebord seront couverts avec un carré de film alimentaire, du papier sulfurisé ou de la paraffine. Les contenances les plus courantes sont 200 g, 375 g et 500 g.

CARRÉS DE FILM ALIMENTAIRE : Comme le papier sulfurisé, ils servent à recouvrir les pots de confitures dépourvus de couvercle.

PARAFFINE : Elle sert à couvrir à froid les gelées et les confitures. On la trouve sous forme de pains ou de pastilles à faire fondre dans un bain-marie. Elle est très inflammable et il faut éviter tout contact direct avec la flamme.

ÉTIQUETTES : Pour noter sur les pots la date de fabrication, la nature de la confiture, etc.

PAPIERS DIVERS ET TOILES DE CUISSON

PAPIER SULFURISÉ : Souvent appelé « papier cuisson » par les fabricants, il est traité pour résister à la chaleur (jusqu'à 220 °C) et supporter le four à micro-ondes. Il s'utilise pour chemiser un moule (qu'il est alors inutile de graisser) ou pour recouvrir une plaque de four avant d'y déposer des pâtisseries pour les faire cuire, empêchant ainsi la pâte d'attacher. Il sert aussi à recouvrir les pots de confitures qui n'ont pas de couvercle. FEUILLE D'ALUMINIUM. Pour envelopper certains aliments au cours de la cuisson (le côté brillant doit être face au mets à cuire). Maintient au chaud les préparations.

FILM ALIMENTAIRE : Ultrafin, il préserve la saveur des aliments conservés au réfrigérateur et protège une pâte crue contre le dessèchement. Il sert aussi à recouvrir les pots de confitures qui n'ont pas de couvercle. Il existe du film plus épais pour le four à micro-ondes.

FEUILLE MULTICUISSON : Antiadhésive, elle supporte une température de 260 °C. Elle a les mêmes emplois que le papier sulfurisé sur une plaque de four, mais elle est réutilisable indéfiniment. Très souple, pouvant si nécessaire être découpée à la dimension du moule, elle ne nécessite aucun graissage et se lave d'un rapide coup d'éponge humide.

FEUILLE GUITARE : En polyéthylène transparent, elle est utilisée (surtout par les professionnels) pour mettre en forme et faire durcir du chocolat. Les pièces ainsi obtenues (décors ou mendiants par exemple) se décollent facilement et présentent un aspect brillant.

LES INSTRUMENTS DE MESURE

BALANCE : Elle est équipée d'un bol ou d'un plateau et offre une capacité maximale comprise entre 2 et 5 kg. La balance automatique indique le poids grâce à l'aiguille sur le cadran. Sa précision est de 5 à 10 grammes, alors que la balance électronique, à affichage digital, précise le poids au gramme près.

RÉCIPIENT GRADUÉ OU DOSEUR : Il comporte plusieurs échelles de mesure (liquide, farine, sucre, riz, etc.). Qu'il soit en plastique, en verre ou en acier inoxydable, un tel récipient est plus pratique lorsqu'il est muni d'une anse et d'un bec verseur. Mais il est parfois plus pratique d'avoir recours à un ustensile courant (verre à moutarde, cuillère à soupe, cuillère à café, etc.).

THERMOMÈTRE : En pâtisserie, on dispose de plusieurs thermomètres bien spécifiques. Le thermomètre de cuisson (corps en verre, liquide rouge) est gradué de 0 à 120 °C et sert à contrôler la température d'un bain-marie, pour des crèmes préparées à chaud, par exemple. Le thermomètre à sucre ou de confiseur est gradué de 80 à 200 °C ; il permet de vérifier le degré de cuisson des confitures.

DENSIMÈTRE À SIROP OU PÈSE-SIROP : Il sert à mesurer la concentration en sucre des sirops, notamment pour la fabrication des confiseries. Il s'agit d'un flotteur à tige graduée, qui s'enfonce plus ou moins dans le liquide selon sa densité.

MINUTEUR : Permet de contrôler les durées de cuisson, de repos, etc., de toute préparation culinaire.

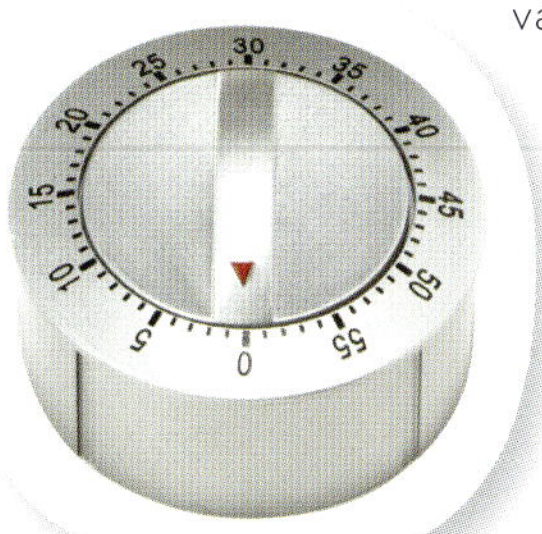

LE MATÉRIEL ÉLECTRIQUE

BATTEUR ÉLECTRIQUE : Muni de fouets polyvalents, il remplace le fouet manuel pour battre sans peine des œufs en neige ou préparer une crème fouettée. Certains modèles possèdent un jeu de crochets à pétrir.

MIXEUR : Le modèle le plus simple peut être plongé dans une casserole, les autres comportent un récipient en verre, profond, dont le fond est muni de lames coupantes pour broyer et homogénéiser. Recommandé pour compotes, coulis, marmelades, etc.

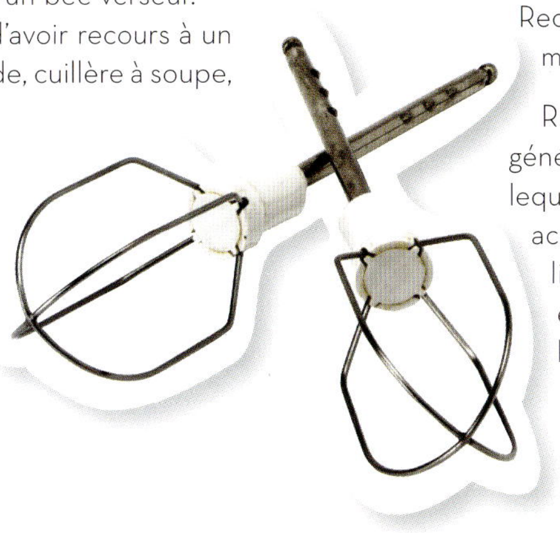

ROBOT MULTIFONCTION : Il est généralement composé d'un socle sur lequel se fixe un bol. En plus des trois accessoires de base indispensables livrés avec l'appareil (fouet pour émulsionner, crochet pour pétrir, batteur pour mélanger), d'autres sont proposés en option (hachoir, tranchoir, passoire, etc.). On remarque de grands écarts de prix selon la marque et les performances des appareils.

SORBETIÈRES : Les appareils à confectionner les glaces et les sorbets doivent malaxer le mélange tout en le réfrigérant à une température nettement inférieure à 0 °C. La sorbetière électrique comporte un malaxeur actionné par un moteur et une cuve amovible accumulant le froid à placer 12 heures au minimum avant usage au congélateur. D'un prix élevé, la sorbetière automatique, dite « turbine à glace », est la réplique, à capacité plus réduite, des turbines utilisées par les professionnels. Elle peut réaliser une glace en 30 minutes.

CENTRIFUGEUSE ÉLECTRIQUE : Elle permet d'extraire le jus des fruits pour les gelées sans avoir recours aux filtres et aux tamis.

FOUR À MICRO-ONDES : Déconseillé pour la pâtisserie, car la pâte y cuit mais ne lève pas, et surtout ne dore pas, il se révèle très efficace pour : décongeler rapidement des produits surgelés ; chauffer du lait sans qu'il n'attache ou qu'il ne déborde ; ramollir du beurre sorti du réfrigérateur et faire fondre beurre et chocolat sans bain-marie (à condition de procéder par étapes successives de quelques secondes). Attention : pour réchauffer ou cuire des aliments dans ce type de four, il convient d'utiliser des récipients « transparents », c'est-à-dire qui laissent passer les ondes sans les réfléchir ni les absorber.

LES MOULES

Le choix de formes, de matériaux et de qualité est immense. Moules à gâteaux, plats à feu, moules à chocolat ou à glace, moules « multi-empreintes » ou individuels existent pour tous les usages.

LES MOULES CLASSIQUES

MOULE À BRIOCHE : En métal, il est éventuellement recouvert d'un antiadhésif ; aux parois cannelées et évasées, rond ou rectangulaire, il sert aux brioches ou à certains entremets.

MOULE À CAKE : Rectangulaire, il peut être droit ou légèrement évasé. Il existe en différentes tailles. Mieux vaut choisir un revêtement antiadhésif.

MOULE À CHARLOTTE : Uni, avec des oreillettes (pour être retourné facilement au moment du démoulage), en métal ; parfois en plastique, à côtes, pour épouser la forme des biscuits à la cuillère qui le tapissent, mais toujours en forme de petit seau. On s'en sert aussi pour les flans et les puddings.

MOULE À MANQUÉ : En métal, il peut être cannelé ou uni, rond ou carré. Convient pour la pâte à génoise ou la pâte à biscuit, mais aussi pour les tartes et les tatins.

MOULE À SAVARIN : Souvent en métal, il est reconnaissable à son trou central, qui donne aux gâteaux la forme d'une couronne.

MOULE À SOUFFLÉ : Rond, il est le plus souvent en porcelaine à feu blanche avec des bords plissés, droits et hauts. On en trouve aussi en verre. Il en existe de différentes contenances.

MOULES À BASE DE SILICONE : Ils allient solidité, souplesse, antiadhérence, rapidité de cuisson, facilité de démoulage et nettoyage aisé (au lave-vaisselle, notamment). Ils ne nécessitent pas l'emploi de matière grasse. Cette nouvelle génération de moules reprend la gamme des modèles classiques (à tarte, à manqué, etc.). Leur point faible : une trop grande flexibilité qui les rend difficiles à manipuler lorsqu'on les remplit d'une préparation liquide (il faut placer le moule sur la grille ou sur la plaque du four avant de le foncer et/ou de le garnir). Ces moules exigent des précautions : ne pas les utiliser sur une plaque de cuisson, ou au four à plus de 250 °C, par exemple.

TOURTIÈRE OU MOULE À TARTE : À bord uni ou cannelé, il est fabriqué dans divers matériaux (métal, verre, porcelaine, silicone). Pour supprimer le graissage préalable et faciliter le démoulage, vous pouvez garnir la tourtière de papier sulfurisé, mais rien ne vaut un moule recouvert d'un revêtement antiadhésif, de type Teflon®, sur base d'aluminium, ou Exopan®, sur base d'acier. Les diamètres varient de 16 à 32 cm. La tourtière ronde à fond amovible est recommandée pour les tartes aux fruits, car elle facilite le démoulage.

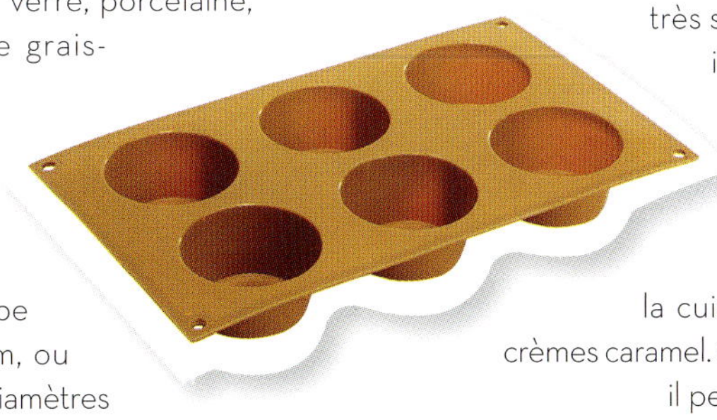

LES MOULES INDIVIDUELS

DARIOLE : Petit moule rond pour gâteau de riz ou baba (portions individuelles).

MOULES À PETITS-FOURS : Moules miniaturisés, en métal ou en silicone, de formes très variées. Ils servent aussi à réaliser des confiseries.

MOULE EN PLAQUE MULTI-EMPREINTES : C'est une plaque – rigide avec revêtement antiadhésif ou bien souple, en silicone – pourvue d'alvéoles en forme de tartelette, barquette, petit gâteau, madeleine, qui permet de cuire jusqu'à 24 pièces.

MOULES À TARTELETTE ET MOULES À BARQUETTE : Les premiers sont ronds, les seconds sont ovales ; de tailles variées, ils sont très souvent en fer étamé ou en acier inoxydable (à fond amovible à partir de 12 cm de diamètre pour les moules à tartelette).

RAMEQUIN : C'est une sorte de petit moule à soufflé, pour la cuisson des crèmes renversées et crèmes caramel. Généralement en porcelaine à feu, il peut passer du four au réfrigérateur puis sur la table.

LES MOULES SPÉCIFIQUES

MOULE À BISCUIT : Rectangulaire, utilisé pour la cuisson des pâtes à biscuit qui seront ensuite fourrées et roulées.

MOULE À CHARNIÈRE : Ce moule est métallique, rond et à hauts bords. Grâce au système de verrouillage, le cercle s'écarte et libère le fond, ce qui facilite le démoulage de certaines préparations (par exemple cheesecake, flan, tourte).

MOULE À GLACE : Les moules métalliques sont particulièrement appropriés. Ils sont munis d'un couvercle hermétique pour éviter la formation de cristaux. Des parois lisses facilitent le démoulage. Le fond est souvent à relief. On trouve aussi des petits moules à Esquimau.

MOULE À KOUGLOF : Ce moule est en forme de couronne, côtelé en biais. Traditionnellement, on le trouve en terre vernissée. Il est cependant préférable de le choisir avec un revêtement antiadhésif, afin de faciliter le démoulage.

MOULE À PIE : Ce moule est évasé ; il est muni de larges rebords qui permettent de souder les deux abaisses d'une tourte ou de fixer le « couvercle » en pâte des pies.

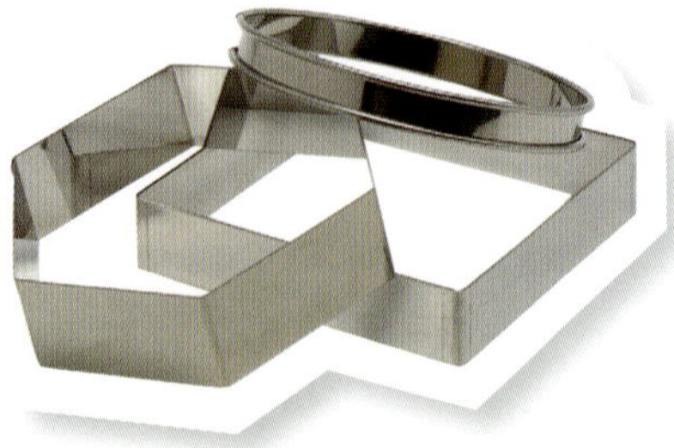

MOULE À TARTE TATIN : Moule très épais conçu pour aller directement sur une source de chaleur pour la préparation du caramel. Optez de préférence pour un moule à revêtement antiadhésif.

CERCLES ET CADRES : Ce sont des formes sans fond en acier inoxydable qui se posent soit sur une feuille multicuisson ou une toile de cuisson, soit sur une feuille de papier sulfurisé, elles-mêmes posées sur la plaque du four. Le souci du démoulage est supprimé. On les trouve sous forme de cercles individuels, de cercles à tartes (possédant deux bords roulés) et de cercles à gâteaux (à bords plus hauts). Ils existent en divers diamètres. Longtemps réservés aux professionnels, ces cercles se vendent désormais dans les magasins de grande distribution.

CAISSE À GÉNOISE : C'est un moule rectangulaire en métal à haut rebord, droit ou évasé, pour génoise, flan, gâteau de riz, etc.

CÔNE À CROQUEMBOUCHE : Utilisé pour les pièces montées, il facilite le montage des choux.

GOUTTIÈRE À BÛCHE : Moule pour réaliser une bûche de Noël.

GAUFRIER : Moule à deux plaques, articulé, le plus souvent en fonte, pour confectionner des gaufres et des gaufrettes. Il y en a de deux types, l'un à poser sur la plaque ou le brûleur de la cuisinière, l'autre électrique.

LES MOTS DE LA PÂTISSERIE

A-B

ABAISSE : morceau de pâte que l'on étend à l'aide d'un rouleau à pâtisserie sur un plan de travail fariné afin de lui donner la forme et l'épaisseur désirées.

ABAISSER : étendre et aplatir de la pâte au rouleau à pâtisserie. On dit aussi « étaler ».

APPAREIL : mélange d'éléments divers entrant dans la composition d'un dessert avant cuisson ou refroidissement.

AROMATISER : incorporer une substance aromatique (liqueur, café, chocolat, eau de rose, etc.) à une préparation.

BAIN-MARIE : procédé culinaire destiné soit à maintenir au chaud un appareil, soit à faire fondre des éléments (chocolat, gélatine, beurre) sans risque de les brûler, ou à cuire très doucement des mets à la chaleur de l'eau bouillante. Son principe consiste à placer le récipient dans lequel se trouve la préparation dans un autre récipient plus grand contenant de l'eau en ébullition.

BATTRE : travailler énergiquement un élément ou une préparation pour en modifier la consistance, l'aspect ou la couleur. Pour monter des œufs en neige, on les bat avec un fouet dans un bol.

BEURRER : incorporer du beurre à une préparation ou enduire de beurre fondu ou ramolli, à l'aide d'un pinceau, un moule, un cercle, une plaque à pâtisserie afin d'empêcher un mets d'attacher au fond et aux parois pendant la cuisson.

BLANCHIR : travailler vigoureusement au fouet un mélange de jaunes d'œufs et de sucre en poudre, jusqu'à ce qu'il devienne mousseux et clair. Plonger dans l'eau bouillante certains fruits (amandes, pêches...) pour enlever la peau ou pour les attendrir.

C

CANDIR : immerger des fruits fourrés de pâte d'amande, des bonbons fondants, etc., dans un sirop de sucre à candir « froid » afin de les enrober d'une couche de fins cristaux de sucre.

CANNELER : creuser des sillons parallèles en V, à la surface d'un fruit (citron, orange) à l'aide d'un couteau à canneler. Les abaisses de pâte dites « cannelées » sont découpées avec une roulette conçue à cet effet. Une douille « cannelée » est une douille dentée.

CARAMÉLISER : transformer du sucre en caramel en le chauffant à feu doux. Enduire un moule de caramel. Parfumer un riz au lait avec du caramel. Glacer de caramel des fruits déguisés, des choux. Caraméliser veut dire aussi faire colorer sous le gril le dessus d'une pâtisserie poudrée de sucre.

CHEMISER : tapisser la paroi et/ou le fond d'un moule soit d'une couche épaisse d'une préparation permettant au mets de ne pas coller au récipient et de se démouler facilement, soit de divers ingrédients qui font partie intégrante du plat (par exemple, on chemise un moule de glace pour préparer une bombe glacée). Les moules sont parfois chemisés de papier sulfurisé, ce qui facilite le démoulage.

CHIQUETER : pratiquer, avec la pointe d'un couteau, de légères entailles régulières et obliques sur les bords d'une abaisse feuilletée (tourte, galette des rois, etc.) pour faciliter le gonflage à la cuisson et parfaire la présentation.

CLARIFIER : rendre clair et limpide un sirop, une gelée, par filtrage ou décantation. La clarification du beurre consiste à le faire fondre au bain-marie, sans remuer, afin d'en éliminer le petit-lait, qui forme un dépôt blanchâtre.

COUCHER : dresser de la pâte à choux sur une plaque à pâtisserie à l'aide d'une poche munie d'une douille.

CUIRE À BLANC : précuire un fond de pâte sans garniture. On pratique la cuisson à blanc lorsque la garniture nécessite un temps de cuisson très court, ou qu'elle est déjà cuite, ou encore qu'elle ne doit pas cuire du tout (fruits délicats par exemple). La cuisson à blanc est également nécessaire quand la garniture, humide ou légèrement liquide, risque de détremper le fond ; dans ce cas, ce dernier est souvent badigeonné à l'œuf battu et enfourné pour 3 à 5 min supplémentaires.

D

DÉCANTER : transvaser un liquide trouble après l'avoir laissé reposer le temps que les impuretés en suspens se déposent. Retirer d'une préparation les éléments aromatiques qui ne doivent pas être servis.

DÉCUIRE : abaisser le degré de cuisson d'un sirop de sucre, d'une confiture ou d'un caramel en lui ajoutant peu à peu, et en tournant, la quantité d'eau froide nécessaire pour lui rendre une consistance moelleuse.

DÉMOULER : sortir une préparation d'un moule.

DÉNOYAUTER : enlever les noyaux de certains fruits à l'aide d'une pince (dénoyauteur).

DENSITÉ : rapport entre la masse du volume donné d'un corps et celle du même volume d'eau à 4 °C. La mesure de la concentration en sucre (notamment pour la fabrication des confitures, des bonbons et des confiseries) se fait désormais en densité, et non plus en degrés Baumé. On utilise un pèse-sirop flotteur à tige graduée, qui s'enfonce plus ou moins dans le liquide.

DESSÉCHER : éliminer l'excédent d'eau d'une préparation en la chauffant à feu doux. S'emploie plus spécialement pour la première cuisson de la pâte à choux : le mélange d'eau, de beurre, de farine, de sel et de sucre est travaillé vivement sur feu vif, avec une spatule en bois, jusqu'à ce que la masse se décolle des parois du récipient, ce qui permet à l'eau en excès de s'évaporer avant l'incorporation des œufs.

DÉTAILLER : découper dans une abaisse des morceaux de pâte de forme bien déterminée avec un emporte-pièce ou un couteau.

DÉTENDRE : assouplir une pâte ou un appareil en lui ajoutant un liquide ou une substance appropriée (lait, œufs battus).

DÉTREMPE : mélange de farine et d'eau en proportions variables : c'est le premier état d'une pâte avant que l'on y incorpore les autres éléments (beurre, œufs, lait, etc.). Détremper une pâte consiste à faire absorber à la farine toute l'eau nécessaire, en la malaxant du bout des doigts.

DÉVELOPPER : on dit qu'une préparation (pâte, crème, gâteau) se développe lorsqu'elle augmente de volume soit au cours de la cuisson, soit lors de la fermentation.

DORER : badigeonner une pâte au pinceau avec de l'œuf battu, éventuellement délayé avec un peu d'eau ou de lait : cette « dorure » permet d'obtenir, après cuisson, une croûte brillante et colorée.

DRESSER : disposer harmonieusement sur un plat les éléments d'une préparation.

• Voir aussi COUCHER.

E

ÉCUMER : enlever l'écume qui se forme à la surface d'un liquide ou d'une préparation en train de cuire (sirop en ébullition, cuisson de confiture). Cette opération s'effectue avec une écumoire, une petite louche ou une cuillère.

EFFILER : couper en fines lamelles dans le sens de la longueur les amandes, etc.

ÉGOUTTER : débarrasser une préparation (ou un ingrédient) de son excédent de liquide en la plaçant dans un égouttoir, une passoire, un chinois, ou sur une grille.

ÉMINCER : couper des fruits en tranches, en lamelles ou en rondelles plus ou moins fines, mais si possible d'égale épaisseur.

ÉMULSIONNER : provoquer la dispersion d'un liquide dans un autre liquide (ou une matière) avec lequel il n'est pas miscible. On provoque une émulsion en dispersant des jaunes d'œufs dans du beurre fondu, par exemple.

ENROBER : recouvrir entièrement un aliment d'une couche plus ou moins épaisse d'une préparation. Enrober de chocolat, de fondant ou de sucre cuit des petits-fours, des sucreries, etc.

ÉVIDER : retirer délicatement la chair d'un fruit sans en abîmer l'enveloppe. Éliminer la partie intérieure des pommes (péricarpe, pépins) à l'aide d'un vide-pomme.

EXPRIMER : éliminer par pression le jus, l'eau de végétation ou le liquide en excès d'un aliment. Pour exprimer le jus des agrumes, on utilise un presse-agrume ou un presse-citron.

F

FAÇONNER : donner à une pâte ou à une préparation une forme particulière.

FARINER : recouvrir un aliment de farine, ou poudrer de farine un moule ou un plan de travail. On farine également un marbre ou une planche à pâtisserie avant d'abaisser ou de travailler une pâte.

FILTRER : passer un sirop, une crème anglaise, etc., au chinois pour les débarrasser de leurs impuretés.

FLAMBER : arroser un dessert chaud avec un alcool (ou une liqueur) préalablement chauffé et l'enflammer.

FONCER : garnir le fond et les parois d'un moule avec une abaisse de pâte, en l'adaptant bien à sa forme et à sa taille, soit en la découpant avant à l'aide d'un emporte-pièce, soit en passant le rouleau à pâtisserie sur les bords du moule après garnissage pour faire tomber l'excédent.

FONDRE : liquéfier par la chaleur un produit tel que le chocolat, un corps gras solide, etc. Pour éviter que le produit ne brûle, on a souvent recours au bain-marie.

FONTAINE : tas de farine disposé sur un marbre, ou sur une planche, au milieu duquel on a creusé un trou, ou « puits », pour y verser les différents ingrédients entrant dans la fabrication d'une pâte.

FOUETTER : battre vivement une préparation à l'aide d'un fouet, manuel ou électrique, pour la rendre homogène : par exemple, des blancs pour les monter en neige, de la crème pour la rendre compacte et légère, etc.

• Voir aussi BATTRE.

FOURRER : garnir l'intérieur de certaines préparations de crème, de fondant, etc.

FRAISER : pousser et écraser une pâte à foncer sur le plan de travail avec la paume de la main. Le fraisage a pour but d'obtenir un mélange intime des éléments et de rendre la pâte homogène, mais non élastique.

FRAPPER : refroidir rapidement une crème, une liqueur, une préparation, un fruit.

FRÉMIR : quand il s'agit d'un liquide, être agité du frémissement qui précède l'ébullition.

FRIRE : cuire un aliment, ou terminer sa cuisson, par immersion dans un corps gras porté à haute température. L'aliment est souvent enrobé de farine, de pâte à beignets, de pâte à crêpes, de pâte à choux, etc., ce qui lui donne une belle croûte colorée.

G

GLACER : recouvrir les entremets, à chaud ou à froid, d'une fine couche de nappage de fruit ou de chocolat pour les rendre brillants et appétissants. Recouvrir le dessus d'un gâteau d'une couche de fondant, de sucre glace, de sirop, etc. Poudrer de sucre glace, en fin de cuisson, un gâteau, un soufflé, etc., pour que le dessus caramélise et devienne brillant. Enfin, mettre à rafraîchir sur de la glace pilée une préparation devant être dégustée très froide.

GRAISSER : enduire d'un corps gras une plaque à pâtisserie, l'intérieur d'un cercle ou d'un moule, pour éviter que les préparations n'attachent pendant la cuisson et pour faciliter leur démoulage.

GRATINER : cuire ou finir de cuire une préparation au four, afin qu'elle présente en surface une mince croûte dorée.

GRILLER : placer des amandes effilées, des noisettes, des pistaches, etc., sur une plaque, dans le four chaud, en les remuant souvent, afin de les colorer légèrement et uniformément.

H-I

HACHER : réduire un aliment (amandes, noisettes, pistaches, herbes aromatiques, zestes d'agrumes) en très menus fragments, à l'aide d'un couteau ou d'un hachoir.

HUILER : enduire d'une fine pellicule d'huile les parois d'un moule, une plaque pour empêcher un aliment d'adhérer. Se dit aussi d'une pâte d'amande, d'un praliné qui ont un aspect huileux.

IMBIBER : mouiller certains gâteaux avec un sirop, un alcool ou une liqueur pour les rendre moelleux et les aromatiser (baba, biscuit, etc.). On dit aussi « siroper ».

INCISER : pratiquer une entaille plus ou moins profonde à l'aide d'un couteau bien aiguisé. On incise une pâtisserie pour agrémenter sa présentation, un fruit pour en faciliter l'épluchage ou la coupe.

INCORPORER : adjoindre un élément à une préparation, et les mélanger intimement (farine et beurre, par exemple).

INFUSER : verser un liquide bouillant sur une substance aromatique et attendre qu'il se charge des arômes de celle-ci. On fait infuser la vanille dans du lait, ou la cannelle dans le vin rouge.

L

LEVAIN : pâte obtenue par un mélange de farine, de levure biologique et d'eau que l'on laisse doubler de volume avant de l'incorporer au restant de la pâte.

LEVER : se dit d'une pâte qui augmente de volume sous l'effet de la fermentation.

LIER : donner une certaine consistance à un liquide, une crème par exemple, à l'aide de fécule, de jaunes d'œufs, de crème fraîche.

LUSTRER : rendre une préparation brillante en l'enduisant d'un élément qui en améliore la présentation. Pour les mets chauds, le lustrage se réalise au pinceau, avec du beurre clarifié. Pour les mets froids, il se fait avec de la gelée prête à prendre. Pour certains entremets et pâtisseries, le brillant est obtenu avec de la gelée de fruit ou du nappage.

M-N

MACÉRER : faire tremper, plus ou moins longtemps, fruits frais, confits ou secs dans un liquide (alcool, liqueur, sirop, vin, thé), pour que celui-ci les imprègne de son parfum.

MALAXER : travailler à la main une substance (corps gras, pâte) pour la ramollir ou l'assouplir. Les ingrédients de certaines pâtes sont longuement malaxés pour que celles-ci deviennent homogènes.

MASQUER : couvrir entièrement un entremets, un gâteau, en une couche lisse, d'une préparation assez consistante (crème, pâte d'amande, confiture).

MERINGUER : recouvrir une pâtisserie de meringue. C'est aussi ajouter du sucre pour monter des blancs d'œufs en neige.

MONDER : retirer la peau d'un fruit (amande, pêche, pistache) que l'on a d'abord mis dans une passoire et plongé quelques secondes dans de l'eau en ébullition. Le mondage se fait avec la pointe d'un couteau, délicatement, sans entamer la pulpe.

MONTER : battre au fouet manuel ou électrique des blancs d'œufs, de la crème fraîche ou une préparation sucrée, pour que la masse de l'apprêt emmagasine une certaine quantité d'air, ce qui fait augmenter le volume en donnant une consistance et une couleur spécifiques.

MOUILLER : ajouter un liquide dans une préparation, que ce soit pour la faire cuire ou pour confectionner le jus. Le liquide, appelé « mouillement », peut être de l'eau, du lait, du vin.

MOULER : mettre une substance fluide ou pâteuse dans un moule, dont elle prendra la forme en changeant de consistance par cuisson, refroidissement ou congélation.

NAPPAGE : gelée liquide à base de marmelade de fruit (abricot, fraise, framboise) tamisée, additionnée souvent de gélifiant. Le nappage donne une finition brillante aux tartes aux fruits, aux babas, aux savarins et à divers entremets.

NAPPER : verser sur un mets un coulis, une crème, etc., de manière à le recouvrir aussi complètement et uniformément que possible. Faire prendre consistance à une crème anglaise en la chauffant jusqu'à 83 °C, pour qu'elle « nappe » la cuillère.

P

PANACHER : mélanger deux ou plusieurs ingrédients de couleur, de saveur ou de forme différentes.

PARFUMER : donner à un aliment ou à une préparation un parfum supplémentaire, en accord avec son arôme naturel, par l'adjonction d'une épice, d'un aromate, d'un vin, d'un alcool, etc.

PASSER : mettre dans un chinois pour les filtrer une crème fine, un sirop, une gelée, un coulis qui demandent à être très lisses.

PÂTON : nom donné à la pâte feuilletée tourée et, plus largement, à toute portion de pâte mise en forme avant cuisson.

PÉTRIR : malaxer avec les mains, ou à l'aide d'un robot (muni d'un pétrisseur), de la farine avec un ou plusieurs éléments pour mélanger intimement les ingrédients et obtenir une pâte lisse et homogène.

PILER : réduire en poudre, en pâte, certaines substances (amandes, noisettes).

PIQUER : pratiquer des petits trous réguliers à la surface d'une abaisse de pâte, à l'aide d'une fourchette, afin qu'elle ne boursoufle pas pendant la cuisson.

POCHER : cuire des fruits dans un mouillement plus ou moins abondant (eau, sirop), en maintenant un très léger frémissement.

POINTER : laisser fermenter une pâte levée dès la fin du pétrissage pour qu'elle double de volume, avant de la rompre.

POMMADE : travailler du beurre en pommade, c'est malaxer du beurre ramolli pour lui donner la consistance d'une pommade.

POUSSER : se dit d'une pâte qui augmente de volume sous l'action de la levure.

R

RAFFERMIR : donner plus de consistance, de fermeté, de solidité, à une pâte, à une préparation, en l'entreposant plus ou moins longtemps dans un endroit réfrigéré.

RAFRAÎCHIR : mettre un gâteau, un entremets, une salade de fruits ou une crème dans le réfrigérateur pour les servir frais.

RAYER : tracer, avec la pointe d'un couteau ou les dents d'une fourchette, un décor sur le dessus d'une pâtisserie enduite de « dorure » et prête à cuire. On raye ainsi la galette feuilletée en losanges.

RÉDUIRE : diminuer le volume d'un liquide par évaporation, en maintenant celui-ci à ébullition, ce qui augmente sa saveur par concentration des sucs et lui donne davantage d'onctuosité ou de consistance.

REPÈRE : marque faite sur un gâteau pour faciliter sa décoration ou son montage. Le repère est aussi un mélange de farine et de blanc d'œuf, utilisé pour coller les détails d'un décor en pâte sur un apprêt ou sur le bord d'un plat.

RÉSERVER : mettre de côté, au frais ou au chaud, des ingrédients, des mélanges ou des préparations destinés à être utilisés ultérieurement. Pour éviter qu'ils ne se dégradent, on les enveloppe souvent de papier sulfurisé, d'une feuille d'aluminium ou d'un film alimentaire, ou encore d'un linge.

ROMPRE : arrêter momentanément la fermentation (ou « pousse ») d'une pâte levée en la repliant plusieurs fois sur elle-même. Cette opération se réalise deux fois pendant la préparation de la pâte et favorise son bon développement ultérieur.

RUBAN : se dit d'un mélange de jaunes d'œufs et de sucre en poudre, travaillé à chaud ou à froid, dont la consistance est suffisamment lisse et homogène pour qu'il se déroule sans se casser quand on le laisse couler de la spatule ou du fouet (exemple : la pâte à génoise fait le ruban).

S-T

SABLER : amener à l'état friable le mélange des ingrédients destinés à une pâte brisée ou sablée.

SIROPER : tremper un gâteau de pâte levée (baba, savarin) dans un sirop, un alcool, une liqueur, ou l'arroser plusieurs fois jusqu'à ce qu'il en soit entièrement imprégné.

STRIER : tracer des stries, à l'aide d'une fourchette, d'un peigne, d'un pinceau, sur le dessus de certains gâteaux.

TAMISER : passer de la farine, de la levure ou du sucre à travers un tamis afin d'en éliminer les grumeaux. On tamise aussi certaines préparations plus ou moins fluides.

TAMPONNER : passer à la surface d'une crème un morceau de beurre qui, en fondant, la recouvre d'une fine pellicule grasse, évitant ainsi la formation d'une peau.

TOURER : pratiquer les « tours » nécessaires (simples ou doubles) à la réalisation d'une pâte feuilletée.

TRAVAILLER : mélanger plus ou moins vigoureusement les éléments d'une préparation pâteuse ou liquide soit pour incorporer des ingrédients divers, soit pour la rendre homogène ou lisse, ou pour lui donner du corps ou de l'onctuosité. Selon la nature de la préparation, l'opération se réalise sur le feu, hors du feu, ou sur de la glace, avec une spatule en bois, un fouet manuel ou électrique, un batteur-mélangeur, un mixeur ou même avec la main.

V-Z

VANNER : remuer une crème (ou un appareil) pendant qu'elle tiédit, avec une spatule en bois ou un fouet, pour lui conserver son homogénéité et surtout pour empêcher la formation d'une peau à la surface. Le vannage accélère en outre le refroidissement.

ZESTER : prélever à l'aide d'un couteau éplucheur ou d'un zesteur l'écorce extérieure, colorée et parfumée, des agrumes.

INDEX DES RECETTES PAR PRODUIT OU PAR PRÉPARATION

INDEX DES RECETTES DE A À Z

G

I - K - L

M

N- O

P

Q- R

S

T

V - W - Y

TABLE DES ÉQUIVALENCES FRANCE – CANADA									
Poids	55 g	100 g	150 g	200 g	250 g	300 g	500 g	750 g	1 kg
	2 onces	3,5 onces	5 onces	7 onces	9 onces	11 onces	18 onces	27 onces	36 onces

Ces équivalences permettent de calculer le poids à quelques grammes près (en réalité, 1 once = 28 g).

Capacités	5 cl	10 cl	15 cl	20 cl	25 cl	50 cl	75 cl
	2 onces	3,5 onces	5 onces	7 onces	9 onces	17 onces	26 onces

Pour faciliter la mesure des capacités, une tasse équivaut ici à 25 cl (en réalité, 1 tasse = 8 onces = 23 cl).

CAPACITÉS ET CONTENANCES

Capacités		**Poids**
1 cuill. à café	0,5 cl	3 g de fécule / 5 g de sel fin ou de sucre en poudre
1 cuill. à dessert	1 cl	
1 cuill. à soupe	1,5 cl	5 g de fromage râpé / 8 g de cacao en poudre, de café ou de chapelure / 12 g de farine, de riz, de semoule, de crème fraîche ou d'huile / 15 g de sel fin, de sucre en poudre ou de beurre
1 tasse à café	10 cl	
1 tasse à thé	de 12 à 15 cl	
1 bol	35 cl	225 g de farine / 260 g de cacao en poudre ou de raisins secs / 300 g de riz / 320 g de sucre en poudre
1 verre à liqueur	de 2,5 à 3 cl	
1 verre à bordeaux	de 10 à 12 cl	
1 grand verre à eau	25 cl	150 g de farine / 170 g de cacao en poudre / 190 g de semoule / 200 g de riz / 220 g de sucre en poudre
1 bouteille de vin	75 cl	

CRÉDITS PHOTOGRAPHIQUES

Christian Adam © coll. Larousse (Stylisme Noëmie André) : pages 54, 62, 64, 172.

Nicolas Bertherat © coll. Larousse (Stylisme Sabine Paris) : pages 480-481.

© François Besse (Stylisme Sabine Paris) : pages 47, 165.

© Nathalie Carnet (Stylisme Camille Antoine) : pages 332-333.

Guillaume Czerw © coll. Larousse (Stylisme Alexia Janny) : pages 155, 340-341.

Éric Frénot © coll. Larousse (Stylisme Delphine Brunet) : pages 114, 182, 348.

G et S photographie © coll. Larousse (Stylisme Isabelle Dreyfus) : pages 478, 483 (b).

Olivier Ploton © coll. Larousse : pages 384-389, 456, 458-463, 465-472, 475-477, 482-483 (h), 488-494.

Olivier Ploton © coll. Larousse (stylisme Bérengère Abraham) : pages 4, 8, 10, 12, 14, 16, 18-20, 23-24, 30-32, 34-35, 38-41, 46, 52, 56, 58, 60, 63, 65-66, 68-69, 71-73, 78-80, 83-85, 92-95, 97-98, 100-103, 106-109, 112-113, 115-116, 125, 126, 128-129, 136, 146-152, 156-157, 159-160, 163, 167, 170, 173-174, 176, 178, 180-181, 188-189, 190, 193-199, 201-202, 206-220, 222-223, 230-231, 233, 237, 239-245, 252-255, 258-262, 265, 267, 269, 271, 279-282, 288, 292-294, 296-297, 305, 313, 321, 330, 359, 365, 372, 378, 394, 398, 400, 408, 412, 414, 417-418, 422, 429-433, 435-436, 439-453, 455.

Olivier Ploton © coll. Larousse (Stylisme Noëmie André) : 15, 17, 25, 53, 57, 59, 61, 81, 91, 99, 111, 117, 118, 120-123, 127, 130-135, 137-139, 145, 153, 161, 166, 169, 171, 175, 179, 183, 203, 225, 283, 291, 298-303, 314-317, 323, 328, 331, 342-345, 347, 349, 354-358, 361, 363-364, 366-369, 371, 373-377, 379, 383, 405, 407, 409, 411, 413, 415, 419, 421, 434, 486-487.

Olivier Ploton © coll. Larousse (Stylisme Blandine Boyer) : pages 9, 11, 13, 21, 26-29, 33, 37, 42-45, 48-51, 55, 74-77, 86-89, 105, 140-143, 184-187, 191, 205, 226-229, 235, 247-251, 257, 273-277, 284-287, 289, 295, 307-311, 319, 324, 327, 334-337, 339, 350-353, 362, 381, 391, 393, 395, 397, 399, 401, 403, 424-427, 437, 464, 484-485.

Massimo Pessina © coll. Larousse (Stylisme Rosalba de Magistris) : pages 6, 388.

Studiaphot © coll. Larousse : pages 473-474, 479.

Pierre-Louis Viel © coll. Larousse (Stylisme Valéry Drouet) : page 434.

Illustrations : Alain Boyer.

Photogravure Les PAOistes, Villeneuve d'Ascq
Imprimé en Chine par Toppan Leefung Printing
Dépôt légal octobre 2013 - 311845/04 - 11032748 mars 2016